CREO EN
El Cielo

CREO EN *El Cielo*

HISTORIAS REALES DE LA BIBLIA, LA HISTORIA Y LA ACTUALIDAD

CECIL MURPHEY
Y TWILA BELK

GRUPO NELSON
Una división de Thomas Nelson Publishers
Desde 1798

NASHVILLE MÉXICO DF. RÍO DE JANEIRO

Publicado en Nashville, Tennessee, Estados Unidos de América. Grupo Nelson, Inc. es una subsidiaria que pertenece completamente a Thomas Nelson, Inc. Grupo Nelson es una marca registrada de Thomas Nelson, Inc. www.gruponelson.com

Título en inglés: *I Believe in Heaven*

Publicado originalmente en Estados Unidos por Regal Books, una división de Gospel Light Publications, Inc., Ventura, CA, EE.UU.

Cecil Murphey y Twila Belk son representados por The Knight Agency Inc., 570 East Avenue, Madison, GA 30650.

Editora en Jefe: *Graciela Lelli*
Traducción y adaptación del diseño al español: *Ediciones Noufront / www.produccioneditorial.com*

ISBN: 978-0-71801-141-3

Impreso en Estados Unidos de América
14 15 16 17 18 RRD 9 8 7 6 5 4 3 2 1

Contenido

Primera parte
Historias y testimonios del cielo

Segunda parte

PREGUNTAS SOBRE EL CIELO

Cómo leer este libro

Como en nuestro tomo complementario, *I Believe in Healing* [Creo en la sanidad], Twila Belk y yo hemos ordenado este libro en dos partes. La primera parte contiene relatos reales de individuos. Solamente hemos aceptado historias que, en nuestra opinión, tienen credibilidad para ellos. En su mayoría son historias en primera persona y están presentadas sin explicación.

La primera parte se centra en cuatro tipos de historias que apuntan hacia el cielo. El primer tipo son casi todas experiencias cercanas a la muerte en primera persona. La estimación sobre varias fuentes es que al menos once millones de personas han tenido estas experiencias.

El segundo tipo (aunque son las menos) son historias de individuos que afirman que murieron, fueron al cielo —literalmente— y Dios les mandó de vuelta. El ejemplo más obvio es el apóstol Pablo, como se relata en el Nuevo Testamento.

La historia de Don Piper también está aquí. Hasta donde sabemos, la publicación de *90 Minutes in Heaven* en 2004 (la versión en español, *90 minutos en el cielo*, salió en 2006) despertó el interés de los lectores e inauguró la tendencia de las experiencias celestiales. En el transcurso del viaje de Don Piper y por medio de otras fuentes, encontramos cierto número de relatos similares a los de Don y Pablo.

El tercer tipo de historias es de individuos que vieron o sintieron alguna presencia espiritual cerca de la hora de su muerte. Obviamente, estas historias provienen de amigos y miembros de la familia que fueron testigos de la experiencia.

El cuarto tipo (y estas son las menos comunes) son historias de visiones de varios individuos. Estas visiones, aunque prominentes en la Biblia, no son parte de la experiencia de muchos cristianos hoy en día. Hemos registrado unas pocas que vienen de fuentes fiables y de confianza.

Cada historia cuenta cómo las personas moribundas vieron ángeles, a Jesús o a alguna persona especial en sus vidas que vino a acompañarles hacia el cielo. Estas experiencias han proporcionado una inmensa paz a aquellos que estaban en la escena.

La segunda parte es lo que llamamos «la sección teológica» o apología, esto es, una defensa de nuestro título *Creo en el cielo.* También puedes llamarla «sección de referencia». Aquí sacamos a relucir las preguntas más comunes acerca del cielo y tratamos de proporcionar respuestas.

Entre muchos de estos temas, los cristianos están divididos; así pues, en un intento de ser justos, he evitado hacer afirmaciones definitivas sobre áreas donde existen estas diferencias. Más bien he intentado ser lo más fiel posible a la hora de presentar las diferentes posiciones sobre estas cuestiones, tales como:

- ¿Dónde vamos cuándo morimos?

- ¿Hay un estado intermedio entre la muerte y la resurrección?
- ¿Veremos a nuestras mascotas en el cielo?
- ¿El infierno es una realidad?

Cuando creo que puedo dar una respuesta bíblica a estas preguntas con integridad, la doy. Sin embargo, no importa la intensidad con la que algunas personas sientan otros temas, muchas de las preguntas usuales no tienen respuestas definitivas en el libro sagrado de respuestas de Dios: la Biblia.

Finalmente, me recuerdo a mí y a los lectores las palabras de Moisés:

> El SEÑOR nuestro Dios tiene secretos que nadie conoce. No se nos pedirá cuenta de ellos. Sin embargo, nosotros y nuestros hijos somos responsables por siempre de todo lo que se nos ha revelado, a fin de que obedezcamos todas las condiciones de estas instrucciones. (Dt 29.29)

INTRODUCCIÓN

¿Qué es el *cielo*?

CECIL MURPHEY

El cielo es donde Dios habita.

El cielo se refiere al lugar perfecto donde viviremos en la presencia de Dios por la eternidad. Es un lugar de absoluta felicidad y Dios enjuga los recuerdos de nuestras pasadas imperfecciones.

El cristianismo define nuestro futuro en el cielo como una estancia en la presencia de Dios, con moradas preparadas por Jesús para los fieles, donde viviremos en una dicha eterna más allá de lo que pudiéramos atisbar en esta vida (ver Juan 14.1–4).

Aquellos a los que se permita entrar al cielo recibirán unos cuerpos nuevos o glorificados que no se deteriorarán. La muerte habrá desaparecido.

PRIMERA PARTE

HISTORIAS Y TESTIMONIOS DEL *Cielo*

«No está en nuestra lista de invitados»

(Marie C. Senter)

—¿Leucemia? —Mi prometido miró a su doctor—. Me caso en seis semanas y la leucemia no está en la lista de invitados.

Tomé la mano de Elliott y nos miramos fijamente con incredulidad. No habíamos previsto este regalo de boda.

El doctor miró de nuevo las hojas del informe médico como si otra ojeada fuera a cambiar la información.

Finalmente Elliott dijo:

—Está bien, díganos cuál es su opinión, sinceramente.

—Se lo diré como se lo diría a mi propio padre —dijo el doctor levantando la vista con un evidente alivio ante la oportunidad de ser franco y honesto—. Tiene un número elevado de glóbulos blancos, y las células parecen enfermas. Tiene por delante una dura lucha.

Elliott asintió.

—¿Eso es todo?

—Ahora mismo quiero extraer más sangre y preparar una biopsia para ver qué son esas manchas en sus pulmones.

—Vamos a luchar contra esta leucemia —dijo Elliott—, y será para vencerla. Confío en que usted, doctor, me dirá cómo va esta lucha. No tengo miedo. Creo en el Dios que he predicado durante cincuenta y dos años. Sea como sea, no perderemos esta batalla.

La mirada del doctor mostraba admiración y el destello de algunas lágrimas.

—Empecemos esa batalla ahora mismo.

Elliott dejó la consulta para ir a sacarse sangre. El doctor me indicó que me sentase. Tan pronto como Elliott se fue, el doctor dijo:

—Usted es enfermera. Ya sabe lo que viene. No pierda su tiempo casándose. Le doy seis semanas (tres meses máximo) de vida.

—Elliott es la respuesta de Dios a mis oraciones —le dije—. Nos casaremos, y atesoraré cada momento que se me otorgue como su esposa. *Lucharemos.*

Una semana más tarde, Elliott murió en la mesa de cirugía durante el procedimiento de la biopsia, pero le reanimaron. Las transfusiones marchaban a toda máquina y los monitores pitaban vigorosamente cuando le trasladaron a la unidad de cuidados intensivos (UCI). Se me permitió estar a su lado mientras se veía si vivía... o moría de nuevo.

Cuando Elliott abrió los ojos yo estaba allí para ver el reflejo de una belleza y una paz increíbles. Sonriendo entre lágrimas, le dije que estaba en la UCI y le pedí que no luchara contra el tubo que tenía en la garganta o la máquina que le introducía aire en los pulmones.

Sonrió cuando le aseguré que podría contarme por qué se encontraba tan radiante y lleno de paz, pero que ahora necesitaba descansar.

Por lo visto, alguien le dijo a Elliott que la UCI estaba dos pisos bajo el nivel de la calle. Dos días más tarde él le dijo al doctor que no estaba bien que un hombre vivo estuviera veinte metros bajo tierra sin monitores y máquinas para respirar. Horas después Elliott descansaba en una habitación normal de hospital a cuatro pisos de altura. Entonces fue cuando me contó su historia.

Elliott se describió flotando sobre la mesa de operaciones mientras veía el nerviosismo de enfermeras y médicos batallando con alguien en problemas. Entonces se dio cuenta de que él era quien estaba siendo resucitado. Una luz brillante llenó la habitación, y en ella un ser radiante desvió su atención. La paz y el gozo llenaron su corazón.

El que muy pronto iba a ser mi marido, a quien nunca le habían fallado las palabras, solo pudo sonreír y resplandecer durante varios minutos antes de contarme el resto.

—Él dijo que todavía no era mi hora.

Elliott habló con desilusión, aunque con alegría, sabiendo que aún tenía tiempo para concluir más cosas aquí en la tierra. Pero también había recibido la promesa de que regresaría un día a ese lugar increíble.

Una semana después de que Elliott fuera dado de alta en el hospital, nos casamos en una pequeña iglesia. Dios proveyó la fuerza para cada día, aunque la leucemia se convirtió en un miembro de nuestro matrimonio.

Los tres meses que su doctor predijo se convirtieron en meses productivos con algunas pausas de vez en cuando para una transfusión o una dosis de quimio. Elliott se ofreció como voluntario para ser uno de los conejillos de indias para una medicación en pruebas contra la leucemia. La respuesta fue tan espectacular que esa medicación se convirtió más tarde en la primera opción para pacientes de leucemia adultos.

Peleamos una buena batalla durante casi dos años hasta que Elliott fue al hospital con una tos persistente y un poco de fiebre. Al final de mi turno de enfermera, me acerqué a su cama.

Casi inmediatamente, el doctor entró con un historial y una extraña mirada en su rostro.

—Bueno, Elliott, me hiciste prometer que te lo diría. Tu cuerpo dice que ya has tenido suficiente. ¿Quieres ir a casa o a una residencia?

Mi querido marido me miró con expresión de súplica y me preguntó:

—¿Puedo ir a casa?

En medio de las lágrimas, yo reí y asentí.

En casa, su sillón reclinable se convirtió en un trono. Los amigos venían a hacerle visitas cortas de gran bendición. Casi siempre estábamos juntos cómodamente y con tranquilidad.

Un día Elliott se quedó mirando una esquina de la salita. Poco a poco su cara comenzó a brillar. Eso pasó unas cuantas veces.

Solo una vez le pregunté:

—¿Ángeles? ¿Amigos que te esperan?

Sin apartar la mirada, él asintió, señaló y dijo el nombre de su madre.

Yo estaba sentada a su lado, sujetando su mano cuando susurró:

—Gracias, corazón mío.

Suspiró y se fue.

Elliott había luchado una buena batalla.

Para Marie C. Senter escribir es tan natural como leer. Es enfermera de cuidados paliativos, miembro de un coro, capellana y artista (sentered@sbcglobal.net).

Momentos inestimables

(STAN COTTRELL)

Durante sesenta y siete años, mi tatarabuelo, conocido predicador del evangelio de los viejos tiempos, fue legendario en los rincones perdidos de Kentucky. Según contaba mi madre, durante sus reuniones de iglesia de cada noche que duraban tres semanas, lo que ellos llamaban avivamientos, la gente de varios kilómetros a la redonda afirmaba escuchar sus gritos y canciones.

A lo largo de los años, Dios honró todas las oraciones y gritos, y hoy se asienta una emisora de radio cristiana en donde estuvo la iglesia de mi tatarabuelo. Por todo el mundo la gente escucha diariamente sus emisiones. Cuando visito Kentucky y me acompañan visitantes en el coche, les hablo de mi tatarabuelo y conecto la emisora.

Siempre parecen responder lo mismo. Dicen: «Hay algo diferente en esta emisora. Te engancha de una forma especial».

Creo que conozco en parte el porqué. Cuando el abuelo estaba a punto de morir, le rodeó una multitud de familiares y viejos amigos. Se reunieron para dar un adiós terrenal a un hombre al que amaban. Hasta sus últimos momentos, el abuelo tuvo la mente despierta y estaba alerta, lúcido y con buen ánimo. Habló con cada una de sus visitas individualmente y les expresó su amor. Les urgió para que siguieran a Jesús.

Estaba tendido en la cama apenas sin poder respirar y todos estaban seguros de que estaba dejando este mundo. Entonces, de repente, el abuelo se sentó y miró los pies de la cama.

—Solo un minuto más, Jesús, por favor —dijo.

Le habló a su familia acerca de cómo deberían vivir después de que él se fuera.

Algunos pensaron que estaba alucinando.

—¿Qué les ocurre a todos ustedes? —preguntó el abuelo—. Jesús está justo ahí. —Señaló—. ¿No pueden verle ahí de pie?

Habló unas pocas palabras más a los fieles que le rodeaban y sonrió. Entonces el abuelo alargó la mano hacia Jesús.

—Estoy listo —dijo.

Y justo en ese momento su cuerpo se desplomó y cayó de espaldas en la cama.

Se había ido.

Su funeral fue diferente a todos los que había asistido cualquier persona de aquella zona. En vez de lágrimas de aflicción, la gente aplaudía, reía y cantaba. El sonido era el mismo que se había escuchado tantas veces en la iglesia del abuelo.

El himno que cantaban se llamaba «It's Shouting Time in Heaven» [Es hora de cantar en el cielo].

Stan Cottrell es corredor de ultramaratón. Ha corrido más de 320.000 kilómetros en treinta y ocho países. Stan también es un hombre de negocios, aventurero, conferenciante, visionario, escritor y emprendedor. Criado en lo más profundo del Kentucky rural, sus primeros años estuvieron impregnados de cautivadoras historias de una rica herencia espiritual. Mira www.friendshipsports.org.

Un suicidio: la historia de Tamara Laroux

Los problemas de Tamara Laroux, con sus quince años, habían crecido tanto que pensaba que no podía aguantarlo más. El divorcio de sus padres cuando ella tenía seis años le había dejado una asfixiante sensación de rechazo. Se sentía como si fuera una carga. Estaba sola, deprimida y con miedo. Estaba convencida de que nunca sería feliz y que la única respuesta era terminar con su vida.

Incapaz de seguir adelante, Tamara fue al dormitorio de su madre y sacó una 38 Special de su cajón. Mientras deslizaba su dedo por el gatillo y se colocaba el cañón contra la cabeza, una pequeña voz interior la persuadió para que apuntara más bien a su corazón. De ese modo seguramente no fallaría, y se la llevaría de este mundo para siempre.

—Perdóname, Dios —gritó Tamara mientras apretaba el gatillo.

La muerte agarró su cuerpo y su alma difunta se precipitó hacia abajo. Una clase de fuego de ácido sulfúrico la agobiaba: el terrible dolor y la ardiente quemadura eran indescriptibles. La envolvió una oscuridad muy profunda. Estaba en un lugar de tormento y muerte. Tamara era consciente de que estaba muerta.

Innumerables cámaras y un mar de gente informe, gritando con espantos su agonía y su terror interminables, la rodeaban. Era incapaz de comunicarse con ellos, aunque cuando los miraba de uno en uno tenía pleno conocimiento de sus vidas: todo lo que habían hecho mal, sus pensamientos, sus emociones, sus decisiones, todo. Tenía plena comprensión, pero lo único que le importaba era que ella no había rendido su vida a Jesucristo. El arrepentimiento la traspasó. Deseaba regresar a la tierra a advertir a la gente.

Desde aquel lugar del infierno Tamara miró al otro lado de una expansión y vio el cielo. Sabía que era un lugar de gozo, paz, amor y plenitud. Deseaba fervientemente que nadie más se uniese a ella en aquel abismo eterno de maldición, tormento y terror. Aquel era el mismo deseo de los demás que estaban en aquel lugar.

En un instante que no se puede comprender por la mente humana, Tamara vio la mano gigante de Dios bajar por el tiempo y el espacio. Sabía que venía por ella. La mano la recogió y la llevó a través de la vasta expansión.

Entró en la presencia de Dios, un gran contraste con el lugar donde había estado. En vez de la muerte, el tormento y la oscuridad del infierno, el amor, la luz, la gracia, la misericordia, el gozo y la paz la sobrepasaban.

Una vez allí Tamara miró con temor reverencial el espléndido reino de Dios: la gloria del lugar era demasiado exquisita para las palabras. Vio la belleza de las piedras, las luces radiantes y los brillantes colores. La visión la rejuveneció, y se sintió llena de conocimiento y sabiduría. Aunque no sabía cómo comunicarse, era plenamente consciente de lo que ocurría a su alrededor.

Tan rápido como comenzó su viaje extracorpóreo, así terminó. Regresó a su cuerpo físico. Cuando Tamara volvió a estar consciente, se dio cuenta de que necesitaba enderezar su vida con Dios. Si lo hacía, estaría bien con todo lo que tuviera que enfrentar.

Tamara no tenía idea de cuánto tiempo había pasado en el dormitorio de su madre, y nadie sabía que había ido allí ni lo que planeaba hacer. Al abrir los ojos vio a su madre, que había escuchado su grito. Cuando su madre se dio cuenta de lo que había pasado, corrió a llamar a una ambulancia.

Cuando llegaron los médicos de urgencias, la grave palidez de Tamara les hizo dudar de si debían molestarse siquiera en transportarla a urgencias. Parecía estar muriéndose. No se dieron cuenta de que acababa de volver a la vida.

Como Tamara supo después, la bala no acertó en su corazón por menos de un centímetro. Con el calibre del arma que usó, su corazón se hubiera hecho pedazos completamente. Eso no habría sorprendido al personal médico. En vez de morir, Tamara experimentó una milagrosa recuperación física.

Nunca más se sintió sin esperanza. La libertad emocional y la fe fueron llegando poco a poco en el proceso de aplicar las promesas de Dios en la Biblia a su mente y sus emociones. Las verdades y las lecciones que aprendió por medio de aquella experiencia y el proceso que vino después le dieron a otros esperanza, ánimo y una visión del amor de Dios.[1]

Del miedo A LA LIBERTAD: La historia de Rosemary Trible

En 1975 Rosemary Trible presentaba *Rosemary's Guestbook*, su propio programa diario de testimonios en la WTVR de Richmond, Virginia. Se centraba en temas relevantes para la vida de las mujeres. Una vez a la semana, sin embargo, ella sacaba a la luz lo que denominaba cuestiones más importantes.

Unas tres semanas antes de Navidad, Rosemary emitió un programa rompedor acerca de las agresiones sexuales. En aquellos años el tema apenas se trataba en televisión, pero ella quería ayudar a las mujeres traumatizadas por un abuso o que tenían miedo de ser violadas.

Sus invitados para aquel programa especial incluían a dos supervivientes de una violación (cuyos rostros se sombrearon para proteger su identidad), un oficial de policía y un fiscal del distrito. Más tarde la emisora recibió llamadas y cartas en abundancia. Rosemary dijo que se condolía con tantas mujeres cuyas vidas habían sido destrozadas por culpa de una agresión sexual.

Una semana después de la emisión, Rosemary planeó grabar algunos programas para poder tomarse algo de tiempo de vacaciones. En vez de ir y volver a su casa, a una hora de camino, se quedó en el hotel frente a la emisora. Según fue avanzando la tarde, cada vez se sentía más cansada de trabajar en los guiones del programa y decidió bajar al restaurante por un café.

Cuando Rosemary regresó a su habitación, volvió al trabajo. Justo entonces escuchó un suave rumor y las cortinas se abrieron. Antes de tener tiempo de reaccionar, un hombre la agarró por detrás. El frío acero de su arma le presionaba la sien. Con la mano enguantada alrededor de su cuello, él se acercó a su oreja.

—Muy bien, linda señorita presentadora de televisión, ¿qué debes hacer con una pistola apuntándote a la cabeza?

Rosemary trató de resistirse, pero él la dominó. Así que ella hizo lo único que pudo: oró. Mientras la violaba, ella le hablaba de Dios: cualquier cosa que pudiera hacer para no entrar en shock. La pistola nunca dejó su mano.

Antes de marcharse, el hombre la amenazó con matarla si le contaba a alguien lo que había pasado, y le recordó que sabía dónde vivía. Se alejó y bajó por la ventana que se abría directamente sobre el techo del aparcamiento.

Como el hombre llevaba un pasamontañas, más tarde Rosemary solo pudo decir que su agresor era alto, musculoso, fuerte y negro. Aunque denunció el ataque, la policía nunca pudo encontrar al agresor. Ella se quedó con un terror sobrecogedor que se llevó su gozo y la hacía sospechar de cualquier hombre negro que no conociera. Después de vivir varios meses con el miedo, Rosemary canceló su programa de televisión. Poco después de aquello desvalijaron su casa, lo que la traumatizó aún más.

Al final, aquella desesperación hizo que llegara a un momento decisivo de su vida. Le clamó a Dios:

—No puedo soportar más este miedo. Necesito Tu ayuda.

Le prometió a Dios que si Él se llevaba su dolor y su miedo, ella le seguiría. Dios le dio paz y la seguridad de que estaba con ella.

Años después, Rosemary asistía a un encuentro con pastores de las zonas marginales del área de Washington DC. Allí le presentaron a un hombre alto que le recordó a su violador. Se puso nerviosa.

Cuando se enteró de que el hombre era un exconvicto que había pasado cinco años en la prisión de Alcatraz, entró en pánico. Sin embargo, sus miedos disminuyeron cuando el hombre habló aquella noche y les contó a todos la historia de su vida.

El hombre dijo que su vida había cambiado después de que un pastor le contase acerca de Jesús y de que Dios le perdonaría. Aprendió que aunque sus crímenes habían sido inmensos, ninguno estaba fuera del amor de Dios. El hombre confesó sus malos caminos y se dio cuenta de que podía ser perdonado (que *estaba* perdonado) y ese conocimiento le transformó. Después de cumplir su tiempo en prisión, se trasladó a Washington DC. para ayudar al pastor a trabajar con los niños de los barrios marginales.

Después de escuchar las palabras del exconvicto, Rosemary se dio cuenta de que no estaría completamente sanada hasta que no perdonase al hombre que la había agredido. Fue al lavabo y oró. Después de que Rosemary perdonara a su violador, le pidió a Dios que pusiera a alguien en su camino que le hablase de Jesús.

—Quiero pasar la eternidad con él —dijo.

Continuó orando por él los días siguientes.

En febrero de 1996 Dios contestó la oración de Rosemary. De camino a casa de un amigo para pasar un fin de semana de retiro con un grupo de compañeras de universidad (dos de las cuales habían sido violadas), una tormenta de nieve azotó la zona. Mientras Rosemary conducía por la interestatal su turismo derrapó sin control y chocó contra el raíl. Continuó conduciendo pero descubrió que el accidente le había afectado más de lo que pensaba.

Confusa y desorientada, paró a un lado de la carretera para orar. Después se desmayó.

Una ambulancia llevó a Rosemary al hospital, donde pasó tres días en coma. Durante ese tiempo una luz hermosa y difusa la rodeó y la confortó. Ella dijo que era como una cálida manta de amor, y sabía que estaba en el cielo. Vio lo que parecía ser un campo de trigo batiéndose bajo un cielo azul y brillante. Un pequeño grupo de amigos que habían fallecido se acercaron para darle la bienvenida al campo. Parecían tener la misma edad que la última vez que les había visto. Todos resplandecían con paz y felicidad.

Entonces, una gran figura avanzó desde detrás de sus amigos. Al principio Rosemary no le reconoció, pero entonces lo comprendió: estaba cara a cara con lo que ella dijo más tarde que fue uno de los mayores regalos de su vida.

—Soy el hombre que te violó —le dijo—. No estaría aquí si no me hubieras perdonado y hubieras orado para que alguien me hablara de Jesús.

Cuando Rosemary despertó de su coma, era una mujer diferente. Ya no tenía miedo a la muerte y estaba segura de que pasaría la eternidad con su violador... un pensamiento chocante para algunos, pero de mucha alegría para ella.[2]

La residencia aumentó mi fe

(MICHAEL W. ELMORE)

Como capellán de residencia, he estado presente mientras cientos de personas hacían la transición en los momentos finales de sus vidas. No todas las transiciones son memorables. Algunas son pacíficas; cada travesía es diferente. Sin embargo, según acompañaba a las personas en su viaje final, ciertos individuos me dejaron con la creencia indeleble de que el cielo es un lugar real.

Por ejemplo, Rose era una mujer formal y elegante con preferencia por las cosas más lujosas de la vida. Cuando la conocí me sorprendió, porque había traído muchas de sus preciadas pertenencias y había transformado su austera habitación de residencia en el ambiente familiar de su hogar.

Durante una de mis visitas, Rose miró a una esquina de su cuarto repetidas veces. Parecía estar mirando algo, y me pidió que yo también mirase.

—¿Lo ve? —me preguntó.

—¿Ver a quién?

—El ángel que vela por mí.

Yo me fijé, pero no vi nada.

Cada vez que la visitaba, Rose hablaba de la sensación de paz que sentía debido a las visitas angélicas.

Muchos pacientes en la residencia experimentan aumentos repentinos de ansiedad, pero Rose no. Creo que el día en que Rose dejó esta vida para ir a otro lugar descansó en las alas de un ángel, con paz y tranquilidad. El sentido de serenidad de Rose dejó una impresión duradera que profundizó mi creencia en el cielo.

Louise tenía un tipo de cáncer que crecía lentamente. Sus últimos días fueron penosos, tumbada sobre una cama incapaz de moverse, comer o tragar. Podía susurrar unas pocas palabras. Su única vista consistía en los azulejos del techo sobre su cama. Pasé muchos ratos tranquilos con Louise mientras seguía aferrada a la vida. No podía girar la cabeza para mirarme, pero aun así hablábamos con calma.

No podía entender por qué Louise miraba con tanta intensidad su techo. Por curiosidad, un día le pregunté lo que veía. Con una voz titubeante, entre susurros, Louise respondió:

—Veo a Jesús. Todas las noches cuando me voy a dormir y cada mañana cuando me despierto, Jesús está aquí. Siento tanta paz cuando le miro que nunca quiero apartar la mirada.

—¿Qué aspecto tiene Jesús?

—Está sonriendo. Su cara es muy tierna, sus ojos, amables, pero sobre todo tiene los brazos extendidos hacia mí como si me estuviera esperando.

Todos los días, cuando visitaba a Louise, era lo mismo. Ella miraba el techo y veía algo que ningún otro humano podía percibir.

La muerte de Louise no llegó rápido, pero al final llegó. Abandonó los límites de su habitación en la residencia para entrar en los brazos de Jesús. De nuevo, mis encuentros con Louise aumentaron mi creencia en el cielo.

Marc llegó a la residencia en un estado final de cáncer. Trajo consigo a su labrador castaño llamado Jake, a quien el veterinario también había diagnosticado cáncer.

Marc insistió en que Jake compartiera su cama para que los dos amigos de toda la vida pasaran juntos sus últimos días. Cuando le pregunté a Marc sobre sus últimos deseos, él compartió dos cosas conmigo. Primero, quería que le tomaran algunas fotos con Jake como recuerdo para su familia. Segundo, deseaba que Jake muriera antes que él para que su perro no tuviera que soportar el peso de la separación de su dueño.

Después de compartir los últimos deseos de Marc con nuestra trabajadora social, ella tomó varias instantáneas de Jake descansando en el regazo de Marc en la cama «de ambos» en la residencia. Al siguiente día, Jake murió. Marc le dijo adiós a su amigo de muchos años, triste pero aliviado de que su labrador hubiera fallecido. Consolado por la muerte de Jake, Marc se relajó y dejó marchar su propia vida menguante. Antes de que se hubieran revelado las fotos, Marc también se había ido.

Unos días después llegaron los retratos del laboratorio de fotografía. Cuando nos reunimos y abrimos el sobre, alguien dio un grito. Yo miré por encima del hombro de una de las enfermeras y vi algo tremendamente inusual. Alrededor de la cama de Marc aparecía un círculo luminiscente de altos seres angélicos rodeándole a él y a Jake. Era obvio que aquellas fotos no eran producto de un descuido del revelador. Había figuras angélicas presentes junto a la cama de Marc, cumpliendo con su deber de vigilar a la espera del momento de la muerte de Jake y Marc. Me inundó una sensación de asombro cuando comprendí de nuevo que creía en el cielo.

Estoy convencido de que el cielo es un lugar real. Las experiencias de mis pacientes me lo han probado. Como he dicho, no todo el mundo tiene estos encuentros etéreos: algunos se despiden de esta vida en calma y sedados, mientras que otros lo hacen con un miedo terrible. Pero Rose, Marc y Louise hicieron aumentar mi creencia en el cielo.

Algunos pueden pensar que es extraño que un capellán necesite reafirmar esta creencia, pero nosotros también somos humanos. Vivimos con la comprensión de que nosotros también tendremos que hacer el viaje final algún día. Sin embargo, los momentos con estos amigos han calmado mis ansiedades internas. A causa de mi relación con ellos, comprendo con más profundidad que nunca por qué creo en el cielo.

Michael Elmore tiene títulos del Life Pacific College y del Seminario Teológico Ashland. Ha servido como pastor y como capellán en hospitales y residencias por más de dos décadas. Michael ha publicado en periódicos académicos y ha dirigido varios libros de texto universitarios.

El coma de Marietta Davis

Marietta Davis, una bautista de veinticinco años, vivía en Berlín, Nueva York. Entró en coma durante nueve días, y los doctores no podían hacer nada para reanimarla. Entonces, de repente, se despertó y le relató a su familia y a su pastor un sueño detallado acerca de lo que le espera a cada uno en la otra vida.

Sus experiencias fueron recogidas en un libro titulado *Scenes Beyond the Grave* [Escenas de más allá de la tumba], publicado en 1859. Marietta no era una cristiana profesante cuando fue al cielo y más tarde al infierno. Su madre, Nancy Davis, y sus dos hermanas, Susan y Sarah Ann Davis, escribieron el libro.[3]

Su madre dijo que Marietta no era abiertamente religiosa, pero durante el invierno de 1847 a 1848 su mente fue «ejercitada religiosamente». Meses más tarde, Marietta cayó en el coma de nueve días. Después de despertar, Marietta le contó a su familia que había estado en el cielo, que había visto a muchos amigos y familiares fallecidos y que también había visto a Jesús.

Después de eso, Marietta Davis creyó y habló del momento en que iría al cielo para siempre. Le dijo a su familia que regresaría allí pronto.

Predijo su propia muerte en agosto de 1848 y murió en el mes de marzo siguiente, exactamente como le dijo a su familia que pasaría.

Muerte ANTES DE LA vida después de la vida

Greg Taylor cuenta la historia del soldado George Ritchie, que yacía a punto de morir en un hospital militar de Texas en diciembre de 1943.[4]

Ritchie había terminado la formación básica y se suponía que iba a ser transferido a Richmond, Virginia. Pero cayó derrumbado por una peligrosísima fiebre alta de 42 grados. Él narró que escuchó un clic y después un remolino incesante en su cabeza. Confundido y preguntándose qué hora era, se bajó de la cama y se giró. Alguien estaba acostado en su lecho.

Salió corriendo de la habitación hacia el pasillo, pero no conseguía que nadie le prestase atención. De repente se elevó en el aire y, para su asombro, llegó a Richmond. Todavía llevaba puesto el pijama del hospital militar. Trató de hablar con un civil, pero el hombre no le vio. Trató de tocarle el hombro, pero su mano pasó a través de su cuerpo.

Ahí fue cuando Ritchie supo que estaba muerto. Justo entonces recordó haber visto el cuerpo en su cama en Texas y se preguntó si era el suyo. Apenas acababa de pensar en ello cuando se encontró de vuelta en el hospital militar. Buscó sala por sala su cuerpo físico. Finalmente dio con un cuerpo —cubierto con una sábana—, y era el suyo.

En ese momento la habitación comenzó a iluminarse tremendamente, y un «ser de luz» —que él supuso que era Jesús— se le apareció. Ritchie entonces vio pasar su vida delante de sus ojos, como muchos dicen: era consciente de todo lo que le había ocurrido, y aun así no se sentía juzgado por ninguna de sus acciones. El ser le preguntó lo que había hecho con su vida.

El ser le llevó a dar un paseo por los dominios tanto del cielo como de la tierra, y entonces «le dio la orden de regresar a la esfera humana». El doctor ya había firmado el certificado de defunción, pero en ese momento, cuando preparaba el cadáver para la morgue, un celador notó movimiento corporal. El celador llamó al doctor, que inyectó una dosis de adrenalina en el corazón de Ritchie. El soldado regresó a la vida «con una sensación de aplastamiento y de ardor en la garganta». Había estado fuera de su cuerpo durante nueve minutos.

Pero ahí no acaba la historia. George Ritchie se convirtió en psiquiatra. En 1965 su descripción de los dominios de la muerte impresionó grandemente a uno de sus estudiantes. Una década más tarde, aquel estudiante, el doctor Raymond Moody, publicó *Vida después de la vida*. Ese libro documentaba muchos relatos de aquellos que informaban de experiencias cercanas a la muerte. Después de la publicación del libro de Moody, el término «experiencia cercana a la muerte» se convirtió en parte del lenguaje.[5]

Taylor registra el relato personal de una mujer anónima que moría después de un ataque al corazón. La mujer dijo que flotó hasta que vio una luz brillante. Después de eso, un grupo de personas se interpuso entre ella y la luz. Uno de ellos era su hermano fallecido, que hacía gestos encantado mientras ella se acercaba. Entonces, «mi madre se separó del grupo. Ella negó con la cabeza y agitó la mano... y yo me detuve».

En ese momento el doctor dijo:

—Está volviendo.

La mujer se despertó en su cama. Sus primeras palabras al doctor fueron:

—¿Por qué me ha traído de vuelta?[6]

Taylor también da cuenta de un relato de Michael Tymm sobre una experiencia cercana a la muerte que le ocurrió en 1889 al doctor A. S. Wiltse. Wiltse proporcionó una imagen más gráfica que la mayoría de la gente que cuenta los efectos inmediatos de la muerte. Él dijo que la vida dejó lentamente su cuerpo, empezando por los pies y siguiendo hacia arriba. Siguió explicando que flotaba «arriba, abajo y hacia los lados como una pompa de jabón».[7]

Otra historia se refiere al almirante Francis Beaufort, quien en su niñez se cayó de un barco amarrado. No sabía nadar y pasó un tiempo sumergido antes de ser rescatado.

Beaufort dijo que al final dejó de luchar, y justo entonces sintió una sensación de perfecta tranquilidad. Él habló de una «revisión panorámica», que a menudo forma parte de las modernas descripciones de esa fase de una experiencia cercana a la muerte. Junto a esto normalmente viene una sensación del bien y del mal.[8]

Taylor habla de la investigación de Albert Heim, profesor de geología de Zúrich, quien, en 1892, presentó un estudio de un periodo de veinticinco años de experiencias de personas «que sobrevivieron a situaciones de grave amenaza de muerte; particularmente, escaladores durante sus ascensiones».[9] Heim dijo que «el noventa y cinco por ciento de estos sujetos informaban de una experiencia concreta y coherente». Con seguridad, contaban que no tuvieron ansiedad o dolor, «más bien, una tranquila seriedad [...] y sus probables resultados eran vistos en su conjunto con objetiva claridad. No había ninguna clase de confusión».[10]

Otra conocida historia acerca del almirante Richard E. Byrd se registró en *Alone: The Classic Polar Adventure* [Solo: la clásica aventura polar]. En este libro, Byrd relata cómo permaneció solo en la Antártida en 1934 durante su segunda expedición al continente, que tuvo lugar cuatro años después de su histórico vuelo sobre la Antártida.

Byrd decidió pasar seis meses solo recopilando datos del clima. También le proporcionaba una oportunidad para alejarse de la gente. No salió como planeaba; Byrd comenzó a sufrir síntomas inexplicables de una enfermedad física y mental. Para cuando descubrió que el monóxido de carbono de un conducto defectuoso de la estufa le estaba envenenando, ya había pasado por una experiencia cercana a la muerte.

Byrd asegura: «Vi pasar toda mi vida por delante [...] me di cuenta de lo equivocado que había sido mi sentido del valor y cómo había fracasado en ver que las cosas más simples y modestas de la vida son las más importantes».[11]

Siete días de muerte

Aunque Emanuel Tuwagirairmana era cristiano, admitió que no era fiel a la hora de vivir la vida del modo en que sabía que debía. En 1994 fue herido en el genocidio de Ruanda, cuando tuvo lugar durante cuatro meses una matanza masiva de la minoría Tutsi de parte de los Hutu. La organización Human Rights Watch estimó que el número de víctimas diezmó cerca de tres cuartos de la población de los Tutsi en el país.[12]

Emanuel fue seriamente herido en el brazo izquierdo. Para salvar sus vidas, Emanuel y otros diez tutsis se escondieron dentro de la Escuela Kabwai en Gitarama, que estaba a menos de cuarenta kilómetros de Kigali, la capital.

Mientras estaban allí, las heridas de Emanuel empeoraron, y él murió. Sus amigos no podían enterrarlo, porque era demasiado peligroso salir de la escuela. Así que envolvieron su cuerpo en una sábana, lo dejaron en una esquina y allí se quedó durante siete días. Su cuerpo hedía, pero sus amigos no podían hacer nada por evitarlo.

Apenas murió Emanuel fue al cielo, aunque él no sabía que había abandonado su cuerpo. En su siguiente momento de conciencia,

Emanuel estaba en la puerta del cielo y se encontró con un hombre que aseguraba ser un ángel.

Mientras Emanuel estaba allí de pie, su cuerpo cambió, y se convirtió en un cuerpo celestial: algo más hermoso que su forma terrenal. Después del cambio fue escoltado por un precioso jardín de flores. Emanuel se encontró con Jesús, que primero se le presentó en forma humana con las cicatrices de Su crucifixión, y después con un cuerpo perfecto.

El siguiente recuerdo de Emanuel fue que Jesús le llevó al edificio de la escuela donde yacía su cuerpo. Aunque sus amigos todavía estaban allí, no eran capaces de verle mientras él veía su propio cuerpo.

Jesús llevó a Emanuel de regreso al cielo y le mostró una hermosa ciudad a orillas de un lago. Al otro lado estaban los amigos que habían muerto durante el genocidio. Emanuel miraba fijamente la luz brillante al otro lado del lago y quería ir allí. Pero Jesús le dijo a Emanuel que no podía cruzar el lago para ir al trono de Dios todavía, porque no era su hora de dejar la tierra.

Desde allí, Jesús llevó a Emanuel al infierno, donde a la gente se la hacía trabajar como esclavos. Después de eso, Jesús le dio una comida que sabía a chocolate. Después de comerla, Jesús le dijo que había «comido» la Biblia. Cuando regresó a la tierra, el Señor le dijo a Emanuel que sería capaz de memorizar todos los versículos del libro santo y conservarlos en su cabeza. También les contaría a los demás lo que había visto y les instaría a arrepentirse de sus caminos de maldad. Un amigo suyo dio testimonio de que esto es verdad, diciendo: «Este hombre tiene todas las escrituras en la cabeza».[13]

Siete días después de la muerte de Emanuel, fue el momento de regresar a su cuerpo. Él quería negarse a volver, pero Jesús le tocó con la punta de su dedo. Inmediatamente, Emanuel entró en su cuerpo lleno de gusanos.

Emanuel dijo que una vez vivo de nuevo, usó su mano para limpiarse los gusanos de la boca. Su cuerpo en descomposición empezó a temblar. Muchos de los que estaban en la escuela estaban bastante enfermos, pero después de ver lo que le había pasado a él empezaron a tener miedo. Salieron corriendo o gateando del edificio, gritando que habían visto un fantasma. Emanuel les gritó que volvieran dentro.

El único efecto residual era un brazo gravemente infectado, y sus amigos estaban seguros de que lo perdería. Alguien le llevó a un hospital en Kigali. Dios habló a Emanuel y le dijo que no se preocupara por su brazo. Tampoco tenía que preocuparse porque los doctores planearan amputárselo.

Sin saberlo Emanuel, Dios había hablado a un doctor que entonces estaba viviendo en Australia acerca de la condición del africano. El doctor voló a Ruanda, localizó a Emanuel y le operó. De nuevo estaba sano. Desde entonces, Emanuel ha viajado por todo el continente africano hablándole a la gente de su visita al cielo.[14]

«Veo a Jesús»

(DR. EMMANUEL RUDATSIKIRA)

Hace muchos años, uno de mis pacientes en Bujumbura, Burundi, se estaba muriendo. Yo estaba de guardia aquella noche. Me senté junto a su cama para estar allí con su familia, que silenciosamente esperaba lo inevitable.

El hombre abrió los ojos, sonrió y dijo en Kirundi: «*Mbonye Yesu. Mbonye Yesu. Imana ishimwe*», que quiere decir: «Veo a Jesús. Veo a Jesús. Alabado sea el Señor». Entonces expiró.

Nunca olvidaré lo que vi aquella noche. Me dio una nueva perspectiva de la muerte y un nuevo significado de Proverbios 14.32: «Los perversos son aplastados por el desastre, pero los justos tienen un refugio cuando mueren».

El doctor Emmanuel Rudatsikira es decano de la School of Health Professions en la Universidad de Andrews en Berrien Springs, Michigan. Ha dirigido estudios en más de treinta países y ha publicado ochenta artículos en revistas especializadas. Nativo de Ruanda, llegó a Estados Unidos en 1994.

El encuentro de Maureen con Jesús

(DON BUXCEY)

Mi esposa, Maureen Margaret, pasó su vida tratando de ser buena. Creció como cristiana en Canadá y estaba decidida a criar a su hija y su hijo en un hogar cristiano. Después de la muerte de su segundo marido, luchó por su cuenta durante veinte años. Después me conoció y nos casamos.

Mi esposa iba a talleres de oración, a seminarios de sueños, tocaba música para su iglesia y asistía a muchos estudios bíblicos.

Como sus hijos ya eran mayores, nos mudamos a una comunidad creativa, donde estábamos rodeados de maravillosos escritores que la animaron a que contara su vida en un libro. Pero ella desarrolló cáncer en los huesos y el hígado, justo cuando escribir se había convertido en el centro de su vida.

Cuatro días después de mudarnos al tranquilo pueblo de Minden, en Ontario, Maureen se desmayó. Pasó las siguientes tres semanas en el hospital.

Los tres meses siguientes me dieron la oportunidad de convertirme en el enfermero de Maureen en casa. Aprendí a hacer una cama con alguien encima, entre muchas otras tareas que me mantuvieron cerca de ella. Esa cercanía nos unió más de lo que lo hubiera hecho cualquier otro llamado.

Compartiendo cada pensamiento y cada movimiento, yo escuchaba las oraciones de Maureen. Toda su vida había querido estar cerca de Jesús, y esperaba que pasase de algún modo místico. Nuestro sacerdote vino a administrarle la comunión, y cantamos viejos himnos juntos, con nuestro asistente pastoral guiándonos en la canción.

Los momentos de quietud se hicieron más largos, y mi querida y moribunda esposa compartió conmigo sus pensamientos más profundos acerca de la vida de Jesucristo. Hablar con el Cristo resucitado supuso una nueva experiencia para mí. La presencia del Espíritu Santo nos dio paz.

No pedimos que a Maureen le fuera restaurada su salud física. Mientras el cáncer hacía estragos en su cuerpo, el Señor nos bendijo con unos corazones agradecidos y el don del amor, que no habíamos sentido antes.

Cuando el dolor empeoró en su delicado cuerpo, el doctor le aplicó parches de morfina, que yo cambiaba según se lo habían prescrito. Los parches le dieron a Maureen suficiente respiro para disfrutar de la comida, la música y la oración en mayor grado.

Con una conciencia más profunda del poder sanador de la presencia de Jesús, nosotros esperamos con reverencia Su actividad. El efecto maravilloso sobre la actitud de Maureen se hizo evidente cuando sus hijos, su hermana y sus hermanos vinieron a visitarla.

Las sonrisas de Maureen, que brillaban a través de su dolor, maravillaban a doctores y enfermeras. Por aquel entonces no podía sentarse a leer a causa del deterioro de su pelvis y sus clavículas. Yo le leía historias y capítulos de la Biblia y le ponía música coral en el reproductor.

Cuando tenía que ir al pueblo a comprar, nuestro teléfono móvil hacía posible que ella me llamase en cualquier momento. Maureen tenía un miedo terrible a caerse cuando nadie estuviese cerca, junto con el pánico a que la casa prendiera en llamas mientras yo estaba fuera. Otro terror que obsesionaba a Maggie era ahogarse hasta morir.

La cama de hospital en la sala de estar ocupaba tanto espacio que no podía estar con ella. Yo dormía en el dormitorio. Maureen tenía visiones por la noche y me llamaba varias veces por el monitor para bebés. Siempre que respondía, ella describía a Jesús tal y como le veía en sus conversaciones con Él. Ella decía que Jesús se paraba junto a su cama y apoyaba Su mano sobre el brazo de ella mientras le decía que fuera con Él.

Maureen había sido una buena ama de casa y no quería dejar las cosas sin hacer. Para consolarla, yo me aseguraba de que los gatos estuviesen dentro y que hubiesen comido. Regaba las plantas y fregaba los platos. Ella me escuchaba pasando la aspiradora por el suelo hasta que quedaba satisfactoriamente limpio.

Dos días antes de morir Maureen me pidió que le limpiase los ojos. Yo le limpié la cara con suavidad y usé un pequeño algodón para apartar la película de sus ojos. En el momento su cara se iluminó y sonrió con la sonrisa más encantadora que le hubiera visto nunca. Se giró sobre su lado bueno y levantó el brazo.

—Él quiere que me vaya a casa.

Extendió la mano como si fuera a estrechársela a alguien. La fuerza fluyó por su cuerpo y se sentó. La imposibilidad de tal movimiento por su cuerpo sacudido por el dolor de la pelvis y las clavículas rotas me hizo querer advertirla.

—Sí, Señor, estoy preparada —dijo ella, y después se tumbó, con el rostro brillante. Ya no sentía más dolor.

Maureen no comió nada después de aquello. Yo humedecí su lengua con un algodón mojado en zumo de limón y froté sus ojos con agua, pero no volvió a hablar.

A la una de la madrugada, sentado yo con ella, su respiración se detuvo y ella se fue a casa con Jesús. Solamente pude decir:

—Gracias, Gran Médico, por curar a mi esposa.

Don Buxcey, que lleva jubilado diez años, dice: «Le dedico mi trabajo a Dios. La Biblia y la gente me impulsan a ser paciente y a perdonar con gozo en mi corazón».

Louis TUCKER, sacerdote católico

Louis Tucker, sacerdote católico, describió su experiencia cercana a la muerte en su autobiografía en 1943, *Clerical Errors* [Errores cléricos]. El suceso había tenido lugar en 1909, cuando sufrió los mortales efectos de una comida envenenada. El médico de familia estaba allí cuando Tucker perdió el conocimiento y certificó su muerte.[15]

Tucker dijo que la inconsciencia no duró mucho, y él atravesó lo que le pareció un pequeño túnel en un tren. Después de eso, estaba un lugar lleno de luz donde se encontró con sus amigos. Vio a su padre, que tenía exactamente el mismo aspecto que antes de morir. Y no se sintió extrañado al verle.

Tucker se dio cuenta de que él y su padre no estaban hablando sino pensando entre sí. Él pensaba una pregunta y recibía la respuesta sin que ninguno de los dos dijera una palabra en alto. Tucker también admitió que no quería regresar, y había perdido la voluntad de vivir.

Fue empujado hacia la oscuridad de nuevo y se disgustó porque no podía quedarse. Después abrió los ojos y su médico estaba inclinado sobre él diciendo que viviría.

El doctor Robert Crookall, antes del libro *Vida después de la vida* de Raymond Moody, escribió acerca de casos que él llamó «pseudomuerte». Él comentó muchos de los elementos sobre los que más tarde Moody atraería la atención del mundo.

En sus informes de lo que muchos denominan como «el repaso de la vida», Crookall escribió acerca de un individuo: «Como todo el mundo que fallece, él había pasado por la totalidad de su vida anterior, reviviendo sus acciones pasadas al detalle. Todo el dolor que le había causado a la gente lo experimentó en sí mismo, y todos los placeres que procuró, los recibió de nuevo».[16]

Señalamos esto porque muchas de las modernas experiencias cercanas a la muerte no hacen referencia al remordimiento, aparte de para decir cosas como que «su vida entera» pasó por delante de sus ojos.

El trío angélico

(DAVID MICHAEL SMITH)

—¿No los ves? Están justo ahí, en la esquina.

Mi padre, Bob Smith, estaba muriendo de un cáncer de pulmón que se había extendido por gran parte de su cuerpo anciano y deteriorado. Las devastadoras células cancerígenas le habían dejado paralizado de cintura para abajo y le habían postrado en una solitaria cama de hospital en su casa. Mi madre, Phyllis, ayudaba a las enfermeras lo mejor que podía, pero en gran parte simplemente amaba a papá y le escuchaba.

—¿Dónde? No veo nada —le contestaba ella, mirando la esquina de la habitación donde parecían centrarse los ojos de papá.

—Están allí, sonriéndome. Tres hombres... ángeles... impecablemente vestidos —susurraba él con asombro. Mamá miraba de nuevo, pero no veía nada.

Papá empezó a fumar a los doce años en Knoxville, Tennessee, su ciudad natal, sobre todo porque todos sus amigos fumaban. Creció en un país de tabaco, donde era algo habitual y aceptable. Su hábito se convirtió en una adicción adulta que no pudo vencer hasta los cincuenta y tres años cuando, sin una explicación razonable, lo dejó de golpe.

Como muchos otros que lo dejan, reemplazó un hábito con otro para satisfacer sus ansias: caramelos Live Savers. Papá acababa con uno o dos paquetes de caramelos al día, normalmente de cereza o menta fresca. Ganó algo de peso y parecía más sano que nunca.

Veinte años más tarde, el efecto de los años de inhalar nicotina y otros cancerígenos hizo mella en él, y batalló por su vida. Con los pulmones dañados, apenas podía respirar siquiera con un respirador de oxígeno.

Yo le visité el día después de su visión celestial y me senté a su lado en la cama para hablar. Sonaban de fondo unos villancicos suaves. Era noviembre, y poníamos los villancicos porque sabíamos que era poco probable que papá sobreviviera para llegar a las fiestas.

—Mamá dice que viste tres ángeles ayer, papá —le dije.

—No fue la primera vez —dijo él—. Me han visitado varias veces, tres hombres bien vestidos, con unos trajes perfectos y bien planchados, siempre sonriendo. Sé que son ángeles y que se les ha asignado que me lleven a casa.

—He escuchado que la gente ve seres queridos, ángeles y cosas así cuando su final se acerca —respondí sin estar seguro de lo que decir—. ¿Alguna vez te han dicho algo?

—Tu madre no los ve ni los oye. Supongo que es una de esas cosas inexplicables de la muerte, pero sí, han hablado.

Esperé para que me dijera algo más.

—Me dicen que todo va a ir bien, que no tengo mucho más tiempo, y que hay un gran gozo y mucho amor esperándome —me dijo con los ojos húmedos y nublados—. Nunca he sentido tanta paz como cuando están a mi alrededor. Una paz perfecta, hijo, perfecta...

Varios días después la familia se reunió alrededor de la cama de papá para orar. Le dijimos adiós entre lágrimas, besamos su frente y sujetamos sus manos. Él estaba inconsciente, apenas aguantando. Le dijimos que estaba bien que nos dejara para ir con los tres ángeles hacia el cielo. Era un momento conmovedor ver a un ser querido a punto de morir en nuestra presencia. Los recuerdos de mi padre comenzaron a pasar por la pantalla de mi mente, y derramé lágrimas sin contenerme.

Papá exhaló su último suspiro en la tierra y entonces se fue. Aquella tarde la familia planeó el funeral, llamó a los familiares y a los miembros de la iglesia y comenzó la primera fase para acostumbrarse a vivir sin Bob Smith en el mundo... en nuestro mundo.

Abracé a mi madre y la dejé para unirme a mi esposa y a mi hija pequeña en casa.

Mientras el sol se preparaba para ponerse aquella tarde, saqué a pasear a mi perro, Buddy Bear, y oré pidiendo una señal —cualquier señal— de que papá estaba realmente con su Salvador y Creador. Estaba dolido por dentro, pretendiendo ser fuerte, pero en realidad sufría. Necesitaba algo —cualquier cosa— de lo alto.

Segundos después de orar, miré hacia arriba. De un despejado cielo azul de noviembre tres pájaros aparecieron en el horizonte y volaron directamente hacia mí. Descendieron a gran velocidad y zigzaguearon alrededor de mí aleteando. Me agazapé un poco, en realidad, temeroso de que me rozaran la cabeza.

Justo entonces me di cuenta de que había un cuarto pájaro detrás de ellos —un poco más pequeño— y que se unió al trío. Al girarme para mirar, ascendieron en una hermosa formación aerodinámica, cada vez más alto hasta que se perdieron de vista. Todo volvió a la calma.

Para mí esa fue una respuesta a la oración. Quizá otros no lo vean así, y está bien. Yo sé que Dios me dio la señal que pedí: cuatro pájaros. Papá y sus tres ángeles acompañantes.

David Michael Smith actualmente estudia para ser diácono de la Iglesia Anglicana de Norteamérica. (davidandgeri@hotmail.com)

La experiencia cercana a la muerte de un soldado cristiano

Roland Dell (soldado retirado de la Armada de Estados Unidos), en su vigésimo año en el ejército regresó a Fort Bragg, en Carolina del Norte, el 6 de febrero de 2005. En esa época Dell había sido ordenado ministro cristiano y oraba para ser eficaz para Dios.

Participaba en una formación de batalla en grupo para la supervivencia en el agua, algo que había hecho durante veinte años. Después de terminar, sintió que tenía un horrible episodio de acidez y pidió permiso para tumbarse.

Dell se tumbó y aparentemente perdió el conocimiento por un fallo cardiaco. En pocos minutos llegaron los paramédicos. A su derecha, él sintió a «un ser tumbado hombro con hombro conmigo».

Los paramédicos lo resucitaron. De camino al hospital la ambulancia se encontró con tráfico. En ese momento Dell era capaz de mirar la autopista y verlo todo mientras el vehículo corría con las luces y las sirenas encendidas.

Dell se sentía bien y dijo que era la mejor sensación que había experimentado nunca. Su mente estaba despejada. Su siguiente recuerdo era estar siendo estabilizado en un transporte aéreo de camino al Hospital Central de Washington, donde se despertó en la unidad de cuidados intensivos. Sus pulmones estaban llenos de fluidos y no se esperaba que sobreviviera a la noche. Pero lo hizo.

Dos días después, cuando Dell le contó a su familia lo del viaje en ambulancia y que era capaz de verlo todo, su madre preguntó que cómo era posible en su condición. Dell se dio cuenta de que había estado atado con correas, mirando la parte delantera de la ambulancia, y que no había ventanas.

Durante su segunda semana en el hospital, Dell experimentó otro ataque al corazón. Una enfermera le dijo:

—Señor Dell, el enemigo sabe quién es usted, pero eso no parará lo que el Señor ha planeado.

Tres semanas más tarde, Dell fue capaz de regresar a la iglesia. Impresionó a la gente porque el pastor le había dicho a la congregación que no se esperaba que Dell viviese. El sermón de aquel domingo trató del Buen Pastor que descansa junto a las ovejas. Dell pensó en el ser que había estado acostado junto a él después de su primer ataque al corazón. Se dio cuenta de que había sido *su propio* cuerpo.[17]

Dell dijo: «Por medio de muchas ocasiones en este lado de mi existencia, le he conocido continuamente. La muerte solo es una continuación de la vida espiritual que ya poseo».

EL *extraño caso* DE George de Benneville

Según cuentan Ken Vincent y John Morgan, desde tiempos antiguos han existido informes de experiencias cercanas a la muerte. Aunque ellos están convencidos, también dicen que no se registraron muchos casos antes de la aparición de las técnicas modernas de resucitación.[18]

Los autores citan a Carol Zaleski, que afirmaba que no podemos simplemente quitarle el envoltorio literario y poner las manos en un suceso sin adornos porque, cuando sucedía una visión, era muy probable que se contase, recontase y modificase muchas veces antes de ser registrada. Zaleski también decía que los líderes de la Iglesia no querrían haber registrado relatos que contradijeran la doctrina que habían definido.

Hasta la última parte del siglo diecinueve, parecía de poco valor informar de manera objetiva, y eso también se aplicaba a las experiencias cercanas a la muerte. Fue entonces cuando la Sociedad Británica para la Investigación Psíquica estudió tales historias.

Vincent y Morgan relatan la historia de un médico y ministro laico llamado George de Benneville (1703–1793), quien en 1741 escribió acerca de su propia experiencia cercana a la muerte, que tuvo lugar cuando tenía treinta y seis años de edad. En su relato en primera persona, de Benneville murió lentamente, y a medianoche fue separado de su cuerpo. Era capaz de ver a la gente lavando su cuerpo, lo que era costumbre en aquellos días.

George quería apartarse de su cuerpo muerto, e inmediatamente fue llevado hasta una nube. Vio tantas maravillas que sintió que era imposible escribirlas o nombrarlas. Llegó hasta un extenso nivel plano: tan vasto que no podía ver los límites.

La tierra estaba repleta de hermosos árboles fragantes, llenos de frutas. Entonces se dio cuenta de que tenía dos guardianes, uno a cada lado. Ambos tenían alas y aspecto de ángeles, con cuerpos brillantes y prendas blancas. Los guardianes eran tan hermosos que no podía describirlos, pero dijo que su amor penetraba por todo su ser.

El guardián de su derecha le habló a de Benneville de las cosas eternas que Dios haría. Debido al amor y la amistad de Benneville por sus vecinos, incluyendo las veces que había derramado muchas lágrimas de compasión por ellos, Dios lo recompensaría y convertiría su dolor en gozo.

El guardián de su izquierda prometió fortalecerle, pero primero tendría que pasar por los siete aposentos de los condenados. Justo entonces fue alzado por los aires y de Benneville llegó a un lugar oscuro donde solo veía y escuchaba lamentos y crujir de dientes: el depósito de las almas condenadas por culpa de sus pecados. De Benneville describió a muchos de los que había visto, y sintió una gran lástima por ellos. Reconoció a un hombre al que había conocido en la tierra.

De Benneville fue sacado de allí y un mensajero trajo agua para que se refrescasen él y sus guardianes. De Benneville miró al mensajero, que llevaba un ropaje más blanco que la nieve. Entonces vio y escuchó una multitud de huestes celestiales, y cantaban alabanzas al Señor.

El mensajero le dijo a los dos guardianes que llevaran a de Benneville a cinco mansiones celestiales donde los elegidos del Señor vivían. Vio lo que solo podía describir como maravillas de resplandor y gloria.

De Benneville regresó a su cuerpo, que estaba en un ataúd. Reconoció a su hermano y a los demás. Le dijeron que había estado «muerto» cuarenta y dos horas, aunque a de Benneville le habían parecido muchos años.

El punto de unión

(LONNIE HONEYCUTT CON VICKI H. MOSS)

En 2003 visité a mi médico debido a un nódulo linfático inflamado. Me recetó una serie de esteroides y antibióticos. Al cabo de pocos meses, sin embargo, estaba de regreso a la consulta del médico, donde se me diagnosticó cáncer.

Algunos de mis tumores eran más grandes que una pelota de golf, aunque más alongados. El tratamiento agresivo comenzó el 14 de noviembre de 2007, con cuarenta tratamientos de radiación junto con quimioterapia. Se me desarrolló un sarpullido que me recorría de la cabeza a los pies. Las pústulas me cubrieron el cuerpo. La piel de mi cabeza se volvió tan quebradiza que cuando vomitaba mi cuero cabelludo supuraba sangre por la piel rota. Junto con la pérdida de la barba, el fotoenvejecimiento (dermatoheliosis) hizo que se me arrugase la piel en la cara y el cuello. Perdí la voz al quedarme sin saliva, y me quedé también sin papilas gustativas.

Una noche me quedé dormido en la cama de mi hijo. Cuando mi esposa, Dawn, fue a comprobar cómo estaba a la mañana siguiente, mi cuerpo estaba azul apenas con un leve pulso.

Dawn llamó al 911. Cuando llegaron los paramédicos, ella preguntó:

—¿Va a sobrevivir?

—No tiene buena pinta —le dijeron.

En el hospital los amigos se reunieron fuera de mi habitación para orar. El doctor que me atendía le dijo a Dawn: «El cerebro de su marido tiene una lesión hipóxica-anoxiática». Le explicó que no había suministro de oxígeno al cerebro. «Su cerebro ha muerto».

Yo morí.

Mis recuerdos del cielo comenzaron siendo llevado por un camino de oro transparente, flanqueado por tres ángeles: uno a cada lado y otro detrás de mí. Estimé que los ángeles debían medir más de dos metros. Los cuatro llevábamos ligeros ropajes blancos. Un ángel era negro (como el ónice o el ébano). Los otros dos tenían una complexión más olivácea.

Junto al aire limpio y fresco, el cielo era una impresionante colección de azules y blancos. Inicialmente supuse que las nubes causarían el blanco; sin embargo, según nos acercábamos, me di cuenta de que estaba viendo una miríada de ángeles. Innumerables legiones angélicas volaban adelante y atrás mientras mis ángeles escoltas y yo avanzábamos. Sus filas se extendían en todas direcciones hasta donde podía alcanzar mi vista. Mi visión era superior a como había sido en la tierra. Deseaba alcanzar la ciudad que podía ver en la distancia.

Un gran número de gente se había reunido en la entrada de la ciudad esperando mi llegada. La gente estaba colocada en ventanas con arcos similares a las de las casas de estilo español. Había chapiteles, puentes, paseos y jardines con hermosas flores y árboles ubicados en los senderos que la gente paseaba.

Las palabras fallan para describir los sucesos que vi tomar lugar. Era como mirar por una tenue y delgada membrana, o un velo. Sabía lo que estaba haciendo la gente y podía ver a mi esposa y a los demás en la tierra orando por mí. También podía escuchar sus oraciones.

Mientras caminaba con mi escolta de ángeles, me giré para mirar detrás de ellos y después para abajo, hacia nuestros pies. No había sombras: ninguna bajo nosotros, ni detrás, ni enfrente, ni alrededor de los árboles o las flores que se alineaban a ambos lados del camino.

También experimenté una paz... más allá de cualquier comprensión humana. Vi a gente que conocía: aquellos en la tierra que me habían guiado por mi viaje espiritual.

Reconocí a una mujer como la madre de mi esposa, aunque nunca la había conocido en la tierra. Llevaba un vestido azul de mangas holgadas. Me abrazó y me dio un mensaje personal para Dawn.

Lo más inolvidable y memorable de mi viaje al cielo fue el modo en que me sentía por la gente que me esperaba para que cruzase el umbral de las puertas de la ciudad. Estaban entusiasmados... emocionados por el hecho de que yo estuviera llegando para unirme y pasar el resto de la eternidad con ellos y con Cristo.

Alguien (y no sé si fue Jesús o el Espíritu Santo) me preguntó si quería quedarme o regresar. Pensé en Dawn en la habitación del hospital y dije: «Quiero regresar a la tierra».

Después del regreso, describí a la mujer que me había dado un mensaje y le conté a Dawn lo que me había dicho. Mi esposa supo que había estado verdaderamente en el cielo porque yo no había conocido a su madre, June, que había muerto a los treinta y cinco años. Dawn me enseñó una foto desteñida, que no recordaba haber visto nunca antes.

Thea, la prima de Dawn, escuchó acerca de mi encuentro con June. Después de escuchar los detalles del vestido azul con las mangas anchas, Thea dijo: «Esa era la tía June. Conozco ese vestido. La tía June era delgada y yo le dije que debido a las mangas holgadas aquel vestido azul parecía demasiado grande para ella».

Solo mi esposa entendió el mensaje personal de su madre, y yo he elegido no revelar su contenido.

Vicki H. Moss es editora independiente de *Southern Writers Magazine*, experta para *American Daily Herald* y autora de *How to Write for Kid's Magazines* y *Writing with Voice.* Vicki también es conferenciante motivacional y viaja para impartir talleres en conferencias de escritores. Visita www.livingwaterfiction.com (Twitter: vickimoss). El pastor Lonnie Honneycutt vive en Mobile, Alabama, pastorea 99 for 1 Ministries, es superviviente de un cáncer metastatizado y ha escrito dos libros: *Death, Heaven and Back* y *Living Jesus Out Loud.* Visita www.99for1Ministries.com o www.LivingJesusOutLoud.com.

La resurrección del pastor Daniel Ekechukwu

Daniel Ekechukwu era pastor en una iglesia de Nigeria. Murió el 30 de noviembre de 2001, y permaneció muerto durante al menos cuarenta y dos horas. Visitó el cielo y el infierno en el tiempo de su muerte física y volvió a la vida el 2 de diciembre.

Un día antes de su muerte, Daniel y su esposa, Nneka, tuvieron una discusión y ella le dio una bofetada. Durante todo el 30 de noviembre, él se sintió furioso con ella.

Aquella tarde, mientras conducía de camino a casa, los frenos fallaron mientras bajaba una pendiente empinada, y su coche se estrelló contra un pilar de hormigón. Como Daniel no llevaba puesto el cinturón de seguridad, su pecho golpeó el volante, dañando sus órganos internos. Vomitaba sangre, tenía problemas para respirar y era incapaz de salir del coche por sí mismo.

Los testigos le sacaron y alguien le llevó al Hospital St. Charles Borromeo. Una vez allí, los doctores le suministraron tratamiento de emergencia, pero Daniel no respondió. Sabía que se estaba muriendo y le pidió a Dios que le perdonase.

Tras llegar Nneka al hospital, vio a Daniel, que estaba en estado crítico. Lloró y le rogó que no la dejase. Convencidos de que no podían hacer nada en aquel hospital para salvar a Daniel, el doctor lo transfirió en ambulancia al Hospital Umezuruike en Owerri.

De camino al hospital, Daniel murió. En la ambulancia vio a dos ángeles que eran tan grandes que se preguntaba cómo podían caber dentro. Daniel intentó hablar, pero uno de ellos puso su dedo sobre sus labios, indicándole que callase. Los ángeles le levantaron, y Daniel vio su propio cuerpo debajo de él.

Cuando la ambulancia llegó al hospital, un médico que le examinó le dijo a Nneka que su marido había muerto. Ella llevó su cuerpo a la Clínica Eunice, y allí fue confirmada la muerte de Daniel. Después, llevó el cuerpo de Daniel a la casa de su padre. El padre de Daniel les dijo que le llevaran al depósito de cadáveres del

Hospital General Ikeduru, y allí llegaron el sábado por la mañana. El embalsamador residente, Barlington Manu, le inyectó químicos de embalsamar entre los dedos de las manos y de los pies de Daniel. El embalsamamiento completo se haría posteriormente. Con la ayuda de un miembro de su equipo, tumbó el cuerpo de Daniel en una mesa mortuoria junto a otros dos cadáveres.

La mañana siguiente, cuando el embalsamador intentó cortar la parte interna del muslo de Daniel para insertar un tubo para inyectar más fluido para embalsamar, una fuerza invisible le apartó del cadáver. El embalsamador lo intentó una segunda vez. (Más tarde, Daniel contaría que la gente podía oler los productos de embalsamar que se desprendían de su cuerpo durante las dos semanas posteriores a su resurrección. Lo abrazaban y se tapaban la nariz.)

A eso de las dos de la mañana del sábado el embalsamador, que vivía puerta con puerta al depósito, escuchó canciones de alabanza que venían del interior del edificio. La música paró en cuanto se acercó a la puerta. Cuando el embalsamador entró para encontrar el origen de la música, vio luz que provenía del rostro del cadáver de Daniel. Esa visión lo puso tan nervioso que contactó con el padre de Daniel y le pidió que se llevara el cuerpo.

Justo antes de que el embalsamador escuchara la música, la esposa de Daniel soñó estar viendo la cara de su marido. Daniel preguntó por qué le habían dejado en el depósito. Él dijo que no estaba muerto, y que quería que Nneka le llevase a Onitsha, donde un evangelista alemán llamado Reinhard Bonnke estaba predicando.

Aunque la familia pensó que Nneka estaba loca, ella decidió hacer lo que se le había encomendado en el sueño. Para cuando hizo los arreglos, Daniel llevaba 24 horas muerto. La familia compró un ataúd y llevó ropas de funeral al embalsamador para vestir a Daniel. El embalsamador tuvo que cortar las prendas para vestir a Daniel porque su cuerpo estaba rígido.

La ambulancia que llevaba el cuerpo de Daniel en el ataúd fue a la misión Grace of God, en Onitsha, a unos noventa minutos de camino. Reinhard Bonnke estaba predicando en un servicio vespertino de dedicación.

Debido a las amenazas de los musulmanes contra el evangelista, los guardias de seguridad no querían dejar que la familia entrase el ataúd en los terrenos de la iglesia, pensando que podía contener explosivos. La esposa de Daniel les suplicó, y abrió el ataúd para mostrarles a su marido muerto. Ellos se burlaron ante su persistencia.

Nneka causó tal alboroto que el pastor principal permitió que entrasen el cuerpo de Daniel a la iglesia, sin el ataúd. Durante dos días Daniel no había respirado ni había latido su corazón. Había sido llevado de un lado a otro durante horas en un ataúd estrecho y sin ventilación, antes de que su cuerpo fuera colocado en un aula de escuela dominical, donde los creyentes se reunieron para orar a su alrededor. Después de un rato, empezaron a notar que el cadáver se contraía y escucharon una respiración irregular. Como su cuerpo estaba rígido y frío, masajearon su cuello, brazos y piernas.

Entonces, el domingo por la tarde, Daniel estornudó y se levantó de un salto. Durante las siguientes horas fue recobrando la coherencia. Debería haber tenido un serio daño cerebral, pero no sufría efectos de la enfermedad.

Por increíble que sea la historia de su muerte y resurrección, lo que el pastor Daniel experimentó inmediatamente después de su muerte es todavía más impresionante. Tras ser elevado de su cuerpo por los dos ángeles en la ambulancia, estuvo un momento solo antes de que un ángel diferente se le uniese.

Daniel aseguró que cuando se sentía confundido acerca de algo que veía o experimentaba, o si tenía un pregunta, el nuevo ángel se la contestaba inmediatamente. El ángel le dijo que iban al Paraíso, e instantáneamente estuvieron allí.

Daniel observó a una multitud de gente alabando vestida con ropas blancas y centelleantes. Pensó que eran ángeles, pero su ángel guardián le dijo que eran seres humanos que mientras estaban vivos en la tierra habían creído en Jesucristo y servían a Dios.

Daniel dijo que la gente no tenía edad ni raza: ninguno parecía joven o viejo, ni tenía distinciones étnicas. Todos alababan en perfecta unión. Solo un hombre entre ellos parecía mayor. El ángel dijo que era el Padre Abraham.

Daniel quería unirse a los que alababan, pero el ángel dijo que había otras cosas que Daniel tenía que ver, especialmente la mansión que Jesús había preparado para sus seguidores. Inmediatamente estuvieron en la mansión.

Daniel era incapaz de describir lo que vio. La mansión no parecía tener fin en altura ni longitud. Se movía continuamente, y cada habitación giraba de alguna manera. Estaba construida de cristal transparente, y los suelos estaban hechos de luz.

No vio a nadie en la gran mansión, pero escuchó unos hermosos cantos. Se preguntaba de dónde venía la música y el ángel le señaló todas las flores que rodeaban la mansión. Cuando Daniel las miró más de cerca, vio que se movían, se balanceaban y cantaban alabanzas a Dios. El ángel dijo que la mansión estaba preparada pero los santos no. Jesús se estaba retrasando porque los cristianos no estaban todavía preparados.

El ángel llevó a Daniel al infierno, donde se pararon en la puerta. Daniel escuchó horribles gritos y lamentos. Todo en el infierno era oscuridad. El ángel mostró a Daniel su propio registro de fracasos y dijo que él también podía terminar en el infierno. Le recordó al pastor que si él no perdonaba a los demás, Dios tampoco lo perdonaría.

El pastor Daniel sabía que era culpable por estar enfadado con su esposa. El ángel le dijo a Daniel que las oraciones que había pronunciado mientras moría en el hospital no tenían ningún efecto porque se había negado a perdonar a su esposa incluso cuando ella intentó reconciliarse la mañana de su fatal accidente.

Daniel lloró. El ángel le dijo que no llorase, porque Dios lo iba a enviar de vuelta a la tierra. Dijo que la resurrección de Daniel serviría como señal y sería la última advertencia para esta generación.

Daniel fue entonces llevado a lo alto de una montaña, donde encontró un gran agujero lleno de oscuridad. El ángel llevó de la mano a Daniel hasta un hombre: el evangelista Reinhard Bonnke. El ángel le dijo a Daniel que aquel hombre le ayudaría a expandir el evangelio de la salvación. Tanto Daniel como el reverendo Bonnke cayeron en el agujero.

En el siguiente instante, Daniel saltó de la mesa donde yacía en la misión Grace of God. Estaba de regreso en su cuerpo después de haber estado muerto al menos cuarenta y dos horas.

Desde entonces, Daniel enfatiza la necesidad de perdonar a aquellos que nos han hecho mal, para que nadie sufra como él lo hizo.[19]

Escucha el trueno

(BARBIE PORTER)

Mientras descansaba en la cama de hospital sujetando a mi preciosa Melissa Rose, toqué con suavidad sus pequeños deditos en manos y pies mientras cantaba en voz baja «Cristo me ama». Lágrimas de alegría resbalaron por mis mejillas. Mi pequeña Rose era el cumplimiento de una palabra que Dios me había dado más de trece meses atrás.

En la noche final de un avivamiento, las palabras que escuchaba eran aquellas registradas en Joel 2.25, cuando el Señor le habló al profeta y le prometió: «Les devolveré lo que perdieron a causa del pulgón, el saltamontes, la langosta y la oruga». Esas palabras trajeron ánimos en un momento en que mi corazón estaba cubierto de tristeza por un aborto espontáneo reciente.

Mi cuarto embarazo había ido relativamente bien, pero dar a luz había sido duro. Como los problemas habían plagado cada embarazo, mi médico me recomendó encarecidamente una ligadura de trompas.

Aunque rompió mi corazón, acepté. Contenta con mi preciosa y saludable hija, esperaba volver a casa para que nuestra recién ampliada familia pudiera conocerse.

Al principio ignoré la tirantez del pecho y la falta de respiración que comenzaron poco después de la cirugía. La enfermera llamó al doctor. Mi presión arterial estaba bien y mi corazón también. Mis síntomas empeoraron.

Después de poderosos antiácidos y alguna que otra tanda de analgésicos, se llevaron a la bebé de vuelta al cuarto de bebés para que pudiera descansar. En aquel momento mi amiga Becky vino a visitarme. Mientras hablábamos, sentí que de nuevo el pecho me presionaba y no podía tomar nada de aire.

Ella corrió por una enfermera, que se apresuró a acercarse a mi cama. Mientras la enfermera me examinaba, me hacía preguntas. Yo luchaba por respirar.

—¿Hay algo más que no sientas bien?

—Mi lengua está hinchada.

La enfermera salió corriendo de la habitación, y apenas recuerdo que regresara con una inyección.

Desperté con el sonido de un trueno. Cuando miré alrededor, una suave, brillante y blanca nubosidad rodeaba mis pies. El trueno continuaba.

Avancé como si el trueno me estuviera llamando. Sentí los pies como si estuviera subiendo cuesta arriba. Cuanto más me acercaba al trueno, más consciente me volvía de su sonido único.

«¡No es un trueno!». Era el sonido de la alabanza.

Mientras continuaba mi lento ascenso, continuaban sonando diferentes alabanzas a cada uno de mis lados, una detrás de otra...

«¡Gloria a Dios en las alturas!».

«¡Que la Gloria sea al gran Yo Soy!».

«¡Santo, santo, santo!».

«¡Bendito sea el Señor Omnipotente!».

«¡Aleluya!».

«¡Alabado sea el Señor!».

«Bendito sea el Alfa y la Omega, el Principio y el Fin».

Así continuaban sin parar, mezclándose como en una melodía. La paz fluía a través de mí... una paz como no la había conocido antes. Me sentía fuertemente amada.

Cuando llegué cerca, las alabanzas cesaron.

—¡Venga, vuelva con nosotros! —gritó alguien en mi oreja.

—Barbie, ¿estás bien? —Alguien me frotaba el brazo.

Miré a mi alrededor. En las caras de las enfermeras, de la familia y de los amigos había miradas de preocupación. Yo me sentía muy confundida. ¿Cómo podía estar yo aquí en el hospital cuando acababa de estar allí?

Más tarde una enfermera me contó que había experimentado una grave reacción a la codeína y que les había dado un gran susto. Pensaron que me habían perdido.

Cuando las enfermeras quedaron convencidas de que iba a estar bien, dejaron la habitación. En ese momento compartí mi experiencia con Becky. Ella rompió a llorar y dijo:

—Suena a que estabas casi en el cielo. Espero que no te enfades conmigo porque estuve orando para que vivieras, pero tienes una preciosa recién nacida y dos queridas hijitas de las que cuidar. Necesitan a su mamá.

Creo que las oraciones de Becky tocaron el cielo en nombre de mi familia.

Hoy todas mis hijas han crecido y tienen sus propias vidas, y he sido bendecida con unos preciosos nietos.

Aunque eso ocurrió hacer más de veinte años, siempre que oigo truenos recuerdo aquel viaje en que casi llegué a casa. Deseo de corazón que llegue el día cuando pueda traspasar las alabanzas y me encuentre con mi Salvador cara a cara para que así yo también pueda alabarle personalmente por su inmensa gracia.

Barbie Porter es una premiada periodista, autora de *The Legend of the Christmas Kiss*, coordinadora de la conferencia de mujeres Secret Pavilion, es parte del profesorado de la Conferencia de Escritores Cristianos de Kentucky y misionera. Actualmente está compilando su libro *This Little Church.*

Cerca de LA MUERTE:
La historia de Carl G. Jung

Carl Jung, uno de los principales pupilos de Sigmund Freud, tuvo una serie de experiencias cercanas a la muerte después de sufrir un ataque al corazón en 1944. En su autobiografía, él da un gran número de detalles acerca de los sucesos. Dice: «[las imágenes eran] tan extraordinarias que yo mismo concluí que tenía que estar cerca de la muerte».[20]

Durante uno de los episodios estaba arriba en el espacio, sobre la tierra, y «bañado en una gloriosa luz azul». Después de dar una extensa descripción del universo desde el espacio exterior, dijo: «Todo se desvaneció, o me fue quitado; un proceso extremadamente doloroso»; «llevaba conmigo todo lo que había experimentado o hecho alguna vez [...] Yo estaba compuesto por mi propia historia y sentía con gran certeza: esto es lo que soy. "Soy este fardo de lo que ha sido y lo que se ha conseguido"».[21]

Jung dijo que tenía una sensación de extrema pobreza, pero «de gran plenitud, al mismo tiempo». Dijo: «Ya no existía nada que quisiera o desease [...] Yo era lo que había sido y vivido [...] ya no había ningún arrepentimiento de nada que hubiera sido desperdiciado o de lo que hubiera sido despojado [...] Yo tenía todo lo que era y eso era todo».[22]

Más tarde escribió: «Sentí una violenta resistencia hacia mi doctor porque me había traído de vuelta a la vida».[23]

Mientras estaba todavía en el hospital Jung se sentía débil y deprimido durante el día. Por la noche tenía visiones maravillosas, algo parecido a su experiencia cercana a la muerte. «"Esto es la gloria eterna", pensé. "No se puede describir; ¡es demasiado maravilloso!"».[24]

En una entrevista para la BBC en los años setenta, el presentador le preguntó a Jung si creía en Dios. «No creo, lo sé».[25]

«No sobrevivirá a esta noche»

(TERRY LEININGER CON DONNA FRISINGER)

En la Nochebuena de 1995, la única luz en mi habitación de hospital provenía de un árbol de Navidad en miniatura a los pies de mi cama. Sherry, mi esposa, lo había puesto ahí para iluminar la que de otro modo sería una Navidad sombría. Junto al árbol había un elefante gris de plástico, del tamaño de una pelota de fútbol, que cuando estaba encendido escupía pompas efervescentes de un tambor de circo verde con adornos dorados.

Cuando nuestros nietos se sentaron alrededor de la cama para visitarme aquella tarde, se sintieron cautivados por la actividad constante del juguete. Sin embargo, en la quietud de la noche, la monótona repetición me ponía de los nervios, junto con las idas y venidas del dolor insoportable que atormentaba mi demacrado cuerpo en su camino hacia la muerte.

Había perdido treinta kilos en mi continua lucha contra la colitis ulcerosa en los últimos dos años, una existencia que giraba en torno a conocer constantemente la ubicación del baño más cercano innumerables veces al día. Ahora, tras la cirugía para quitarme el intestino grueso, mi brazo izquierdo se había hinchado hasta alcanzar el tamaño de una auténtica pata de elefante debido al mal funcionamiento de un estent defectuoso que tuvieron que ponerme en el hombro. Ni siquiera la morfina que me administraban las enfermeras ayudaba.

Oh, Señor, por favor, llévame a casa.

Justo en ese momento una suave calidez envolvió todo mi cuerpo en un negro capullo de vacío. Momentos antes luchaba por subir las mantas para protegerme de una tiritona. Ahora me sentía protegido (más allá de cualquier necesidad física) en lo que solo podía describir como puro amor. Era un afecto y un anhelo intenso que lo abarcaba todo y me hacía saber que estaba en la presencia del Dios Todopoderoso.

Al siguiente minuto, estaba en el pasillo del hospital. Las paredes resplandecían con un suave verde mientras flotaba sobre los azulejos moteados hacia el puesto de las enfermeras, a unos veinte metros. Dos figuras de uniforme blanco almidonado permanecían inclinadas una junto a otra. Según me acercaba, reconocí a una de ellas como mi enfermera, Shanon.

—Pobre señor Leininger. No sobrevivirá a esta noche —dijo a la supervisora de pelo oscuro del turno de noche.

¿Por qué está diciendo eso delante de mí?

La supervisora se ajustó las gafas y tomó un sorbo de café.

—¿Estás segura?

Sharon asintió.

—Nunca he visto un caso así. Su presión arterial no deja de bajar. Tiene el brazo tan hinchado que el doctor no me deja sacarle el estent.

Mientras escuchaba, me di cuenta de que había sobrevivido a una cirugía mayor solo para ser eliminado por un estent defectuoso en el brazo. La ira me sobrepasó. ¿No había sido suficiente que el doctor que había realizado mi ileostomía la semana pasada de repente se sintiera obligado a reventar mi última burbuja de esperanza solo segundos antes de anestesiarme?

Todavía podía ver su cara con la máscara cerniéndose a pocos centímetros de mi nariz mientras dejaba caer la bomba: «Es mi deber informarle, señor Leininger, que si no encontramos al menos ocho centímetros de tejido sano al final de su intestino grueso tendremos que dejarle marchar».

¿Por qué narices me está contando eso ahora?

Después de someterme a un sinnúmero de medicaciones ineficaces, aquel nuevo procedimiento representaba mi última oportunidad para vivir. Los desechos intestinales se recogerían en un sistema con una bolsa pegada a la piel. La bolsa sería un fastidio, pero estaría vivo y podría ver crecer a mis nietos. Pero ahora, aquella noche, mi enfermera estaba diciendo que no iba a vivir.

Oh, pero viviré. Se lo demostraré.

Inmediatamente, estaba de vuelta en mi habitación. La presencia santa todavía me acunaba, y sabía que el Dios de toda la creación me estaba dando a elegir: podía ir al cielo en ese momento o podía quedarme. Pensé en mi esposa y mi familia, así como en mis amigos y la familia de la iglesia. Las pequeñas caras de mis nietos flotaban delante de mí. Abrí los ojos.

El elefante motorizado seguía repitiendo su repetitivo subibaja, pero ahora aquel *clic-clac-clic* me traía a la mente el espíritu de un valeroso tren: *La pequeña locomotora que sí pudo*. Por increíble que parezca, oía a aquel elefante repetir: «Creo que puedo, creo que puedo, creo que puedo».

Me dormí después de aquello. A las cinco de la mañana, mi enfermera entró en mi habitación.

—Me molestó lo que dijo anoche —le dije.

—¿De qué está hablando? —preguntó ella.

—La escuché hablando con la supervisora de la noche, cuando dijo que no llegaría a la mañana.

—¡No pudo haber oído eso!

—Oh, sí que lo hice.

—¿Pero cómo? El puesto de enfermeras está demasiado lejos pasillo abajo...

—Créame, lo escuché. Tiene que tener más cuidado antes de pronunciar una sentencia de muerte así.

Mientras ella intentaba procesar la información de que realmente la había escuchado, describí a la supervisora de la noche (a quien nunca había conocido) y mencioné la taza de café en su mano derecha y las palabras exactas que ambas dijeron.

—Está bien —dije—. Creo que Dios me permitió que la escuchase para enfadarme tanto como para querer vivir de nuevo.

Mi esposa todavía saca ese elefante en época navideña. Los ¡oh! y ¡ah! de los nietos han sido reemplazados por la risita de una nueva bisnieta.

¿Ha habido sufrimiento? Claro. Pero me he negado a vivir con el ¡ay de mí! Jesús vino otra Navidad, hace dos mil años, para ofrecer vida *abundante* a todo el que quisiera creer. Como resultado, he vivido lo suficiente para ver salvarse matrimonios y ver vidas restauradas: todo porque el Señor me permitió escuchar una conversación privada a escondidas una noche especial... una noche que nunca olvidaré.

Terry Leininger sirve como anciano en el Faith Outreach Center en Rochester, Indiana, que ayudó a fundar. Antiguo empleado de Bayer, han pasado trece años desde su roce con la muerte. Donna Frisinger es la autora de *Bink and Slinky's Ark Adventure.* Su galardonada poesía y sus historias están publicadas en *Clubhouse*, *Matture Living* y *Today's Christian Woman*. Visita http://donnafrisinger.com/.

Solo piedras en el riñón: la historia de Dean Braxton

La mañana del 4 de mayo de 2006, Dean Braxton se despertó con un fuerte dolor en su lado derecho. Supuso que solo eran piedras en el riñón y se fue a trabajar pensando que se le pasaría durante el día.

En vez de eso, el dolor se incrementó, y se fue a casa. Al final el dolor se volvió tan intenso que condujo él mismo hasta las urgencias del Hospital St. Francis en Federal Way, Washington.

Cuando llegó no había más pacientes en urgencias, y el personal médico le prestó atención inmediatamente. Detectaron una infección que había surgido alrededor de las piedras del riñón, así que comenzaron con los antibióticos.

Llamaron a su mujer, Marilyn, y lo mantuvieron ingresado aquella noche. Planeaban tratar las piedras del riñón a la mañana siguiente.

Para entonces, la temperatura de Dean había alcanzado los 40 grados. Los médicos decidieron realizar la cirugía a pesar de la fiebre y la infección. Usaban una técnica llamada litroticia, que usa ondas de choque para bombardear las piedras y romperlas para que puedan circular con facilidad.

Después de la cirugía, sin embargo, el estado de Dean empeoró. La infección se expandió por sus demás órganos, causándole múltiples fallos. Su respiración se volvió superficial y su presión arterial se desplomó.

Entonces su corazón se paró. Su esposa oraba mientras el equipo médico trabajaba fervientemente para revivirlo.

En el instante en que el corazón de Dean se detuvo, él abandonó su cuerpo. Su primer recuerdo era estar viajando a más velocidad que un parpadeo. Mientas se movía, él «veía» las oraciones de las personas pasando por delante suyo como si estuviera parado: oración por él y por otros. Sabía que Marilyn estaba orando para que regresase y para que Dios le sanase.

Dean llegó al cielo y casi inmediatamente vio a Jesús, que era más brillante que el sol de mediodía, y su presencia irradiaba amor. Cuando Jesús lo miró, Dean sintió como si el amor de Jesús hubiera sido creado expresamente para él.

Justo entonces miró a los pies de Jesús y las marcas de los clavos seguían allí. Todo dentro de Dean adoraba a Jesús, y no podía dejar de hacerlo.

Entonces se percató de que había alguien más. Mary, la abuela de Dean, estaba de pie al otro lado de Jesús. Ella dio un paso hacia él y le saludó. Había otros familiares con ella y se unieron a la bienvenida. A algunos los reconoció, y a otros no. Muchas generaciones de miembros de su familia le saludaron, como si fuera una gran reunión familiar.

—La tierra no es tu hogar; solo estás allí de camino —le dijo su abuela—. Tráete a cuantos miembros de la familia puedas cuando regreses.

El cielo era una atmósfera de alabanza y adoración poderosa. Todo el mundo alababa a Dios a su manera, aunque Dean podía comprender a cada persona individualmente. Todo parecía brillar en el cielo, y cada ser estaba vibrantemente vivo.

Feliz y totalmente contento, Dean quería quedarse allí, pero Dios le dijo que no podía.

Clínicamente muerto durante una hora y cuarenta y cinco minutos, Dean regresó con un débil pero constante ritmo cardiaco. Las bacterias habían causado grandes daños en su organismo, así que los médicos comenzaron el tratamiento de diálisis.

Los médicos de Dean no esperaban que sobreviviese, pero si lo hacía, razonaban que su terrible experiencia le dejaría en estado vegetativo.

Mientras tanto, Marilyn continuaba en oración y confiaba en Dios para la recuperación de Dean.

Los registros médicos y las transcripciones muestran que Dean tuvo veintinueve afecciones médicas graves en sus trece días hospitalizado, y aun así sorprendió a los doctores con una completa recuperación. El personal médico del Hospital St. Francis le llamaba «el hombre milagro».

Dean es totalmente consciente de que Dios le sanó porque tenía un trabajo especial que hacer. Jesús dejó claro que Él lo necesita en la tierra ahora. A pesar de eso, Dean sueña con regresar a su hogar celestial.

A menudo dice: «Estoy de camino».[26]

Un soldado llamado Er

Platón escribió la historia de un soldado llamado Er que murió, y cuyo cuerpo yació junto a sus camaradas muertos durante diez días. Cuando la gente llegó a recoger los cadáveres, se sorprendieron de que el cuerpo de Er no se hubiera descompuesto como los demás.

Los familiares de Er se lo llevaron a casa para enterrarlo. En su propia pira funeraria, el soldado se puso en pie y dijo a los demás lo que había visto en el otro lado. Los instruyó para que vivieran vidas más plenas. (La historia nos deja con la duda de si el relato de Er fue creado por Platón o si fue un suceso verdadero.)[27]

Relatos tradicionales DEL CIELO

Incluimos las siguientes historias porque hacen afirmaciones coherentes con otras historias de experiencias cercanas a la muerte, aunque cuestionemos su autenticidad. Como muchos relatos antiguos, estas visiones pueden haber sido contadas y recontadas con cambios y adiciones hasta que alcanzaron su forma presente.

La visión de San Pablo el Apóstol

La visión de San Pablo, un popular libro con versiones en casi todas las lenguas europeas, se dice extensamente que fue descubierto en una caja de plomo en el 388 D.C. debajo de la casa del último apóstol. La caja contenía la historia de Pablo siendo llevado en cuerpo al cielo, como había escrito en 2 Corintios 12. Lo que se afirma es que el libro contiene material que el apóstol no incluyó en su famosa carta. Se supone que el relato presenta una descripción del juicio a las almas de los individuos a su muerte. También se supone que es el primer registro de ese juicio.[28]

En la historia, el sol, la luna, las estrellas, el mar y los océanos y la tierra piden a Dios que les deje destruir a los habitantes del planeta por culpa de su comportamiento pecaminoso. El Espíritu Santo llevó a Pablo al Lugar de los Justos, donde el arcángel Miguel le mostró lo que les pasa tanto a los buenos como a los malos cuando salen de sus cuerpos.

Después llevó a Pablo al infierno, donde fue testigo de la muerte de un hombre y de la lucha por sacar el alma del cuerpo, el juicio del alma y finalmente su condenación al infierno.

En la visión del infierno, Pablo vio a un amplio abanico de pecadores así como sacerdotes, obispos y diáconos impíos. Los castigos del infierno incluían la inmersión en un río de fuego y gusanos y dragones devorando a los pecadores. Presenció los horribles fosos a los que eran arrojadas las víctimas. Por medio de las plegarias de Pablo, Miguel y el resto de ángeles, Dios decretó un día sin tormento. Miguel entonces llevó a Pablo al cielo y finalmente lo regresó a la tierra.

La visión de Esdras

Este relato se supone que tuvo lugar en algún momento entre los siglos cuarto y séptimo después de Cristo. Esdras oraba por una visión acerca del juicio de los pecados, y siete ángeles le condujeron hasta «el otro mundo». Un ángel actuó como guía y le mostró los dolores del infierno donde los pecadores eran castigados siendo colgados o quemados en piras, todo según sus pecados personales. Cada vez que los ángeles le conducían a las partes más bajas del infierno, Esdras rogaba: «¡Señor, ten misericordia de los pecadores!».

Finalmente, los arcángeles Miguel y Gabriel instaron a Esdras a ir al cielo con ellos. Él se negó hasta que lo hubiera visto todo en el infierno. Llegó hasta el decimocuarto nivel y después fue elevado al cielo, donde se presentó frente a una multitud de ángeles que le dijeron que orase por los pecadores. Esdras rogó al Señor que tuviera misericordia.

Dios le contestó que Él había creado a los humanos a su imagen y que les había ordenado que no pecasen. Pero pecaron de todas maneras. Por eso estaban en ese tormento. El pueblo de Dios iba al descanso eterno a causa de sus actos de confesión, penitencia y beneficencia.[29]

La visión de Baronto

Esta historia, datada en el 678 o el 679 D.C., cuenta un viaje al cielo y al infierno. Baronto, un monje del monasterio de San Pedro de Longoreto, se arrepintió de su vida pasada y se unió al monasterio. Se puso enfermo y sus compañeros permanecieron junto al cuerpo después de su muerte. Sin embargo, Baronto se recuperó. Dijo que los demonios vinieron para tratar de llevarlo al infierno, pero que el ángel Rafael lo protegió. Rafael le llevó al cielo para ser juzgado antes de que los demonios se lo llevaran.

Baronto y Rafael visitaron cuatro niveles del cielo, y Baronto se encontró varias veces con personas a las que había conocido, en especial monjes de su monasterio, mientras los demonios mantenían una lucha constante por él.

Rafael mandó a otro ángel que les trajera a San Pedro. Cuando Pedro llegó, pidió conocer los cargos contra el alma de Baronto. Ellos insistían en que el hombre tenía tres esposas. Baronto reconoció su pecado, pero los demonios se pusieron tan irritantes que Pedro los golpeó con sus llaves y los echó. Pedro envió a Baronto de nuevo a la tierra por medio del infierno para que así Baronto pensase en reformar su vida. En el infierno, Baronto observó a toda clase de pecadores sufrientes.

Un individuo llamado Frannoaldo se convirtió en su guía después de que Baronto prometiese cuidar de su tumba, que estaba situada cerca de la puerta de su iglesia. Dejaron el cielo, y a Baronto se le dijo que diera cierta cantidad a los pobres y que se protegiera con alabanzas a Dios.

Al final Baronto regresó a su celda monacal donde habló con sus monjes compañeros. La historia se cierra con una declaración de Baronto, que insiste en la veracidad de su visión.[30]

La visión de Bonellus

En un relato escrito por San Valerio del Bierzo, Bonellus, un monje español del siglo séptimo, contó que un ángel le llevó al cielo y le mostró una morada con piedras preciosas. El ángel le prometió a Bonellus un lugar allí después de morir.

Después Bonellus fue al infierno, donde los demonios le condujeron de precipicio en precipicio. Mientras estaba allí encontró a un joven al que había conocido, y el chico intercedió con los demonios.

Bonellus vio al demonio, la boca del infierno y tres gigantes (llamados ángeles malos). En un lago de fuego, unos arqueros le lanzaron flechas hasta que él hizo la señal de la cruz y fue rescatado.[31]

La visión de Carlos III el Gordo

La historia se conoce por el título en latín *Visio Karoli Crassi* o *Visio Karoli Grossi* y fue transcrita frecuentemente desde el siglo IX hasta el XV. Parece que la visión sucedió cerca del 900 D.C.

En la historia, Carlos I, rey de Suabia y del Sacro Imperio Romano Germánico, estaba descansando en su cama cuando un «guía» vino a él sujetando una brillante madeja de hilo hecha de luz. El guía la ató alrededor del dedo de Carlos y se convirtió en luz para el camino. También protegía a Carlos de los demonios y permitía al guía conducir a Carlos.

En el otro mundo al que el guía le llevó, Carlos se encontró con gente que conocía, como obispos, vasallos, príncipes y consejeros de su padre y sus tíos, así como a su propio padre, su tío y su primo. Todos estaban siendo castigados por haber promocionado o participado en la guerra. La experiencia parecía ser una advertencia de la inminente caída de su familia, los Carolingios.[32]

Algunos estudiosos creen que este relato pudo haber influido en la *Divina comedia* de Dante Alighieri, debido a la similitud de los castigos descritos.

El relato de Hung Hsiu-ch'uan

Otro relato es el de Hung Hsiu-ch'uan, el hijo de un campesino que en 1837 suspendió por tercera vez el examen oficial del estado de Cantón, en China. Aparentemente deprimido, entró en un prolongado delirio y durante cuarenta días estuvo cerca de la muerte.

Hsiu-ch'uan tuvo una visión en su estado comatoso, y revivió. Él y un «hermano mayor», dirigidos por Dios, mataban a miles de demonios.

Seis años después leyó un panfleto escrito por un misionero cristiano. Lo que leyó confirmaba lo que había visto en su visión. Él entonces dijo que Jesús era el hermano mayor que había visto. Estaba preparado para derrocar a las fuerzas malignas de los manchús y el confucianismo.

Hsiu-ch'uan estableció la Sociedad de Adoradores de Dios, un grupo puritano que «engrosaba las cifras del ejército revolucionario».

Más allá de la imaginación humana

En 1932 Arthur E. Yensen decidió tomarse un descanso del trabajo para documentarse para su tira cómica semanal, *Adventurous Willie Wispo*. El personaje principal era un vagabundo, así que Yensen se convirtió en uno durante un tiempo y vivió entre los aproximadamente dieciséis millones de desempleados. Hacía autoestop para ir de sitio en sitio.

Mientras iba de camino a Winnipeg, Canadá, un día, un joven lo recogió. El hombre conducía demasiado deprisa para las condiciones de la carretera, y el coche golpeó una cresta de grava engrasada y dio varias vueltas de campana. Ambos hombres fueron lanzados fuera del auto antes de que el vehículo se estampase contra una zanja.

Aunque el conductor no resultó herido, Yensen sí lo estaba y perdió el conocimiento justo cuando dos espectadoras corrían en su ayuda.

Yensen dijo que las escenas de la tierra se desvanecieron, y vio un mundo precioso que estaba más allá de la imaginación humana. Durante un corto periodo de tiempo vio el cielo y la tierra, y después la tierra desapareció de su vista.

Todo era hermoso, y describió lo que vio. Había unas veinte personas de diferentes edades, vestidas de forma gloriosa, que cantaban y bailaban. Uno de ellos le contó a Yensen que estaba en la tierra de los muertos y que todos ellos habían vivido en la tierra hasta que llegaron allí.

Entonces fue cuando Yensen comprendió que el cielo era eterno. No quería marcharse, pero le dijeron que tenía un trabajo importante que hacer y que tenía que regresar a la tierra. También le dijeron que un día regresaría para quedarse.

Una de las cosas que hace significante la historia de Yensen es que él había sido enseñado acerca de Dios, pero se había rebelado. Sin embargo, después de su experiencia se convirtió en educador y en conferenciante, activo en política y una autoridad en jardinería orgánica y nutrición, y fue uno de los «más distinguidos ciudadanos» de Idaho.

Yensen denunció la encarcelación de estadounidenses de origen japonés durante la Segunda Guerra Mundial. Habló abiertamente de su experiencia cercana a la muerte hasta que murió en 1992.[33]

El papa GREGORIO Y las últimas cosas

La doctora Carol Zaleski cuenta que el papa Gregorio el Grande (540–604 D.C.) estaba escribiendo acerca de «las últimas cosas» en el libro cuarto de sus *Diálogos.* El propósito del libro era probar la inmortalidad del alma relatando visiones en el lecho de muerte, apariciones espirituales y relatos en primera persona del mundo más allá de la muerte.[34]

Zaleski informa de tres de los relatos de *Diálogos*.

Primero, un ermitaño, resucitado de la muerte, testificó que había ido al infierno, donde había visto a varios hombres colgados sobre fuego. Mientras él era arrastrado a las llamas, un ángel con ropajes brillantes le rescató, mandándolo de nuevo a la vida y amonestándole para que tuviera cuidado de su modo de vivir. Después de regresar a la vida, el ermitaño le contó a los demás los terrores del infierno.

Segundo, un hombre llamado Esteban, que era un prominente hombre de negocios, murió en un viaje a Constantinopla. Decía que no había creído las historias acerca del infierno y el castigo hasta que una breve visita allí le hizo cambiar de idea. En el relato, Esteban vio a un juez que decía que había ordenado que un herrero llamado Esteban fuera llevado al infierno, no Esteban el empresario. El empresario resucitó inmediatamente.

Después de volver a la vida descubrió que un herrero con su mismo nombre había muerto en el mismo momento. Aparentemente, estas historias de confusión de identidad eran comunes y no un error, pero como insistía el papa Gregorio, eran avisos.[35]

Tercero, un soldado muerto que fue resucitado. Su experiencia arrojó más luz al relato de Esteban el hombre de negocios. Tres años atrás, Esteban el herrero había muerto por una plaga que devastó Roma. El soldado también murió en la plaga. Dijo que había un puente bajo el que corría un lúgubre río negro que olía fatal. En la ribera también había casas, contaminadas por el espantoso hedor del río.

Al otro lado del puente, sin embargo, el soldado vio un prado lleno de hierba fresca y flores fragantes. Allí se congregaba gente de blanco. En el prado había casas hechas con ladrillos de oro, y todas las construcciones estaban llenas de una luz esplendorosa. Dijo que no sabía para quién se habían construido las casas. El horrible olor de las casas de la ribera no afectaba a las del prado.

Después la gente comenzó a cruzar el puente hacia el hermoso prado, los injustos resbalaban y se hundían en el oscuro y apestoso río. Los justos caminaban sin estorbos hacia el hermoso prado.

El soldado observó a alguien llamado Pedro, que había muerto cuatro meses antes, echado sobre el fango de debajo del puente. Una pesada cadena de hierro lo mantenía allí. Pedro le confesó al soldado que se le había ordenado solo castigar a otros; en su lugar, él los golpeó cruelmente, aunque nadie más era consciente de su crueldad.

Entonces un sacerdote cruzó el puente sin problema. Más tarde, Esteban el empresario intentó cruzar. Sus pies resbalaron y quedó colgado sobre el río. Hombres feos vinieron desde el río, agarraron a Esteban e intentaron tirar de él hacia abajo. Al mismo tiempo, un hombre vestido de blanco agarró los brazos de Esteban y tiró de él hacia arriba.

En ese momento el soldado regresó a su cuerpo y revivió. En su comentario, el papa Gregorio dice que Esteban hizo cosas buenas pero por motivos malvados, de ahí la lucha entre el bien y el mal por el hombre. Zaleski escribe: «El auge de estas narraciones fue Dante en el siglo doce, que conocía la tradición y la usó como materia prima para su obra maestra la *Divina Comedia*».[36]

Zaleski comparó los relatos antiguos con los modernos y observó que hay sorprendentes narraciones de regresos de la muerte y relatos contemporáneos de experiencias cercanas a la muerte. Dice que el modelo de la historia de una experiencia cercana a la muerte sigue más o menos este patrón. El visionario:

- deja su cuerpo y lo mira con la mirada de desinterés de un espectador;
- se encuentra con un ser luminoso que le hace de guía;
- es testigo de una repetición visual de sus acciones pasadas, sopesándolas según un estándar interno de bien y mal;
- es guiado a la esfera celestial y recibe una breve muestra de las delicias sobrenaturales que están reservadas para los benditos o los santos;
- dice que la experiencia es indescriptible, aunque intenta describirla en detalle con términos como «inmersión en luz y amor», «gozo extático» y «conocimiento intuitivo»;
- desea permanecer en el estado celestial, pero es enviado de vuelta a la vida;
- regresa a la vida y es transformado permanentemente; y
- al principio es reticente, pero al final es convencido para contar su historia para ayudar a los demás.

Zaleski afirma: «La historia es contada una y otra vez y reformada en la narración repetida, en sermones y crónicas, en tratados eruditos y a través de las verjas de los patios traseros».[37]

También señala las diferencias entre las historias antiguas y las modernas. En las historias modernas dice que lo más llamativo es:

- la ausencia de castigo postmortem;
- no hay infierno o purgatorio;[38]
- no hay tormentos aleccionadores o agonías reveladoras en el momento de la muerte; y
- la revisión de la vida, cuando ocurre, es una experiencia tranquilizadora que contrasta con las antiguas narraciones negativas, que toman como modelo los métodos contemporáneos de educación y psicoterapia.

Ella añade: «La figura guía a menudo es un miembro familiar o una presencia espiritual genérica y siempre es amistosa y reconfortante. En los relatos medievales, el guía suele ser un ángel guardián o un santo patrón, quien por el bien de la salvación final del visionario no está por la labor de colgar su carga sobre lo más profundo del infierno. La posibilidad de pérdida es genuina en los relatos medievales: si uno desperdicia su segunda oportunidad, el resultado más probable será la condenación eterna. Hoy parece que apenas hay ninguna posibilidad de pérdida. La vida antes y después de la muerte fluyen juntas como una corriente interminable de nuevas oportunidades para el crecimiento personal».[39]

Experiencias cercanas a la muerte de estrellas de cine

Mucha gente famosa como Elizabeth Taylor, Sharon Stone, Ernest Hemingway y Larry Hagman han compartido haber tenido experiencias cercanas a la muerte. A pesar de esas experiencias, ninguna evidencia escrita muestra cualquier cambio significativo en su comportamiento. Sin embargo, hay un hombre cuya vida cambió radicalmente.

Gary Busey, el que una vez fuera el chico malo de Hollywood, fue nominado a un Oscar por la película *The Buddy Holly Story* [La historia de Buddy Holly]. Busey luchó contra su adicción a las drogas y el alcohol durante muchos años. Tuvo encuentros sobrenaturales en los que casi murió tres veces por una sobredosis, un cáncer y un accidente de moto al oeste de Alburquerque, en Nuevo México, en 1988.

El accidente de moto fue el más trágico y cambió su vida. Gary estaba conduciendo a unos 80 kilómetros por hora cuando chocó. No llevaba el casco y fue lanzado por encima de su moto, y se dio de cabeza contra el bordillo, fracturándose el cráneo.

Mientras moría en la mesa de operaciones después de una cirugía cerebral, Busey tuvo una experiencia cercana a la muerte en la que vio ángeles rodeándole. No se aparecieron como la gente los suele ver en las tarjetas de Navidad; los ángeles que él vio eran grandes bolas de luz que flotaban y solamente traían calidez y amor incondicional.

Después de su experiencia cercana a la muerte, dedicó su vida a Jesús. Desde entonces se ha convertido en un prominente orador en muchos de los encuentros de Christian Promise Keepers. Ya no es «el chico malo» de Hollywood.[40]

El regalo final de mamá

(ANN VAN DE WATER)

Mi madre había sido profesora de inglés como segunda lengua. Se dio cuenta de que tenía un problema cuando los estudiantes le señalaron que estaba entregando las mismas pruebas por segunda vez en sus clases, sin que ella recordase haberlas entregado el día anterior.

Aquella experiencia le resultó difícil de aceptar, pero la segunda vez que ocurrió le hizo darse cuenta de que algo iba realmente mal.

Un día mamá fue a comprar, cargó la comida en el maletero y se fue a casa. Para cuando llegó a la casa, se había olvidado de que había ido al supermercado. De hecho, entró en su rutina de después de clase e hizo la cena con lo que encontró en el frigorífico.

Decidió que tenía que ir a la tienda y reabastecerse. Antes de clase, al día siguiente, hizo una lista de la compra. Fue a la escuela y trabajó bien sus ocho horas normales. Cuando entró en el coche, pensó que sería buena idea ir a buscar lo que necesitaba para la cena. Ni se acordaba que había pasado por el supermercado el día anterior.

Después de llenar el carrito de productos, mamá fue hacia su coche y abrió el maletero. Allí vio lo que había comprado el día anterior. «¿Cómo puedo haberlo olvidado tan fácilmente?», se preguntaba.

Peor que un desliz de memoria, mamá se sentía desolada porque reconoció los síntomas inmediatamente. No era ajena a la demencia. Se había comido lentamente la vida de su propia madre y ahora ella se enfrentaba al mismo diagnóstico.

Fue a su doctor y, después de exhaustivas pruebas, mi madre, de cincuenta y seis años, fue diagnosticada con la enfermedad de Alzheimer. Después de eso mi madre aprendió todo lo que se podía sobre el Alzheimer. Tuvo que ser aterrador para ella ver sus competencias vitales básicas escapándosele del control lentamente. Para mí era difícil comprender que una mujer tan inteligente e inspiradora pudiera convertirse en víctima de una enfermedad tan desoladora.

Al principio era muy funcional, y se amonestaba a menudo y decía «Ese maldito Alzheimer» siempre que se olvidaba de algo o que no podía recordar la palabra adecuada.

Con el tiempo, perdió sus capacidades básicas. Entonces fue cuando se sentaba en una silla de ruedas durante horas... desconcertada y confundida. Mamá también empezó a tener problemas para juntar frases, pero lo seguía intentando. Al final perdió la capacidad de hablar. Los últimos años no podía alimentarse ni cuidarse sola.

Nosotros observábamos impotentes cómo nuestra amada madre se nos marchaba.

Cuando mis hijos llegaron a la adolescencia, ya no llamaba más a mi madre por teléfono para decir: «Necesito tu consejo». Ya no había más oportunidades para recoger de una madre amorosa las claves de la maternidad y el sabio consejo de alguien que comprendía la fragilidad de las relaciones familiares.

Durante mis visitas, yo solía sentarme junto a ella en la cama y le cantaba himnos dulcemente. Una vez la voz confusa de mamá se me unió. Ella era una devota episcopalista y conocía de memoria muchos himnos. Cuando era joven había tocado el piano en la iglesia.

No sé por qué, pero le hice una pregunta, que no esperaba que contestase, pero que me preocupaba. Después de varios años de no oírla hablar, le pregunté:

—Mamá, ¿amas a Jesús?

—¡Vaya que sí! —dijo ella.

La miré fijamente, y había más lucidez en sus ojos de la que había visto en mucho, mucho tiempo. La abracé y se me saltaron las lágrimas. Me aparté y volví a mirar sus ojos. Habían regresado a su mundo nebuloso.

Una semana antes de morir tuvimos una conversación unilateral en su habitación particular, donde descansaba dormitando pacíficamente. Abrió los ojos de repente y miró algo. Yo dirigí mis ojos hacia aquello que captaba su atención. Estaba mirando fijamente un punto en la esquina del techo. Yo no podía ver nada inusual.

La única explicación para aquella concentración tan fija en un punto era un destello del cielo. Miraba como si estuviera sosteniendo la respiración con una expectativa asombrosa. En ese momento yo no tenía ni la más mínima duda de que ella estaba viendo seres celestiales.

La mente de mamá se deterioró lentamente hasta que ya no hubo nada detrás de aquellos ojos castaños. Lloramos su muerte después de veinte años sufriendo la enfermedad. Había sido un viaje largo y demoledor que había desgarrado a nuestra familia.

Sin embargo, no tengo duda de que mamá está sonriéndonos desde el reino celestial ahora cada vez que uno de sus nietos logra algo nuevo y maravilloso, supera un obstáculo, se casa con aquel a quien ama o da la bienvenida al mundo a un nuevo pequeño (que sería su bisnieto).

Puedo verla alegrándose con cada momento de orgullo, lamentando cada lágrima que cae, reconfortándonos a todos desde lo lejos. Su espíritu vive a través de las generaciones en cada pequeño gesto de ternura, cada palabra de cariño, cada atención dispensada y cada mano extendida en cálida bienvenida.

Dios promete que en el cielo ya no habrá más llanto, y yo me agarro a ello. Me imagino a mamá: radiante, preciosa, feliz y libre de las cadenas del Alzheimer, todavía enseñándome cómo vivir y cómo amar a mi familia... recordándome que ser madre es un privilegio y algo que ella amaba.

Amar a su familia fue la herencia que nos dejó, y un destello del cielo fue su regalo final para mí.

Ann Van De Water es músico, pintora y autora de una autobiografía en clave de humor acerca de la maternidad. Ella y su marido llevan juntos treinta y tres años y viven a las afueras de Buffalo, Nueva York.

Experiencias CERCANAS a la muerte del pasado

Los siguientes relatos muestran experiencias cercanas a la muerte del pasado. Muchas de ellas reflejan la comprensión cultural y teológica de su tiempo.

❖ La visión del monje de Bernicia ❖

La visión del monje de Bernicia (c. 704–709 A.D.) cuenta la visión de un pecador que ve el lugar reservado para su castigo después de la muerte. Como monje, él llevaba una vida de borracho y no participaba en los servicios de la iglesia. La Iglesia le mantenía en el monasterio porque necesitaba su habilidad como herrero.

En muchas de las visiones de los *Diálogos* de Gregorio el Grande, el arrepentimiento sigue a la visión. Este monje, sin embargo, no se arrepintió con el conocimiento obtenido de su visión. Inmediatamente se desesperó y murió.

❖ La visión de Drythelm ❖

Este relato viene del trabajo del venerable Bede (672–735 D.C.), un monje inglés y sabio conocido por su *Ecclesiastical History of the English People* [Historia eclesial del pueblo inglés].[41]

Drythelm, un hombre religioso, murió después de una grave enfermedad. Al siguiente día, sin embargo, aterrorizó a sus dolientes sentándose en su lecho de muerte y hablando acerca de lo que había experimentado en el otro mundo. Instó a su esposa a que no tuviera miedo y dijo que se le había permitido vivir de nuevo. Desde aquel momento él prometió vivir de forma diferente.

Un monje le repitió la historia a Bede. Aunque, a diferencia de otras experiencias cercanas a la muerte contadas por Bede, la de Drythelm ofrece un relato completo de sus experiencias. Según él, primero vio almas deformes arrastradas de un lado a otro entre el fuego y el hielo.

El guía de Drythelm lo calificó como un lugar de tormentos temporales reservado para los penitentes moribundos que podían ser liberados de su castigo por medio de misas, plegarias, limosnas y ayunos realizadas en su nombre.

Para alcanzar la boca del infierno, Drythelm viajó a través de una tierra de oscuridad, y describió el infierno como un abismo apestoso y sin fin con fuego amontonándose sobre las almas condenadas. Vio a los demonios arrastrando las infelices almas de un sacerdote, un lego y una mujer hacia el abismo. Aunque los espíritus amenazaron a Drythelm, su guía lo protegió.

Siguieron un muro de luz hasta que alcanzaron la cima. Al otro lado había gente feliz en un prado lleno de flores. Drythelm supuso que estaba en el cielo. Estaba equivocado; era una antesala para los no perfectos del todo.

Mientras el guía hacía avanzar a Drythelm, él escuchó un hermoso canto y olió una fragancia maravillosamente dulce. Aunque quería quedarse, fue mandado de vuelta a su cuerpo. El guía le prometió a Drythelm que si se mantenía diligente, al final tendría un lugar entre los espíritus dichosos.

Bede registró que después de su experiencia Drythelm entregó su propiedad, vivió en un monasterio benedictino y se convirtió en un cristiano devoto.

Zaleski escribe: «La parte más impresionante de la historia que le contó Drythelm a Bede es que él dijo que era un milagro mayor convertir a un pecador que levantar a un hombre muerto. Iba a ser un milagro todavía mayor si el relato de la transformación espiritual de uno que estuvo muerto cambiaba a sus oyentes».[42]

❖ Enviado de regreso a la tierra[43] ❖

En su libro *Phantom World* [Mundo de visiones], Agustín Calmet escribió acerca de una historia que San Agustín de Hipona (354–430 D.C.) contó sobre un político romano llamado Curma que se puso muy enfermo. Durante varios días el hombre no mostró más signos de vida que la respiración justa para evitar que lo enterraran.

Después, al cabo de varios días, abrió los ojos y preguntó por un herrero que también se llamaba Curma. Descubrió que el otro hombre había muerto en el mismo momento en que él había despertado de su sueño profundo. Curma aseguró que era un caso del hombre equivocado enfrentándose a la muerte. No era él, el político, quien debía haber enfrentado la muerte, sino el herrero del mismo nombre.

Curma siguió contando lo que había visto durante su experiencia cercana a la muerte. Había reconocido a varios de sus conocidos fallecidos y a eclesiásticos (que todavía seguían vivos), y ellos le aconsejaron que fuera a Hipona para ser bautizado por el obispo, Agustín. De acuerdo a su consejo, recibió el bautismo en su visión, después de lo cual fue al paraíso.

Sin embargo, después de haber estado allí nada más que un corto tiempo, se le dijo que si deseaba quedarse en el paraíso tendría que ser bautizado. Curma insistió en que ya lo había sido, pero le dijeron que solo había pasado en una visión: tenía que recibir el sacramento en la realidad. Así que después de recuperarse de su enfermedad, fue a Hipona y, junto con otros catecúmenos, recibió el rito del bautismo de San Agustín.

Agustín, por su parte, no supo de la experiencia de Curma hasta dos años después. Después de escucharla, mandó buscar al hombre y le pidió que le contase de nuevo su aventura.

Calmet cuenta una historia similar del libro *Sobre la paz del alma* de Plutarco acerca de Enarchus. Este hombre, estando muerto, volvió a la vida de nuevo y relató que los demonios que se habían llevado su alma fueron reprendidos grandemente por su jefe. Se habían equivocado: era Nicander y no Enarchus a quien se suponía que tenían que haberse llevado.

Su líder mandó a los demonios por Nicander, que fue inmediatamente afligido con una fiebre y murió aquel día. Plutarco escuchó la historia del mismo Enarchus, a quien se le dijo: «Ciertamente te pondrás bien, y muy pronto, de la enfermedad que te ha atacado». Se recuperó completamente.

En otro relato, una grave plaga asoló la ciudad de Roma durante el tiempo de Narsés (478–573 d.c.), quien era gobernador de Italia. Livonio, un pastor devoto, enfermó con la plaga en la casa de su señor, un abogado llamado Valerio.

Justo cuando parecía que estaba muerto, Livonio despertó y contó que había ido al cielo. Mientras estaba allí, descubrió los nombres de aquellos de la casa de Valerio que morirían en la plaga, pero dijo que Valerio sobreviviría.

Como prueba de su experiencia, según cuenta la historia, Livonio, que solo sabía italiano, «había adquirido por infusión el conocimiento de varias lenguas diferentes». Habló con Valerio en griego, y habló con otros en sus lenguas vernáculas.

Después de dos días Livonio murió, seguido por las muertes de aquellos a los que había nombrado. Como Livonio predijo, Valerio no murió por la plaga.

Hombres y mujeres que caen en trances a veces permanecen durante varios días sin comida, sin respiración ni latidos del corazón, como si estuvieran muertos. Thauler, un conocido filósofo contemplativo, aseguró que una persona puede permanecer en trance durante una semana, un mes o incluso un año.

Él afirma haber visto a una abadesa que en un trance perdió el uso de sus funciones naturales y pasó treinta días en aquel estado sin tomar ningún alimento.

Casos de trances así eran frecuentes entre los santos, aunque no todos son del mismo tipo ni tienen la misma duración de tiempo.

Mujeres con ataques de histeria permanecían de ese modo durante días como si estuvieran muertas: sin hablar, inertes y sin pulso. Galeno menciona a una mujer que permaneció así durante seis días. Algunos que parecían muertos e inmóviles más adelante dijeron que habían conservado el sentido del oído y que podían escuchar todo lo que se había dicho de ellos. Hicieron el esfuerzo de hablar y de revelar que no estaban muertos, pero eran incapaces de mostrar cualquier signo de vida.

El salón del trono

(SUSAN M. WATKINS)

Varios años de dolor insoportable y dos cirugías fallidas no me acercaron al alivio. Mi segundo cirujano estaba sorprendido por la condición interior de mi cuerpo. Había poco que él pudiera corregir. Dado el emplazamiento del tejido endometrial anormal en los órganos vitales, él optó sabiamente por una terapia farmacológica.

Ocho meses más tarde llegué a mi punto crítico. Cualquier intento de restaurar mi sistema reproductivo fallaba, y el dolor aumentaba, quitándome movilidad. Decidida, fui a la iglesia a encontrarme con Dios.

Durante el servicio de alabanza, dejé mi cuerpo. Dos ángeles me llevaron volando y atravesé la atmósfera de la tierra como si estuviera subiendo por una escalera mecánica a velocidad de vértigo. Los tres parecíamos encapsulados en algo invisible, aunque nuestro pelo y nuestra ropa se agitaban por una fuente desconocida.

La atmósfera se oscureció. Lentamente, la luz que reflejaba la tierra disminuyó y el azul del cielo pasó a añil, y después a negro. Las estrellas solo fueron visibles durante unos momentos antes de que los ángeles que me sujetaban cada codo incrementaran la velocidad. Los objetos celestiales pasaban a toda velocidad delante de mí al mismo tiempo que enormes estrellas se convertían en líneas de luz sobre el cielo de terciopelo negro. Aumentamos de nuevo la velocidad, y el contorno borroso de la luz estelar se convirtió en pequeñas motas hasta que desaparecieron por completo.

No sentía miedo; estaba totalmente a salvo, sostenida solo por el toque de los dos ángeles tras mis codos. Al mirar alrededor, vi el universo oculto a la mirada de la tierra. Nada arriba o abajo: simplemente suspendido en el espacio.

Fuimos decelerando e introduciéndonos en una indescriptible luz blanca. No había paredes, suelo ni techo, aunque estaba dentro de una enorme sala. Volamos hacia el centro de la luz.

Mis escoltas de repente dieron marcha atrás y me señalaron que avanzase hacia el centro. Caminé, pero sentía que mis pies no tocaban nada sólido. El suelo parecía una casa de nubes.

La música celestial crecía, y vi el trono de Dios. El suave aroma del incienso llenaba la atmósfera y pequeños destellos de luz salpicaban el área continuamente. El trono de Dios estaba elevado sobre una plataforma con suaves escalones de piedra blanca que subían hacia él. El incienso se arremolinaba a su alrededor, creando una aureola. Una variedad de ángeles revoloteaban por la sala mientras que unos más pequeños entraban y salían volando por la cortina de incienso y le llevaban algo a Él. Me di cuenta de que eran las oraciones de los hijos de su alianza.

Las oraciones se ofrecían a Dios continuamente, cantadas con una música etérea que llenaba la habitación. La música estaba viva con voces celestiales.

Entré hasta tres cuartos de la sala. La luz que emanaba de Dios era tan cegadoramente blanca... tan blanca que no podía distinguir Su cara, solo Su imponente figura sentada sobre el trono. Los ángeles continuaban recolectando oraciones, alterando momentáneamente el humo del incienso.

Estudiaba todo lo que veía, escuchaba y olía para impregnarme de aquella rara experiencia. Con el creciente esplendor de Dios, una luz electrizante se arqueaba en todas las direcciones desde Su ser excepto donde yo estaba. Vastos y altos arcos de poder que se parecían a suaves relámpagos de luz subían, se arqueaban y desaparecían en el suelo nebuloso. Sus múltiples recorridos se extendían entre quince y treinta metros desde una punta a la otra. La sala entera relucía con Su gloria, haciendo la cargada atmósfera aún más brillante.

Sobrecogida por Su magnificencia, rogué quedarme. A pesar de tener niños pequeños en casa, no podía soportar marcharme. Nos comunicábamos sin hablar una palabra, pero Él me habló acerca de mis tareas terrenales sin terminar y prometió que sería sanada. También reveló Sus planes para mi hijo aún no nacido.

Supe, aún sin palabras, que nadie salvo yo podría completar lo que yo había nacido para hacer. Sabía que tenía que regresar.

Mis guías se pusieron en su lugar justo detrás de mí, tocándome los codos, y al instante nos habíamos ido.

Al momento siguiente estaba de regreso en mi cuerpo, cantando con los demás una canción diferente. Aunque había estado fuera cerca de treinta minutos, nadie supo que me había ido. Dos semanas más tarde mi vientre estéril y lleno de cicatrices estaba sanado. Un año más tarde acunaba a mi hijo prometido.

Veintitrés años después, sigo echando de menos el cielo, aunque todavía comprometida con mis tareas asignadas.

Susan M. Watkins es una premiada escritora que antiguamente escribía para la CBN y el *Club 700*. Ha participado en *The One Year Life Verse Devotional, Heartfelt Inspirations, Praying from the Heart, America Remembered, Life*

Lessons from Dads y en proyectos de Max Lucado. Ha ganado tres veces el concurso *Writer's Digest.*

«Tengo que ir a casa hoy»

En 1958, el evangelista F. F. Bosworth le dijo a su familia que Dios le había asegurado que había terminado su trabajo y que moriría pronto. Su nieta dijo que Bosworth se sintió profundamente decepcionado al despertarse a la mañana siguiente y descubrir que seguía vivo. Aunque no había sido diagnosticado con ninguna enfermedad que le causase la muerte, insistía en decir que pronto estaría yendo al cielo.

El rumor corrió entre ministros y amigos, que le visitaron para decirle adiós. Cuando el evangelista T. L. Osborn se encontró con él, Bosworth gritó:

—¡Este es el mejor día de mi vida! Dios me ha dicho que tengo que ir a casa con Él hoy.

Sus seres queridos se reunieron en torno a la cama de Bosworth, y él descansaba con los ojos abiertos y centrado en el cielo.

Los presentes en la habitación le escucharon saludar a la familia y los amigos fallecidos que estaba viendo en el cielo. Describió las glorias del cielo que estaba presenciando y entonces, unas pocas horas después, murió. Tenía ochenta y ún años y ninguna afección o enfermedad. Simplemente fue a dormir en el Señor.[44]

Murió TRES VECES: La historia de Kenneth Hagin

Kenneth Hagin (1917–2003) fue un famoso evangelista, pastor, autor de muchos libros y editor de la revista *Word of Faith.* Por culpa de dos graves y desconocidas afecciones cardiacas congénitas, Kenneth tuvo una experiencia cercana a la muerte cuando tenía quince años.

En su libro *I Believe in Visions* [Creo en las visiones], Kenneth dijo que su cuerpo se paralizó parcialmente, y su estado se mantuvo de ese modo durante tres semanas. Estaba postrado en la cama, y su madre y su abuela le cuidaban.

El 22 de abril de 1933 su corazón dejó de latir. Según Kenneth, «Entonces el hombre interior salió corriendo de mi cuerpo y dejó mi cadáver yaciente».[45] Kenneth comenzó a ir hacia abajo. «Cuanto más lejos iba, más negro se volvía hasta que todo fue oscuridad».[46]

Finalmente vio las luces de los muros de las cavernas de los condenados, que estaban causadas por los fuegos del infierno. No quería continuar, pero fue empujado a seguir. Cuando estaba a más o menos un metro de la entrada, supo «que si continuaba adelante me iría para siempre y no podría salir de aquel horrible lugar».[47]

Una criatura agarró su brazo y lo forzó a seguir adelante. Justo entonces una voz desconocida habló desde la oscuridad en una lengua que Kenneth no entendió. La criatura le soltó y Kenneth comenzó a ascender. Vio las luces de la tierra, y después la casa de sus abuelos, y después atravesó la pared de nuevo a su habitación. Kenneth asegura: «Era tan real como lo era cuando entraba por la puerta».[48]

Una vez dentro de su cuerpo, habló con su abuela. Ella le dijo:

—Hijo, pensé que habías muerto.[49]

Minutos después, Kenneth sintió que estaba muriendo una vez más. Su madre estaba en el porche, y podía oírla orando a viva voz. Sintió que resbalaba, y su corazón se paró por segunda vez. De nuevo descendió hacia la oscuridad y fue agarrado por la criatura, pero la voz desconocida habló otra vez y Kenneth regresó.

El corazón de Kenneth dejó de latir y todavía murió una tercera vez. «Podía sentir la circulación mientras se paraba de nuevo —aseguró—, y yo salté fuera de mi cuerpo y comencé a descender».[50] Mientras bajaba, clamó al Señor que él pertenecía a la Iglesia y que había sido bautizado. Dios no le respondió. Kenneth llegó hasta el fondo del abismo, pero esta vez estaba decidido a luchar contra la criatura.

De acuerdo con Kenneth, la tercera vez que escuchó la voz «era como si hubiera una succión en mi espalda, que me empujaba hacia atrás, lejos de la entrada del infierno».[51] Oró pidiendo perdón.

Cuando estuvo de nuevo en su cuerpo, Kenneth continuó orando. Le pedía a Dios que perdonase sus pecados. Él escribe: «En 1933 no teníamos todos los automóviles que tenemos hoy día; eran tiempos de la Gran Depresión. Pero me dijeron que como mamá y yo orábamos tan fuerte, ¡los coches se pusieron en fila en los dos bloques a ambos lados de nuestra casa!».[52]

Kenneth Hagin señala ese punto como el momento en que nació de nuevo. «Me sentía maravilloso —dijo—. Era como si se me hubieran quitado del pecho dos toneladas de peso».[53]

Añade que aunque los médicos le dijeron a la familia que Kenneth moriría, y que el pastor de su madre y los demás todavía esperaban que muriese, Kenneth ya no tenía miedo a la muerte. Un día leyó Marcos 11.24 y se agarró a esa promesa dicha por Jesús a un padre ansioso: «Les digo, ustedes pueden orar por cualquier cosa y si creen que lo han recibido, será suyo».

Esa promesa no se cumplió inmediatamente. Pasaron varios meses antes de que Kenneth fuera sanado.

Las tres experiencias cercanas a la muerte cambiaron la vida de Kenneth Hagin. Ya no confiaba en su bautismo o en la membresía de la iglesia. Después de eso, él confió solamente en su fe en Cristo Jesús. Durante el resto de su vida Kenneth ejemplificó ese cambio.

En 1949 comenzó su carrera como profesor bíblico, evangelista y más tarde pastor. Fundó Faith Library Publications, con 65 millones de ejemplares de libros en circulación. Compartió regularmente mensajes en radio, televisión e Internet. Como vio la necesidad, comenzó la Escuela Bíblica por Correspondencia Rhema y más tarde el Centro de Formación Bíblica Rhema cerca de Tulsa, Oklahoma.

«Estoy contigo»

(SUSAN AVERY)

A las ocho de la mañana, estaba esperando en el preoperatorio de mi cirugía programada para las 8:30. La enfermera ya me había puesto la intravenosa, así que estaba preparada. «Una cirugía rutinaria», había dicho mi doctor, contándome que había realizado la operación cientos de veces. «Nada grave. Podrás volver a casa por la tarde».

A las 9:30 comencé a sentirme extrañamente fría y temblorosa. Cuando la enfermera vino a mi habitación, se quedó de piedra al ver un charco de sangre bajo mi cama. Dijo que estaba muy pálida. La enfermera que me había puesto la intravenosa se había olvidado de poner el tapón, y la sangre salía y se esparcía por el suelo.

La enfermera tapó rápidamente la vía y masculló que el doctor había sido llamado a hacer una traqueotomía de emergencia por un accidente de coche. Yo me dormí, probablemente por la pérdida de sangre.

A causa del retraso, no me dieron medicación. A las diez me desperté mientras me llevaban al quirófano. Mi doctor estaba allí, y le pregunté por la sangre, pero me quedé dormida sin escuchar su respuesta.

Desperté por un flash de luz brillante, muy distinta a cualquier luz que hubiera visto antes. Me senté y me di cuenta de que estaba en el quirófano. Mi doctor estaba de pie a mi lado derecho, y dos enfermeras a mi lado izquierdo. Una enfermera le estaba diciendo al doctor que había un problema con mi corazón. La arritmia había empeorado, y mi corazón se había ralentizado casi hasta parar.

¿Cómo puede ser que el doctor me esté operando mientras estoy sentada? Le hice esta pregunta, pero en vez de contestarme le gritó al anestesista que bajase la anestesia.

Vi mis manos: mis dos brazos estaban atados a los lados, y aun así podía alzarlos delante de mí. *¿Cómo podía ser eso?*

La enfermera gritó que mi corazón se estaba parando todavía más.

Mi doctor dejó de trabajar y se unió al anestesista para tratar de salvarme. No podía hacerme una idea de lo que estaba pasando, excepto que estaba siendo testigo de todo.

Debo estar muriendo.

El miedo me sobrecogió cuando vi todo lo que estaba teniendo lugar a mi alrededor.

Hubo otro flash de luz y una voz dijo:

—Relájate. Todo va a salir bien.

Supe que era Jesús hablándome, y me sentí en paz.

—¿Estoy muriendo? —le pregunté.

—Todavía no es tu hora.

—¿Qué me está pasando?

—Lo tengo todo bajo Mi control. No te preocupes.

Entonces, como si me hubiera puesto con delicadeza una mano sobre el pecho, dijo:

—Túmbate y relájate. Yo estoy contigo.

Yo me tumbé.

Miré a mi alrededor y mis brazos estaban de nuevo amarrados. Él colocó su mano cálida sobre mi mano derecha y apretó.

—Todo está bien. Tú vas a estar bien. Relájate ahora y sabe que nunca te dejaré, no importa lo que enfrentes en el futuro.

Apretó mi mano una vez más y la paz me inundó.

Desperté en la sala de recuperación. Dos enfermeras estaban de pie a mi izquierda de nuevo. Una de ellas le dijo a la otra que la arritmia todavía estaba allí, pero que había mejorado mucho. Me volví a quedar dormida, segura de que el Señor estaba conmigo.

Me tuvieron toda la noche en observación. Aquella noche, cuando el doctor vino a mi habitación, le pregunté lo que había ocurrido durante la operación. Antes de que me contestase, le dije que lo había visto todo.

Él se rio, pero palideció cuando le pregunté por la arritmia.

—¿Tienes un historial de arritmia?

—Ni siquiera sé lo que es.

Me pidió que le describiera lo que vi. Se lo conté todo, y él dijo que era exactamente correcto... con la excepción de que estuve sentada. Estuve todo el tiempo bajo la anestesia y nunca me levanté.

Él no podía explicarlo, pero dijo que había desarrollado repentinamente un problema con el corazón y que podía haber sido causado por la pérdida de sangre antes de la cirugía. Le pregunté si él o cualquier otra persona en el quirófano me había sujetado la mano. Él dijo que no, porque estaban concentrados en superar la operación.

El doctor no tenía respuestas, pero siguió preguntándome por mi historia. Yo sabía quién había sujetado mi mano y quién me había reconfortado. Yo sabía quién estuvo al control de la situación en el quirófano.

Me fui a casa al día siguiente después de haber sobrevivido a una experiencia cercana a la muerte que me reafirmaba que hay algo más en la muerte que simplemente quedarse dormido. El Señor había estado presente para mí y yo todavía estaba viva, aunque había estado inconsciente y había estado mirando mientras me intervenían.

Incluso ahora, de vez en cuando siento la impresión de Su mano en mi mano derecha. Siempre que enfrento un serio problema, puedo sentir la presión de Su mano como si Él todavía la estuviera sujetando.

Y todavía la sujeta, ¿verdad?

Susan D. Avery, escritora independiente y autora publicada, está trabajando en un futuro desarrollo curricular en educación religiosa. Escribe historias cortas, artículos para revistas y es una escritora de apoyo. Ella y su marido Bill han fundado Bluesun Ministries. Visita www.bluesunministries.com/Susan-Avery.html.

Nadando en el río de cristal

(Barbara Wells)

El verano en que cumplí los dieciséis, asistí a un campamento para jóvenes situado cerca de Louisville, Kentucky. Me pasó algo maravilloso: fui votada Reina del Campamento, algo emocionante.

Había multitud de cánticos, la orquesta joven tocaba, y entonces el director del campamento habló y nos invitó a ponernos de rodillas para orar al frente del auditorio. Mientras oraba tuve una visión: algo sorprendente para mí.

Estaba de pie a la vera de un río y me metía en el agua. Avanzaba hasta la mitad del ancho río. No tenía miedo. Flotaba en la diáfana masa líquida. No importaba lo profunda que se fuera haciendo el agua, no me hundía ni me asustaba.

Miré abajo y no veía otra cosa que agua cristalina. No veía el fondo, como si el río no lo tuviera.

No me estoy ahogando, y no estoy soñando: está pasando realmente.

Floté río arriba, de camino hacia el cielo y el trono de Dios. Vi a Jesús con gente alrededor de uno de los lados del trono. Cantaban «¡Hosanna! Dios, Tú eres santo. Aleluya». Cantaban las palabras repetidamente. Sonaban como el murmullo de una cascada.

Hice una reverencia delante de Jesús. «Gracias, gracias, Dios, por permitirme estar aquí». La luz que rodeaba a todo el mundo era intensamente brillante. No podía mirar hacia arriba, sino que permanecí de rodillas a los pies de Jesús. Me sentía en paz y amada. Estaba asombrada de Su santa presencia.

No recuerdo haberme marchado: me di cuenta de que el resto de jóvenes todavía seguían de rodillas en el auditorio del campamento.

Yo solo era un típica chica estadounidense, pero aquella noche en nuestra habitación estaba tranquila y en silencio. La consejera de jóvenes le preguntó a cada una por lo que les había sucedido ese día. Como yo no dije nada, me dijo:

—Barbara, tú no has compartido nada.

—Ocurrió algo, y no puedo hablar de ello ahora —dije—. Pero mañana estaré preparada para contarlo.

Al día siguiente compartí lo que había visto y oído. La consejera me dijo que había recibido una visión: una experiencia totalmente nueva para mí. Ni siquiera sabía lo que era. No era un sueño, porque había estado despierta, arrodillada frente al altar, orando.

Ella me sugirió que leyese Apocalipsis, el último libro de la Biblia. Mientras leía, me di cuenta de que había visto lo que Juan describe en Apocalipsis 22.1 (y en otros versículos que no conocía antes): «Luego el ángel me mostró un río de agua de vida, claro como el cristal, que salía del trono de Dios y del Cordero» (NVI).

Mientras escribo acerca de esta experiencia, todavía puedo ver y sentir la asombrosa felicidad que envolvía todo mi ser mientras estaba allí... y que todavía me envuelve. La visión de mi viaje al cielo cambió mi vida para siempre. En la escuela secundaria y en la universidad, la presión de los compañeros nunca fue un problema. Mis elecciones en la vida (carrera, esposo, propósito y plan) fueron fáciles de decidir, porque sabía que realmente había un cielo donde vivía Jesús.

Sé que hay un cielo real. Hasta que viva allí algún día, continuaré sirviendo a la humanidad y compartiendo con gusto el amor de Jesús. Puedo decir con sinceridad que la visión del río de cristal y el cielo ha sido una potente ancla que ha aumentado mi fe. Realmente me ha ayudado a ver una dimensión de la vida que supera con creces la terrenal.

Barbara Wells es oradora, escritora y autora publicada de *Cameos.* También sirve como coordinadora de la Conferencia de Escritores Cristianos de Kentucky en Elizabethtown, Kentucky. Visita www.barbarawells.webs.com.

Vida DESPUÉS DE LA MUERTE: La historia de Arthur Ford

Gravemente enfermo, Arthur Ford (1896–1971) yacía en un hospital en Coral Gables, Florida. Sus médicos le habían dicho que no sobreviviría, pero continuaban dándole el mejor cuidado posible. Les habían dicho a sus amigos que no pasaría de aquella noche.

Él escuchó a escondidas a un médico decirle a una enfermera: «Dale la inyección; que al menos esté cómodo».[54] Al escuchar esas palabras Arthur sintió que esperaban que muriese en cualquier momento. No tenía miedo y se preguntaba cuánto tardaría en morir.

Por lo visto, recibió la inyección, porque al siguiente instante estaba flotando en el aire sobre su cama. Vio su cuerpo pero no tenía interés en él. Se sentía en paz y flotaba sin esfuerzo por el espacio, «sin ninguna sensación de que poseyera un cuerpo, como había conocido mi cuerpo. Aun así, era *yo mismo*».[55]

Arthur alcanzó un valle verde iluminado por una luz brillante. La gente se le acercaba para saludarle: individuos que había conocido cuando estaba vivo. En muchos de ellos no había pensado en años. El reconocimiento fue más por la personalidad que por las cualidades físicas. Tenían diferentes edades; algunos que habían muerto ancianos eran jóvenes, y aquellos que habían muerto en la infancia habían madurado.

Arthur comparó su tiempo en el cielo con un viaje por un país extranjero. Igual que en la tierra, sus amigos le recibieron con entusiasmo y le mostraron los lugares que pensaban que debía ver. Escribió que su recuerdo de aquellos lugares permaneció tan claro en su mente como cualquiera de los lugares que había visitado en la tierra.

Experimentó una sorpresa: no veía a la gente que esperaba que estuviese presente. Arthur preguntó por ellos, y cuando lo hizo, dice: «una delgada película transparente pareció caer sobre mis ojos. La luz fue disminuyendo, y los colores perdieron su brillo. Ya no podía ver a aquellos con los que había estado hablando».[56]

Entonces, por medio de una neblina, fue capaz de ver a aquellos por quienes había preguntado. Eran reales, pero mientras los miraba su cuerpo se fue haciendo pesado, y sintió que estaba en lo que llamó «una esfera inferior». Arthur los llamó pero no recibió respuesta. Alguien le instó a que no se preocupase por ellos, porque serían capaces de ir allí «si lo deseaban más que ninguna otra cosa».[57]

Arthur sigue diciendo que todo el mundo estaba ocupado y feliz. Otra diferencia entre la historia de Arthur y otros relatos era que mucha gente de la que él había estado cerca en cierto momento no parecían interesados en él; sin embargo, otros que había conocido apenas brevemente se convirtieron en sus compañeros. Escribe de forma perspicaz: «Comprendí que esto estaba bien y que era natural. La ley de la afinidad determina nuestras relaciones». Por ley de la afinidad probablemente se refiere al hecho de que dos sustancias o personas tienen cierta disposición de combinar o formar una relación más profunda.

Arthur, como muchos otros, dijo que no tenía conciencia del tiempo mientras estuvo allí. En cierto momento entró en un deslumbrante edificio blanco y le dijeron que esperase en una enorme sala hasta que se hubiera tomado una resolución sobre su caso. Mientras estaba allí Arthur vislumbró a dos personas sentadas en unas largas mesas en otra sala hablando acerca de él. Él señaló sus sentimientos de culpa mientras ellos hacían un repaso de su vida, y dijo no parecía un cuadro favorable.

En otro comentario significativo, Arthur declara que aquellos que estaban sentados en las mesas no tenían mucho interés en las cosas que le importaban a él. Apenas mencionaron lo que él llama «los pecados convencionales de la infancia»; más bien, se centraron en cuestiones tales como el egoísmo y el egocentrismo. Repitieron la palabra «derroche» varias veces refiriéndose a un desperdicio de sus energías, dones y oportunidades.

En las mesas, también hablaron de sus actos buenos y amables, «igual que todos lo hacemos de vez en cuando sin darle mucha importancia a las consecuencias».[58] En el repaso de su vida, estaban tratando de averiguar la pauta de sus acciones. Mientras escuchaba, les escuchó decir que había fracasado a la hora de completar cosas que sabía que tenía que terminar. Insinuaban que tenía un propósito en su vida que no había realizado. «Había un plan para mi vida y yo había malinterpretado el proyecto».[59]

Arthur pensó que lo mandarían de vuelta, y no le gustó. Finalmente, tomaron una decisión y le dijeron que tenía que regresar a su cuerpo. En ese momento Arthur estaba frente a una puerta, y sabía que si la atravesaba estaría de vuelta en aquella cama de hospital. Se opuso a cruzar.

Sin aviso, sintió como si se precipitase por el espacio. Abrió los ojos. Una enfermera le miraba fijamente. Más tarde descubrió que había estado en coma más de dos semanas.

Después de su regreso, Arthur se refería a su «cuerpo beta», o lo que el apóstol Pablo nombra como cuerpo celestial en 1 Corintios 15.40. Conjeturó que vivimos con la idea equivocada de que nuestros cinco sentidos son el único modo de saber lo que tenemos a nuestra disposición. «Si solamente pudiéramos pararnos a pensar [...] tenemos muchos más sentidos que estos. Nadie ha visto a ninguna persona. Vemos el cuerpo físico [...] pero la *persona* es invisible».[60]

Arthur concluye que podemos preparar ahora nuestro cuerpo beta. Por ejemplo, él dice que nuestro carácter no se desarrolla por la muerte sino por la vida. «Nadie puede convencer a otro de la verdad de la inmortalidad con argumentos intelectuales o evidencias externas. Debe ser reconocido por esa conciencia interior que es parte de toda psique humana».[61]

¿Habló papá?

(SUSAN DOLLYHIGH)

No podía imaginar estar en ningún otro lugar salvo en casa para Nochebuena. Con la ilusión de una niña pequeña, esperaba reunirme con mis cinco hermanos y nuestras familias en la casa de mamá y papá, el hogar donde crecimos.

Como la nieve sobre nuestras chaquetas, los años se derretían al entrar en la cálida cocina de mamá, llena del aroma de su deliciosa comida. Sus brazos extendidos nos recibían con dulces abrazos.

Mis padres tenían cincuenta y pocos años, así no había pensando nunca que nuestra celebración de Navidad pudiese cambiar. El 10 de diciembre de 1991, sin embargo, papá tuvo un fallo respiratorio y fue llevado corriendo a urgencias. Le resucitaron y le colocaron un respirador. Pocos días después sufrió un derrame cerebral y su estado se deterioró.

En Nochebuena, en vez de ir a casa, visité a papá en el hospital. Mientras bajaba por el pasillo, estaba aterrorizada de reunirme con mi familia en la unidad de cuidados intensivos. Entré con reticencia en la fría y estéril habitación de hospital. Los brazos extendidos de mamá todavía me recibieron con un dulce abrazo, pero ella estaba sollozando.

El doctor también estaba allí y repitió lo que ya le había dicho a mamá.

—Lo siento. Su electroencefalograma es plano, y no responde a ningún estímulo. —Encendió una luz sobre los ojos de papá—. Pueden ver que sus pupilas no responden. —Tocó el ojo de papá con un algodoncillo—. No parpadea.

Probó su reflejo faríngeo tocando su garganta con un algodón. Papá tampoco pasó esa prueba.

Comenzaba a sentir que el médico se había convertido en un abogado y nos estaba presentando su caso a nosotros, el jurado.

—Todo esto significa que su papá tiene muerte cerebral; no hay esperanza de recuperación —agachó la cabeza antes de continuar—. El respirador es lo único que le mantiene vivo. Tienen que tomar una decisión. ¿Están preparados para apagar las máquinas?

Estábamos en shock, y ninguno sabía qué decir.

—Me marcho por la mañana; voy con mi gente para Navidad. Necesitaré una decisión esta noche.

Estaba enfadada, muy enfadada, de que en vez de celebrar el día, estuviéramos viendo morir a nuestro padre; enfadada de que el doctor se fuera a casa por Navidad; enfadada incluso con Dios. *¿Cómo puedes dejar que esto ocurra? Papá solo tiene cincuenta y cinco años. ¿Y en Nochebuena?* Mi ira era irracional, pero era el único modo que conocía de abordar la conmoción y la pérdida.

Mi familia regresó a la sala de espera de la UCI, conscientes de que teníamos que tomar una decisión. Sabíamos que papá no quería que se le mantuviera vivo con máquinas si no había ninguna esperanza de recuperación, pero nuestras emociones no seguían caminos lógicos ni racionales.

Después de agonizar algo menos de una hora, tomamos una decisión que no era realmente una decisión. Nos habían dicho que papá ya estaba muerto. Teníamos que apagar las máquinas y dejar marchar su cuerpo.

El médico regresó a la sala de espera y le contamos nuestra decisión.

—Queremos darles tiempo para despedirse de su padre —dijo—. Vayan en grupo o de uno en uno. Tómense el tiempo que necesiten.

Fuimos de uno en uno, y cuando llegó mi turno, caminé con calma hasta su cubículo. Cuando lo miré, un torrente de lágrimas rompió mis intentos por permanecer serena.

—Papá, te quiero —le dije—. Te voy a echar mucho de menos.

De lo profundo de mi alma brotaban pensamientos y recuerdos al azar.

—Gracias por hacer autoestop para venir a casa desde la base militar para verme el día que nací —le dije. Le agradecí muchos otros actos de amor y ternura. Finalmente, exhausta de emociones y palabras, observé el pecho de mi padre subiendo y bajando a ritmo con el respirador, besé su frente todavía cálida y salí de la habitación.

—No será largo —dijo el doctor.

Después de esperar lo que parecía una eternidad, mi hermano, Frank, volvió a ir a la UCI. Regresó a la sala de espera pocos minutos después y dijo:

—Está hablando. Acabo de hablar con él.

Todos nos quedamos mirando a Frank sin poder creerlo mientras nuestras mentes trataban de comprender sus palabras.

No puede ser posible de ninguna manera.

Al final el doctor regresó para hablar con la familia.

—Su padre está aguantando. Es un auténtico luchador.

—Sí, acaba de hablar conmigo —dijo Frank.

El doctor sonrió con compasión. Diría que había malinterpretado las palabras de Frank.

—Voy a trasladar a su padre a una habitación normal para que todos puedan estar con él. Le mantendremos con oxígeno y cómodo.

De acuerdo, ¿qué está pasando?

Cuando nos dijeron que le habían trasladado, fuimos a la nueva habitación de papá.

Sus ojos estaban abiertos como cuando estaba en la UCI, pero algo era diferente. Jadeando para respirar, giró la cabeza, nos miró e intentó hablar. Yo me puse al lado de papá y coloqué mi oreja cerca de su boca esforzándome por escuchar sus débiles y frágiles palabras.

—Te quiero, Susie.

Papá continuó hablando. No podía descifrar todas sus palabras, y él no podía decir muchas a la vez, porque el esfuerzo lo agotaba.

Mi hermana corrió al puesto de enfermeras para avisar del milagroso cambio en el estado de mi padre.

—¿Podrían pedir a su doctor que venga para evaluarlo de nuevo?

—El doctor se acaba de marchar. No regresará hasta después de las fiestas —dijo la enfermera—. Pero yo lo chequearé.

Cuando la enfermera entró en la habitación de papá, él volvía a tener la mirada perdida, y no hizo ningún esfuerzo por responderle. Nos miraba del mismo modo en que nosotros miramos a Frank cuando nos dijo que papá había hablado.

—Volveré a comprobarlo más tarde —dijo ella.

En cuanto salió de la habitación, papá comenzó a hablar de nuevo, y habló durante casi toda la Nochebuena. No entendíamos por qué no le había respondido a la enfermera, y no nos importaba. Nos estaba hablando a nosotros, y eso era todo lo que importaba.

En la mañana de Navidad, una única flor de pascua en el alfeizar de la ventana era nuestra decoración. Pronto regresaron los miembros de la familia que se habían ido unas horas a casa a descansar, y nuestra familia estuvo de nuevo reunida.

Papá comenzó a hablar del cielo y trató de describirnos su belleza.

—Está papá —dijo, hablando de nuestro abuelo. Hablaba de ángeles y nos decía que Jesús estaba en la habitación con nosotros. Aquel día de Navidad a cada uno se nos dio lo que más tarde comprenderíamos que había sido el regalo de Navidad más especial de nuestra vida: un destello del cielo a través de los ojos de nuestro papá.

Papá vivió cuatro días antes de que el doctor apagase el respirador. El doctor estaba sorprendido de que hubiese sobrevivido tanto, pero era obvio que no creía que papá había hablado con nosotros. Sin embargo, una amiga de la familia, que es médico de la plantilla de aquel mismo hospital, pasó para hacer una visita y también habló con papá.

Más tarde, cuando le pedimos a ella que nos explicara médicamente lo que podía haber pasado, simplemente dijo:

—Algunas cosas en medicina no pueden explicarse porque pertenecen a Dios.

Susan Dollyhigh es escritora independiente, oradora y ha colaborado en la escritura de *Spirit and Heart: A Devotional Journey; Faith and Finances: In God We Trust;* y *The Ultimate Chrsitian Living*. Los artículos de Susan han aparecido en la revista *Connection* y en *Exemplify*, Mustard Seed Ministry, la revista *P31 Woman*, *The Upper Room* y *The Secret Place*.

Sujetando su mano

(MARILYN WALLBERG)

Evelyn Christenson escribió *Qué pasa cuando las mujeres oran*. También viajó por todo el mundo y enseñó acerca de la oración a nivel internacional hasta los ochenta años.

Cuando tenía nueve años, Evelyn oró: «Señor, quiero enseñarle al mundo a orar», y lo hizo. Incluso en sus años de declive, cuando su cuerpo se volvió frágil, su espíritu siguió rugiendo como un león. Yo estaba en la junta de oración de Evelyn y escuchaba mes tras mes cómo nos enseñaba de la Biblia y lo que el Señor le enseñaba a ella.

Hacia el final de su vida, Evelyn venía a nuestras reuniones de junta en una silla de ruedas y con oxígeno, pero enseñaba. Continuó compartiendo sus enseñanzas y su fe por teléfono por todo el mundo. Evelyn es la única persona que conozco que lideró un ministerio mundial de oración desde una residencia asistida.

En sus días menguantes, pasamos muchas horas juntas. Mi madre vivía en la misma institución, así que entraba y salía del apartamento de Evelyn a menudo.

Un martes por la noche Evelyn y yo nos sentamos juntas en su sofá disfrutando de la compañía mutua. Hablamos de los viajes que habíamos hecho juntas que incluían Europa y Asia. Reflexionamos acerca de la mano de Dios en su ministerio y en nuestro ministerio juntas: nuestras aventuras, las bendiciones y todas las cosas divertidas que nos ocurrieron en el camino.

Aquella noche nos parecíamos más a dos chicas recordando y dando gracias mientras nos reíamos y orábamos juntas. Hablamos, como solíamos hacer, de su ilusión de ir a estar con el Señor. Oramos por los miembros de su familia por sus nombres y también por United Prayer Ministry, que ella había fundado muchos años atrás.

Agarré su mano de nuevo y dije:

—Señor, una cosa más. Cuando llegue el momento y te lleves a Evelyn a casa, por favor, haz que sus hijos estén con ella y que sepan que ella ve a Jesús.

Más tarde aquella noche, Evelyn se rompió la cadera. La cirugía fue bien, y tenía un buen ánimo. A pesar de eso, Evelyn dijo: «Sé que me voy a casa pronto».

Evelyn murió el sábado. En su funeral, uno de los miembros de su familia vino y me dijo:

—Su muerte fue hermosa. Una de sus hijas estaba con ella, y su hijo llegó a los diez minutos. Mientras se sentaron y hablaban tranquilamente, Jan le preguntó a su madre: «¿Ves púrpura?».

Ese era el color favorito de Evelyn.

—¡Oh, sí! Es precioso —dijo su madre—. Veo mucho púrpura.

Poco tiempo pasó antes de que Evelyn dijera:

—Jesús está sujetando mi mano.

Entonces, el 1 de noviembre de 2011, ella se marchó con Él.

Sus hijos supieron que había visto a Jesús.

Marilyn Wallberg es conferenciante internacional y oradora para retiros y eventos especiales. Es asistente de vuelto retirada, miembro de la junta ejecutiva de United Prayer Ministry, miembro de America's National Prayer Committee, miembro de la junta nacional de Mission America Coalition y está afiliada a Fellowship of Christian Airline Personnel.

Visión del coro celestial

(KAREN WHITING)

Mi marido, Jim, batalló con un cáncer de pecho durante más de un año y medio a medida que este se extendía hacia el tejido que rodeaba su médula espinal. Los incesantes dolores de espalda le provocaban noches de insomnio. Pasaba aquellas noches en oración mientras se tumbaba en nuestro sofá.

Una mañana temprano, después de horas de oración, Jim tuvo una visión. Él estuvo reflexionando sobre la visión durante tres meses antes de compartir conmigo su descripción de lo que Dios le había mostrado y dicho. Esto es lo que Jim dictó:

Miré hacia arriba desde el sofá y vi al Espíritu Santo como una ameba: blanco y flotando. Él limpió mi corazón, mi alma y mi mente. Miré más allá del Espíritu Santo y vi a Jesús sonriendo. Tenía unos dientes blancos como perlas y una gran sonrisa.

Me dijo:

—Ven, déjame compartir tus cargas.

Me acerqué y le toqué y sentí que el peso del mundo se marchaba. No había nada más que hubiera que levantarse.

Como en aquellas fotos donde solo aparece un juego de pisadas, Jesús me cargó sobre Sus hombros y me ayudó. Después miré hacia el cielo y vi una luz brillante alrededor del Padre. Pensé que tenía que estar ardiendo, pero no era así. Era como un calor blanco en llamas, pero en el que no se consumía nada.

Dios dijo:

—Tú estarás conmigo pronto. Intenta preparar a aquellos que te rodean, pero no los alarmes. Diles que estarás conmigo todos los días del resto de tu vida.

Después miré más allá y vi un cielo límpido y azul. Arriba vi nubes blancas y escuché a espíritus celestiales cantando melodías de alabanza a Dios. Uno de los seres me tocó y dijo:

—Por favor, únete a nosotros.

Era maravilloso estar con gente cuyo único propósito era alabar a Dios.

Jesús dijo:

—Todavía no ha llegado tu hora, pero pronto te reunirás con nosotros y serás parte del coro celestial y cantarás alabanzas a Dios para siempre.

Oramos acerca de cómo usar el tiempo que quedaba. Animamos a nuestros hijos a visitarnos y planeamos un viaje final a Florida en julio, donde vivía gran parte de los hijos y de los nietos. Durante los siguientes meses, cuatro de nuestros hijos pasaron tiempo con Jim.

En julio viajamos a Florida. Jim disfrutó de la fiesta de quinto cumpleaños de una de las nietas, vio a sus hermanos, visitó a amigos que habían orado por él durante dos años, sonrió para fotos con sus nietos y pasó tiempo hablando con sus seres queridos.

Regresamos a Maryland y la salud de Jim continuó deteriorándose. Nuestros cinco hijos hicieron turnos para visitarlo de nuevo. Nuestro hijo mayor se quedó durante las últimas semanas.

Después de la muerte de Jim, compartí la visión con todos ellos. Trajo una gran paz saber que Dios escogió el momento, pero le permitió tener mucho tiempo con sus seres queridos y para sacarse muchas fotos con sus nietos. Jim cantó en coros militares y de iglesia en varios estados, donde muchos escucharon su profunda voz de barítono que ahora es parte del coro celestial.

Karen H. Whiting es la autora de dieciséis libros. Escribe libros de no ficción para mujeres ocupadas, familiares e hijos de militares, incluyendo la popular serie de libros de artesanía *God's Girls*. Ella y Jim disfrutaron de treinta y ocho grandes años de matrimonio. Visita www.karenwhiting.com.

UN *descenso* AL INFIERNO: La historia de Howard Storm

Howard Storm era un profesor de arte de treinta y ocho años en la Universidad del Norte de Kentucky, y también era ateo. Mientras visitaba París en un viaje a Europa con un grupo de estudiantes en 1985, fue afligido con un ataque de peritonitis. Se desmayó en la habitación de su hotel con el duodeno perforado. Incapaz de encontrar a un cirujano inmediatamente, pasó horas en agonía, sabiendo que iba a morir.

En cierto momento cayó inconsciente. De repente el dolor se fue, y él se puso en pie junto a su cama. Trató de hablar con su esposa, pero ella no respondió. Pensó que le estaba ignorando. Entonces vio a alguien yaciendo en la cama (a una persona muerta) y el cuerpo se parecía muchísimo a él.

Desde fuera de la habitación unas voces le gritaban que era hora de irse. También le dijeron: «Lo sabemos todo sobre ti. Te hemos estado esperando».

Howard supuso que eran del hospital. Pero cuando salió al pasillo y le hicieron avanzar, el sitio se fue ensombreciendo hasta que todo estuvo en completa oscuridad. Él dice que llegó a un pasillo y tuvo la clara sensación «de que el "portal" de regreso a la habitación estaba [...] cerrado. No podría volver nunca. La gente me llevaba, y el pasillo sutilmente se fue haciendo más y más oscuro durante un largo periodo de tiempo».[62]

Howard se dio cuenta de que estaba en una completa oscuridad, rodeado por una multitud de gente. El miedo le sobrecogió, y les dijo: «Quiero regresar». Ignorando sus palabras, le empujaron y tiraron de él. Le mordieron, le arañaron y le rasgaron mientras gritaban. Cuanto más luchaba, más les gustaba.

Se hizo consciente de que aquellos que luchaban con él eran personas (como él), individuos que habían rechazado a Dios y vivían vidas egoístas. Dijo que eran como ratas en una jaula que vivían en un sitio sin luz, esperanza o amor.[63]

Al final se encontraba tan golpeado y derrotado que no podía hacer nada. Tenía un gran dolor físico, pero el dolor emocional era peor. Mientras yacía en el suelo, una voz dijo:

—Ora a Dios.

—Yo no oro. Yo no creo en Dios —dijo él.

Dos veces más la voz dijo:

—Ora a Dios.

Howard trató de pensar en una oración y murmuró unas pocas palabras. Cada vez que mencionaba a Dios, la gente que le rodeaba se ponía furiosa y gritaba: «Dios no existe» y «Nadie puede escucharte».

Sus palabras les enfurecieron tanto que se retiraron, porque la mención de Dios les resultaba insoportable.

Viendo sus respuestas, Howard murmuró un batiburrillo de frases que recordaba a medias: «Gloria, gloria aleluya; Dios bendiga América; Padre nuestro que estás en los cielos...».[64]

Después de eso, estaba solo en la oscuridad. Mientras reflexionaba sobre su vida, Howard sintió que merecía estar dónde estaba.

«Sentía que había alguna clase de justicia en el universo y que si llevabas una vida miserable irías a la alcantarilla del universo, hasta la fosa séptica. Y ahí era donde yo estaba. Y aun así sabía que no había sido tirado a la parte más profunda, al menos no todavía».[65]

En ese estado de desesperanza, recordó cuando era un niño en la Escuela Dominical y cantaba «Jesús me ama». También tuvo una vívida sensación de ser un niño y sentir «que había un maravilloso hombre de Dios llamado Jesús que era mi amigo y que me amaba».[66]

Howard le pidió a Jesús que le salvase. Justo entonces una pequeña luz apareció en la oscuridad y bajó hasta él. De aquella luz salieron dos manos que se acercaron y le tocaron. Toda la violencia y la inmundicia de su vida se esfumaron.

Jesús le agarró y lo sujetó, y se movieron hacia arriba, cada vez más deprisa, hacia la luz. Howard pensó que habían cometido un terrible error y que no se merecía eso. Se llamó a sí mismo basura.

El movimiento hacia arriba cesó y Jesús le habló por primera vez.

—No cometemos errores. Perteneces a este lugar.

Las palabras no eran audibles, sino que estaban dentro de su mente.

Los ángeles vinieron y le llevaron a lo que a menudo se llama «una revisión de la vida»: todo lo que había hecho en su vida pasó por delante de sus ojos. Howard estaba tan avergonzado de quien era y de lo que había hecho que rogó regresar al abismo para poder esconderse en la oscuridad. Recordando cuánto se había mofado y había maldecido las cosas divinas, se sentía indigno y no quería adentrarse más en la luz.

Al final los ángeles le dijeron a Howard que no estaba preparado para el cielo y que tenía que regresar a la tierra. Aunque con disgusto, aceptó sus palabras. Instantáneamente se encontró de vuelta en su cuerpo en un hospital de París, siendo preparado para una cirugía.

Después de aquella experiencia, la vida de Howard cambió. Dijo que sus amigos le ridiculizaron y se burlaron, pero encontró nuevos amigos en los grupos de estudio bíblicos. Al final, Howard fue ordenado como ministro de la Iglesia Unida de Cristo.[67]

«Vuelve y sé feliz»: la historia de Julie Papievis

La tarde del 10 de mayo de 1993 Julie Papievis, una exitosa ejecutiva de Estee Lauder en Chicago, fue al centro comercial a buscar un bote de bronceador. Mientras salía del centro comercial para regresar a casa, un adolescente en un Oldsmobile Cutlass se saltó un semáforo en rojo. Su vehículo impactó contra el lado del conductor de su deportivo Mazda a unos ochenta kilómetros por hora.

El impacto de la colisión sacudió la cabeza y el cuello de Julie, dejándole el tronco cerebral seriamente dañado. Aunque los paramédicos y los bomberos intentaron revivirla, ella seguía sin dar respuesta.

Después de examinarla, probaron a usar la escala Glasgow de coma neurológico, un sistema fiable y muy usado para determinar el estado consciente de una persona. Los resultados marcan el nivel de conciencia de una persona en un rango entre 3 y 15. Aquellos con una marca entre 3 y 8 suelen estar en coma. Julie marcaba 3, la cifra más baja, lo que significaba que tenía mínimas oportunidades de recuperarse.

Los bomberos tuvieron que usar cizallas para sacar a Julie de su coche, tras lo cual una ambulancia la llevó corriendo al Centro Médico de la Universidad de Loyola, un centro de urgencias de primer nivel.

Poco después de haber llegado, ella comenzó a tener una respiración agónica, un patrón de respiración dificultosa caracterizado por jadeos y extrañas vocalizaciones. Eso indicaba que sus funciones corporales se estaban colapsando.

El neurocirujano de Julie, el doctor John Shea, le dio pocas esperanzas de supervivencia a su familia. Si vivía, dijo que probablemente sería en un «continuo estado vegetativo». Después de varias semanas en el hospital, el equipo médico instó a sus padres a que la trasladasen a una residencia.

Julie fue a la residencia y, a pesar del pronóstico, sus padres se negaron a dejar de pedir a Dios por un milagro. Junto con la familia de su iglesia, continuaron orando aunque los días pasaban sin un cambio en su condición.

Mientras el cuerpo de Julie yacía en un estado comatoso, su espíritu fue atraído hacia una luz pura y brillante que conducía a un lugar de perfecta paz: un lugar sin preocupaciones ni inquietudes. Para ella era como estar en casa, y sabía que pertenecía allí.

Julie era consciente de que estaba en aquel bello lugar porque estaba muerta, pero eso no la preocupaba. Era feliz; y en vez de tener miedo, ansiaba quedarse.

Julie vio a sus dos abuelas y las reconoció como las dos viejecitas que había visto antes de morir. Ahora estaban sanas y llenas de gozo. Quería quedarse con ellas.

—No puedes quedarte —dijo una de sus abuelas—. Tienes que regresar.

—Pero no puedo. No estoy bien físicamente.

—Tu cuerpo se sanará.

Como si la hubieran envuelto en una cálida manta, Julie sintió que estaba en el cielo. Con la seguridad de que Dios estaba allí y que el mensaje de su abuela venía de Él, escuchó.

—Vuelve y sé feliz.

Abruptamente, Julie se despertó después de un mes en coma. Como sabría después, estaba en la sala de daños cerebrales de un hospital de rehabilitación. Tenía el lado izquierdo de su cuerpo paralizado, babeaba y no podía tragar. Una sonda de gastrostomía insertada en su abdomen la alimentaba. Llevaba pañales. Era incapaz de abrir el ojo izquierdo o de escuchar por el oído izquierdo.

Antes del accidente, Julie había sido atleta. Ahora se enfrentaba a la realidad de las limitaciones físicas. «Dios, ¿por qué me has traído de vuelta a un cuerpo que no funciona? —preguntó—. ¿Por qué no dejaste que me quedase contigo?».

Mientras luchaba emocionalmente con sus discapacidades físicas, también se agarraba al mensaje de esperanza que sus abuelas le habían dado. «Tu cuerpo se sanará».

Después de dos meses de extensa terapia, su cuerpo lentamente se sanó. La sensibilidad y el movimiento regresaron a su lado izquierdo. El doctor Shea estaba asombrado y encantado con su progreso. Lo llamó milagro.

Con un montón de esfuerzos agotadores durante un largo periodo de tiempo, Julie aprendió a sentarse, a comer sola, a ponerse de pie y finalmente a caminar de nuevo. Superó la parálisis y ganó la batalla a una grave depresión.

Había más buenas noticias por delante.

En 1999 participó en una carrera de cinco kilómetros.

En 2007 completó un triatlón, que muchos consideran la competición de más demanda física. Como dice su nombre, en el triatlón figuran tres pruebas de resistencia que son continuas y secuenciales. Aunque las formas varían, muchas de ellas giran en torno a la natación, el ciclismo y el atletismo.

Vivir con las discapacidades de un daño en el tallo cerebral todavía es estresante para Julie, pero es plenamente consciente de que Dios tiene un propósito para su vida. Hoy es defensora de otros supervivientes que necesitan esperanza y guía.

La experiencia celestial de Julie, y sentir la presencia de Dios en su vida más tarde, la cambió. Ahora le preocupa menos lo que la gente piense, es más agradecida, tiene relaciones más profundas y vive sin miedo.

Su abuela dijo: «Vuelve y sé feliz». Eso es lo que ha aprendido a hacer.[68]

El rostro de la eternidad

(Kristi M. Butler)

Nunca olvidaré su cara.

Después de estar casi comatoso, mi abuelo alzó la vista a la esquina de la habitación. Con ojos brillantes, sonrió antes de susurrar: «Jesús».

Me gusta pensar en mi sociable abuelo estrechando la mano de Jesús y diciendo:

—Me llamo Barbee.

En mi mente, escucho a Jesús diciendo:

—Oh, sí. Te conozco, M. A. Barbee. ¡Bien hecho, buen siervo y fiel!

Mi abuelo, a quien yo llamaba «Abu», era de los que animaban a los demás genuinamente, un amigo compasivo y un hombre lleno de gozo de verdad.

El Abu se cayó mientras pasaba el rato con algunos de sus mejores amigos en «la tienda», una vieja gasolinera reconvertida en taller mecánico. Se rompió la pelvis, aunque no fue lo peor del diagnóstico. En el hospital, el TAC mostró un cáncer agresivo en los pulmones y los huesos.

El Abu vivió aquellos últimos cuatro meses del mismo modo que había vivido su vida: amando a los demás, dándoles palmaditas con sus manos callosas, dándoles suaves besos en la frente y diciéndoles lo «bonicos» que estaban.

Ya no trabajó duro más, sino que empezó a actuar como el primer cuidador de su «pequeña dulce», su esposa de setenta años, que estaba débil y le habían diagnosticado demencia.

Al Abu le encantaba ver a la Gaither Vocal Band cantando en la televisión, y él batía las manos al ritmo de la música. También amaba a su pequeña iglesia de pueblo y era un miembro comprometido.

En sus últimos días, le poníamos música cristiana en su reproductor de CD, y le cantábamos himnos. Cuando escuchaba, a menudo sonreía, asintiendo con la cabeza y alzando las manos en alabanza.

Había una cosa extraña, sin embargo. El Abu a menudo miraba a la esquina de la habitación durante aquellos momentos, sonriendo y alzando las manos hacia el cielo. Aquello pasó de nuevo en su último día, y él susurró «Jesús».

La paz invadió su cuerpo. Su respiración, antes quebrada y dificultosa, paró. El latido de su corazón se detuvo. El abuelito falleció.

Nunca olvidaré cómo lucía su cara mientras observaba el rostro de la eternidad.

Kristi Butler es una oradora pública cuya audiencia abarca generaciones, desde clases de preescolar a residentes en viviendas asistidas. Autora de dos libros para niños, su teclado ahora tamborilea aventuradamente hacia un libro para adultos. Visita www.kristibutler.blogspot.com.

Siete minutos

(Jenny Farrell)

Durante un angiograma, mi corazón se paró durante siete minutos. No recuerdo los detalles, solo que sabía que estaba en la presencia de Dios. Más tarde, aunque tenía un marido y dos hijos adolescentes a los que adoraba, de alguna manera ya no sentía que pertenecía allí. Me llevó bastante tiempo reconectarme de verdad con mi vida.

La primera vez que estuve en la iglesia después de mi angiograma escuché lo que parecían cientos de hermosísimas voces, aunque no éramos más de veinte personas en el edificio. Durante unos minutos de nuevo sentí que estaba en la presencia de Dios, y me embargó un anhelo agridulce que era casi insoportable, aunque hermoso al mismo tiempo.

Una cosa me recuerda que he estado con Jesús de un modo maravilloso. Varias veces, cerca del aniversario de mi muerte, he sido golpeada con un dolor desgarrador. Siempre que ocurre sollozo porque echo mucho de menos a mi Padre celestial.

Han pasado más de siete años desde que mi corazón se paró, y estoy completamente curada.

Jenny Farrell es escritora y oradora, especializada en eventos y retiros de mujeres. También es esposa de pastor y jefa de enfermeras a tiempo completo en un centro de maternidad local. Le encanta escribir y crear joyas. Visita www.jennyfarrell.com.

Una prueba DEL CIELO: La historia de Eben Alexander

Como científico con una mente analítica, el neurocirujano académico Eben Alexander era escéptico acerca de las cosas espirituales.

No creía en la vida eterna o en vida más allá de la muerte del cuerpo y del cerebro.

Tenía una «creencia informal en Dios y en la oración» hasta el año 2000, cuando una devastadora experiencia personal hizo descarrilar su vida y le causó una crisis de fe. Perdió su sentido del valor y ya no pudo aceptar que había un Dios amante ni que la oración importaba.

Quería creer del modo en que otros lo hacían, pero sus más de veinte años en neurocirugía, junto con sus investigaciones, le habían hecho comprender que la conciencia dependía del cerebro. Había escuchado muchas historias de experiencias cercanas a la muerte y siempre supuso que eran alucinaciones o sueños con una base cerebral. Aquella era la única respuesta lógica para él.

Pero la mañana del 10 de noviembre de 2008 una cadena de sucesos transformaron su modo de pensar. Eben se despertó antes del amanecer con un fuerte dolor en la espalda que fue empeorando con el tiempo. También tenía un agudo dolor de cabeza.

Su esposa se dio cuenta de que estaba teniendo un ataque, así que llamó al 911. Los paramédicos le llevaron corriendo al mismo hospital donde él ejercía de neurocirujano. Los médicos descubrieron que una rara y virulenta meningitis de origen desconocido le estaba carcomiendo el cerebro. Le dejó en coma.

Mientras estaba todavía en urgencias, los doctores le dieron, como máximo, un diez por ciento de posibilidades de supervivencia. En los días posteriores las probabilidades disminuyeron a cerca de un dos por ciento sin posibilidad de recuperación... lo que es casi ninguna posibilidad. Pronosticaron que pasaría cerca de tres meses en el hospital y recibiría cuidados crónicos en una residencia para el resto de su vida. Aunque viviese, nunca se volvería a comunicar.

La meningitis exterminó su neocórtex, la parte del cerebro que produce la conciencia. Perdió todos los recuerdos, las emociones y el lenguaje así como las funciones auditivas y visuales. Mientras el equipo médico trataba a Eben e intentaba revivirle, él estaba en una asombrosa odisea en otra esfera.

Su viaje primero le llevó a un repugnante y tenebroso lugar bajo el suelo, y después una luz blanca, hermosa y brillante que giraba fue a rescatarle. La luz se movía lentamente hacia él. La luz tenía numerosos filamentos finos que salían de ella, y llegaba con una melodía increíblemente deliciosa. La luz se expandió y se convirtió en un portal a otra dimensión, uno con un valle de verde brillante alzándose abruptamente sobre una fuerte luz. Su belleza iba más allá de palabras terrenales; era un lugar de puro gozo y dicha.

Una mujer encantadora apareció y le guió en su viaje. Volaban sobre las alas de una mariposa gigante, rodeados de millones de mariposas, y se elevaban sobre ríos bravos y una vegetación exuberante. A su paso los árboles florecían y las flores brotaban.

Eben no conocía a su acompañante, pero ella le miraba con una sonrisa encantadora y le dio un mensaje importante y reconfortante. No usó palabras; las ideas llegaban directamente a su mente. *Eres amado profundamente. Se te estima para siempre. No tienes nada que temer.*

En lo alto, nubes ondeantes de colores indescriptibles formaban una deliciosa presentación sobre el cielo azul oscuro.

Más tarde, en una entrevista para la televisión, él dijo: «Era mucho más que real; en comparación, estar aquí sentado en este estudio es como un sueño. Todo estaba definido y nítido [...] todo a nuestro alrededor y sobre nosotros eran aquellas nubes ondeantes de tan bellos colores sobre el cielo azul oscuro, y aquellos arcos de seres relucientes [...] aquellos orbes de luz que revoloteaban por el cielo dejando sus estelas. La música que emitían era indescriptiblemente hermosa: era un crescendo continuo cada vez más y más alto en respuesta a cualquier clase de pregunta que tuviera mi mente acerca de lo que estaba pasando».[69]

Durante su experiencia, Eben vio a Dios: una presencia divina, amante, omnisciente, infinitamente poderosa e indescriptiblemente asombrosa que apareció como un brillante orbe de luz más brillante que un millón de soles. Como no estaba restringido por limitaciones físicas, Eben le miró y se comunicó con su Creador. La amorosa presencia divina estaba en todas partes.

Después de siete días en coma, Eben se despertó milagrosamente. Aunque su memoria de la vida en la tierra y sus relaciones se había desvanecido, el vivo recuerdo de su intensa aventura celestial permanecía. Durante las siguientes semanas recuperó su lenguaje y los recuerdos de su familia. El recuerdo de la neurociencia y de la neurocirugía regresó.

Tuvo momentos en los que dudó de su propia historia, pero cuando intentó escribir un informe neurocientífico de todo lo que había ocurrido, no era capaz de reconciliar sus antiguas creencias con su realidad. Sabía que había tenido una experiencia espiritual trascendental que ocurrió a pesar de no existir actividad cerebral.

Un suceso que ocurrió cuatro meses después de despertar de su coma le convenció de que el cielo es real y de que hay vida después de la muerte.

Eben había sido adoptado en la infancia y tenía una hermana, Betsy, a la que nunca había conocido (ella murió en 1988). Recibió una fotografía de Betsy de su familia de origen, y cuando la miró, reconoció a la mujer que le había acompañado en su viaje por el cielo. Aquel fue el momento más impactante y revelador de su vida.

Tenía que repensar todo lo que había creído anteriormente acerca de la existencia, la conciencia, Dios y la razón de por qué estamos aquí. Él creyó que tenía una prueba del cielo y de Dios, y fue transformado con una idea clara de la fe, el milagro y el propósito.

Ahora la vida de Eben es más significativa, y su conocimiento recién adquirido se ha convertido en un precioso regalo para su familia: conocer a Dios, saber que es real y descubrir que la oración funciona.[70]

Eben Alexander insiste en que su experiencia prueba que la conciencia es independiente del cerebro y que al otro lado de la muerte encontraremos una eternidad de esplendor total. Dice: «Espero pasar el resto de mi vida investigando la verdadera naturaleza de la conciencia y aclarando todo lo que pueda el hecho de que somos más, mucho más, que nuestros cerebros físicos, tanto a mis compañeros científicos como a la gente en general».[71]

El asombroso viaje de Freddy Vest

El 28 de julio de 2008 el vaquero Freddy Vest estaba haciendo lo que más le gustaba: actuando en una competición de captura de becerro en Texas. Como campeón lacero, para la una de aquella tarde ya había tenido tres capturas exitosas.

Iba montado en su caballo y estaba listo para un cuarto rodeo cuando, sin avisar, su corazón se paró y cayó al suelo.

Un amigo suyo llamado Dennis vio la extraña caída por el rabillo del ojo. Saltó la valla y corrió hacia Freddy. Abrazó la cabeza de su amigo e inmediatamente comenzó a orar por él.

Dos bomberos que estaban presentes corrieron para darle a Freddy los primeros auxilios. Trabajaron sobre Freddy durante cuarenta y cinco minutos hasta que llegó la ambulancia. Mientras intentaban revivirlo, Dennis le contó a la concurrencia lo que había pasado y les pidió que orasen.

Los paramédicos aplicaron el desfibrilador dos veces sobre el corazón de Freddy de camino al hospital local. Una vez allí, los médicos fueron capaces de encontrar un ritmo cardiaco irregular. Freddy fue trasladado en helicóptero al Harris Methodist Hospital en Forth Worth, donde podía recibir mejores cuidados. Su corazón se paró dos veces más durante el vuelo.

Freddy fue llevado rápidamente al quirófano. Sus seres queridos se reunieron en la sala de espera y oraron. Después del procedimiento, el cirujano informó de que habían sido capaces de reparar su corazón, pero que no podían predecir los resultados a largo plazo. Expresó su preocupación porque debido a la cantidad de tiempo que había pasado sin riego sanguíneo, Freddy podía tener daño cerebral.

En el instante en que el corazón de Freddy se paró durante el rodeo, estaba presente en otra esfera: un lugar que expresaba más amor del que podía imaginar. También era un lugar de perfecta paz y seguridad. No había sensación de tiempo o presión por hacer cosas.

Sin usar palabras, Freddy tuvo conversaciones con Dios. La comunicación venía del interior y se comprendían sin tener que ser expresada verbalmente.

Dios «le mostró» las oraciones que estaban siendo enviadas en su nombre. Llegaban como rayos de luz. Cuantas más llegaban más brillante era la luz, y finalmente llegaron tantas que los rayos explotaron en una luz ultrabrillante. Entonces fue cuando Dios le dijo a Freddy que no se podía quedar (tenía más que hacer en la tierra) y le envió de vuelta.

Cuando Freddy abrió los ojos, yacía en la cama de un hospital con asistencia vital, con tubos y una intravenosa pegada. Luchó por levantarse, pero la enfermera lo paró.

—Sr. Vest, usted está bien —dijo.

—No, no lo estoy —dijo él—. Esto no se compara a estar bien. Usted no sabe dónde he estado.

Freddy se recuperó de su terrible paro cardiaco, pero su viaje al cielo le dejó con muchas preguntas. Sabía que había regresado a la tierra con un propósito, y quería hacer que algo pasase, pero no sabía qué se suponía que tenía que hacer. Durante varios meses le pidió a Dios dirección y claridad.

Una mañana leía Jeremías 1.7–8 en la Biblia, donde Dios le decía al profeta: «Debes ir dondequiera que te mande y decir todo lo que te diga. No le tengas miedo a la gente, porque estaré contigo».

Freddy comprendió que ese era el mensaje de Dios para él y que le proporcionaría oportunidades. Su trabajo era aprovechar al máximo aquellas oportunidades, pero no tenía que forzar las cosas por su cuenta.

El cielo está mucho en la mente de Freddy estos días, y él anhela regresar al lugar que llama hogar.[72]

Mi oración desesperada

(Loo-Gen Seah-McCrea)

Mi padre, un oficial de marina jubilado, estaba perdiendo su batalla contra el cáncer. Su incursión en la medicina alternativa y tradicional estaba llegando al final. Los médicos dijeron que nos llevásemos a papá a casa, porque no podían hacer nada más por él.

Los doctores de la residencia nos mostraron cómo cuidar de las necesidades de papá. No sabían cuánto más viviría, así que nosotros haríamos que se sintiese cómodo.

Mis familiares en Malasia y Singapur respondieron a la petición de visita de papá. Vinieron, jóvenes y adultos, sintiendo la urgencia y la finalidad de su petición.

Pero había otras cosas que pesaban en mi corazón. Mi madre y yo éramos las únicas cristianas de la familia. Yo quería que papá estuviese conmigo en el cielo, así que oré al Señor por el alma de mi padre.

Papá creció en Singapur en la fe de sus ancestros: una mezcla de budismo y de culto a los ancestros chino-taoístas. Más adelante topó con los escritos de Charles Darwin. Se contentaba con un enfoque plural a la religión porque no estaba seguro de que Dios existiese.

Un día llegué a casa de la universidad y le dije a mi padre que me había hecho cristiana. Estaba disgustado. Él no creía de debiese ir a la iglesia porque «las iglesias solo quieren dinero». También me dijo que los curanderos eran embusteros y que los predicadores lavaban el cerebro de sus oyentes.

Cuando mi padre enfermó terminalmente, aquellas cosas pesaban mucho en mi corazón, y me atreví a hablarle de nuevo acerca de Jesucristo. Estaba claro, sin embargo, que aquella sería mi última oportunidad. Así que me acerqué a papá una tarde y le pregunté si había cambiado de idea acerca de Dios.

Para mi sorpresa, él cerró los ojos y asintió. Me envalentoné y le pregunté por qué odiaba tanto el cristianismo. Sentía que había más de lo que él me había dicho. Me contó que años atrás un cristiano le había herido. Yo me sentí extrañamente aliviada y le conté que no debía rechazar la salvación solo por el modo en que se comportó un cristiano. La gente a veces nos falla, pero Dios no lo hace.

Mi padre se quedó callado. No sabía qué más decir, así que le dejé unos tratados para que los leyese. En los siguientes días siempre hubo gente alrededor, así no pude hablar con papá en privado de nuevo. A pesar de que le habían dado tranquilizantes, papá estaba inquieto y quería salir a pasear. Unos pocos días después se debilitó mucho y solo podía permanecer tumbado en la cama.

El 22 de septiembre de 2000 papá se encontraba inusualmente alegre cuando la doctora le visitó. Incluso bromeó con ella de que no iba a necesitar sus servicios después de aquel día. Aquella misma tarde papá cayó en un sueño profundo. Mi madre, que había sido enfermera, dijo que estaba en coma.

Después de cenar nos reunimos alrededor de la cama de hospital de papá en la habitación familiar. Estábamos agotados. Yo me acurruqué en el sofá que había debajo de la escalera mientras mis hermanos dormían en el otro sofá. Mamá permanecía en vigilia.

Cuando desperté cerca de medianoche, mamá me dijo que el pulso de papá se estaba debilitando, lo que era una mala señal. Me sentía triste pero me quedé dormida de nuevo, todavía orando para que mi padre se volviese a Dios. *Señor, dice en la Biblia que Tú no fallarás a aquellos cuya esperanza está en Ti, así que por favor no me defraudes. Sé que me amas a mí y a mi familia, así que mantén Tu promesa.*

A las 2:40 me desperté por lo que solo puedo describir como la fiera picadura de un mosquito atacando mi cuello. Justo entonces escuché a mi madre llamándome desde el otro lado de la salita.

—¡Ven rápido, Loo-Gen, se está yendo!

Corrí pasando al lado de mis hermanos, que todavía dormían, hasta la cama de mi padre. Mi corazón se sintió sobrecogido por una extraña paz y un gran amor por mi padre. Papá, con los ojos todavía cerrados, estiró los brazos silenciosamente hacia el techo como si estuviera abrazando a alguien de arriba. Sonrió y cruzó los brazos sobre su pecho.

No dijo nada, así que abracé su calva cabeza y dije: «Papá, te amamos. Jesús te ama. Te veré de nuevo pronto, solo en un poco».

Mientras daba su último suspiro, vi la cara radiante y en paz de mi padre. Todavía sonreía.

Una semana después del funeral de papá recibí una llamada por teléfono de mi tía que hablaba chino. Ella era budista y nunca había leído la Biblia. Emocionada me dijo que había tenido un sueño acerca de mi padre. En su sueño ella se encontraba con mi padre en una enorme mansión, y mi padre le mostraba docenas de habitaciones. Además, describió un gran festín en la mansión al que asistía gente de todo el mundo.

Creo en mi corazón que mi padre vio al Señor Jesús, que vino a llevarle con él al cielo. Esto fue confirmado más adelante por el sueño de mi tía, que reflejaba las palabras del Señor en Juan 14.2: «En el hogar de mi Padre hay muchas viviendas; si no fuera así, ya se lo habría dicho a ustedes. Voy a prepararles un lugar» (NVI).

Estaba en paz.

Loo-Gen Seah-McCrea (Genii McCrea) es una abogada formada en Gran Bretaña que dejó Malasia para casarse con un científico de Michigan. Ahora es madre a tiempo completo, escritora a tiempo parcial y comparte el ministerio de su marido de distribuir medios cristianos gratuitos a los pobres de Detroit (geniimccrea.wordpress.com).

Lo que VIO:
La historia de Marvin Besteman

En abril de 2006, Marvin Besteman se despertó con un terrible dolor después de una operación quirúrgica para extraer un tumor pancreático en el Centro Médico de la Universidad de Michigan. Días antes había sido diagnosticado en el Hospital Spectrum Health Butterword de Grand Rapids con un insulinoma, una rara enfermedad que es lo opuesto a la diabetes. El nivel de azúcar en su sangre había caído hasta 31, peligrosamente bajo. Para llegar al tumor los doctores tuvieron que sacar de su sitio los órganos internos. Durante la intervención se le cortaron las terminaciones nerviosas, razón por la cual estaba teniendo aquellos dolores tan intensos.

La operación tuvo éxito al hacer que sus niveles de azúcar en la sangre volvieran a ser normales, pero el feroz dolor que dio como resultado era insoportable. Las enfermeras intentaron paliar su dolor durante varias horas aquella tarde; sin embargo, Marvin estaba inquieto, y solamente quería dormir y escapar de la miseria.

Olvidó su incomodidad cuando dos ángeles le levantaron y lo llevaron hacia arriba. Marvin no tenía miedo, solo una profunda sensación de paz. Voló a través de un brillante cielo azul y llegó a otra esfera: un lugar donde vio, sintió y escuchó cosas que no podía imaginar. Los ángeles le dejaron enfrente de una puerta monumental.

Le rodeaban gloriosos colores y una luz radiante, todo más allá de descripción. Una música incomparable (un coro de lo que sonaba como un millón de voces con miles de instrumentos) llenaba sus oídos con hermosos sonidos puros y exuberantes. Sabía dónde estaba y qué era cada cosa sin necesidad de que se lo dijeran. Un amor como no había sentido nunca acariciaba su corazón.

Marvin permanecía frente a la puerta con gente de todo el mundo. Iban vestidos con su ropa típica. Todos sonreían, y sus caras expresaban alegría y gozo. Su cuerpo de setenta y ún años se sentía fuerte y lleno de vida. Todos los males, dolores y limitaciones de la edad se habían marchado.

El apóstol Pedro le dio la bienvenida a Marvin en la puerta. Llevaba ropas antiguas y sandalias, y tenía el pelo espeso y barba.

Dentro de la puerta había una zona abierta con un lujoso césped verde y un espléndido lago azul. Una puerta interior, con apariencia cristalina, se alzaba más adelante y desaparecía en una niebla. Aunque Marvin no podía pasar la barrera invisible de la puerta interior, presenció las cosas increíbles que tenían lugar al otro lado.

Un sinnúmero de bebés en todos los estadios del desarrollo (desde antes de nacer hasta niños y ya más crecidos) reían y jugaban en el césped más verde que hubiera visto. Era obvio que se les valoraba muchísimo, que eran amados y estaban felices y contentos. Los observó durante un tiempo y entonces empezó a ver caras familiares.

Vio a seis personas importantes en su vida: la abuela y el abuelo Besteman, su madre, Paul y Norm (sus amigos) y su amado yerno, que había muerto de una horrible enfermedad dos meses atrás. Todos ellos parecían saludables, gozosos y radiantes. Llevaban ropas similares a las que tenían en la tierra.

Desde la distancia, Marvin se percató del trono de Dios rodeado de formidables pilares blancos y una enorme multitud de gente que danzaba y alababa. Deseaba ir al otro lado, pero Pedro le dijo que no podía quedarse. Su nombre no estaba en el Libro de la Vida del Cordero para aquel día, y tenía trabajo que terminar en la tierra.

Justo entonces Marvin estuvo de regreso en su cama de hospital, sujeto a tubos y con tremendos dolores. Algo en el monitor alertó a dos enfermeras, que corrieron a comprobarlo. Estaba llorando.

—¿Por qué está llorando? —le preguntó una de ellas.

—Quiero irme a casa.

No se dieron cuenta de que él se refería a su casa celestial.

Regresó a su hogar terrenal después de pasar cinco días en el hospital, pero no podía dejar de pensar en lo que había visto, oído y sentido. Su media hora en el cielo dejó en él un anhelo de regresar y quedarse para siempre. Luchó contra emociones negativas y depresión, pero sabía que Dios le había enviado de vuelta con un propósito y una misión.

Durante varios meses no habló acerca de lo que le había pasado porque no pensaba que nadie le fuese a creer. Al final se dio cuenta de que Dios le había otorgado una experiencia con la que podía aliviar a los que sufrían, animar a los que estaban muriendo (y a sus seres vivos) y plantar semillas de esperanza en aquellos que no conocían a Jesucristo.

Marvin tuvo muchas oportunidades de compartir su historia en público. Al final de cada charla, le decía a la gente que la próxima vez que volviese al cielo no regresaría. También les dijo que esperaría en la puerta a cada uno de ellos.

Marvin compartió esta historia muchas veces, y terminó el manuscrito de su libro. Su trabajo en la tierra estaba hecho.

En enero de 2012 Marvin regresó al cielo. Esta vez se quedó allí.[73]

Al cielo y de vuelta

(ANN KNOWLES)

Las vacaciones siempre son ajetreadas para los pastores y sus familias, y el Día del Padre, el 17 de junio de 1984, no era diferente. Mi marido, John, predicó dos impresionantes sermones aquel día. Los niños estaban en casa temprano aquella tarde, porque la Escuela Bíblica de Vacaciones iba a empezar el lunes. Nos fuimos a la cama más pronto de lo habitual para recargar las pilas para la semana que teníamos por delante.

Cuando me desperté el lunes por la mañana, toqué el otro lado de la cama. John no estaba allí. Miré con los ojos entrecerrados mi reloj (5:30 a.m.), y era demasiado temprano para que él se levantase. Estuve allí tumbada unos minutos esperando que volviese a la cama. Entró en la habitación, y cuando le miré, supe de inmediato que algo iba terriblemente mal.

—Me siento débil. —Estaba temblando—. Nunca me había sentido así.

Creyendo que tenía el azúcar bajo, le sugerí que bebiese un poco de zumo de naranja para recobrarse rápidamente. Minutos después seguía débil y tenía problemas para respirar.

Estaba empezando a asustarme, pero no quería alarmarle. Traté de esconder el miedo que me arrebataba el pensamiento mientras mi corazón se aceleraba. ¿Así es como comienza un ataque al corazón?

Diez minutos después desperté a los niños y les dije que papá estaba enfermo y que le iba a llevar a urgencias. «No se preocupen, se pondrá bien», dije. Prometí llamarles tan pronto como viera al doctor.

Fuimos a urgencias. Volé a través de los semáforos en rojo con las luces intermitentes centelleando. John habló poco, y yo oraba como nunca lo había hecho antes. Su hermano, con cincuenta y ún años, había muerto en abril de cáncer. Yo oraba por John, por nuestros hijos y por mí misma, y por la madre de John. ¿Qué pasaría con ella si perdía a otro hijo justo dos meses después de haber perdido a su hermano?

¿Qué pasa si John muere ahora? Mi mente corría más rápido que mi corazón, pero me negué a dejar que saltaran las lágrimas. Tenía que ser la valiente.

Quince minutos después de dejar la casa, llegamos al hospital, y me acerqué con rapidez a la entrada de urgencias. Dos enfermeros acudieron al coche. «Creo que mi marido está teniendo un ataque al corazón», grité. Se lo llevaron volando sin darme la oportunidad de besar su mejilla ni de decirle que le quería.

Entonces comenzó la espera interminable y uno de los momentos más difíciles de mi vida. Lo único que me decían era: «Los médicos están haciendo todo lo que pueden, y hablarán con usted pronto».

No quería llamar a los niños sin antes haber hablado con los doctores. Caminé por la sala, clamando a Dios con acción de gracias por el hombre que Él había traído a mi vida para ser mi marido.

Oh, por favor, Señor, no dejes que muera, oraba. No sé cuántas veces lo repetí. No sabía que John estaba tan aterrorizado como yo. Temía dejarme a mí y a los niños. Él también estaba orando: «Por favor, Señor, no permitas que me muerta. ¿Qué pasará con Ann y los niños?».

Mientras John oraba, vio una luz brillante y la paz le inundó. Su cuerpo yacía en la cama debajo de él, que estaba flotando sobre la mesa de operaciones. Podía ver que el monitor cardiaco estaba en parada y que los médicos estaban trabajando frenéticamente para traerle de nuevo a la vida. También vio una hermosa puerta con un pomo de joyería. Alargó la mano hacia la puerta y una voz dijo: «No entres ahí. Si atraviesas esa puerta, no podrás regresar».

Apartó la mano e instantáneamente estaba de nuevo en la mesa de operaciones. Los médicos pusieron un desfibrilador sobre su pecho en un último esfuerzo para reanudar su corazón. El quirófano era un caos. Con una sacudida, su corazón volvió a latir. Hubo un suspiro audible cuando los médicos se miraron entre sí y uno dijo: «¡Ha vuelto!».

John hizo importantes progresos la siguiente semana. Los niños y yo estábamos impacientes por pasar cada momento posible con él. Habíamos estado tan cerca de perderlo que no podíamos alabar a Dios lo suficiente. Varios miembros de la familia de la iglesia estuvieron en el hospital día y noche, tratando de ayudarnos y mostrando cuánto nos querían.

John nos habló de su experiencia cercana a la muerte. Creía que le fue permitido volver para asegurarse de que Dios cuidaría de nuestra familia. Compartió muchas cosas con sus hijos que tocaron sus vidas y los acercaron al Señor.

Nosotros no sabíamos que realmente nos estaba diciendo adiós. El lunes siguiente, el 25 de junio de 1984, John sufrió un ataque al corazón fatal que le llevó de nuevo a la puerta del cielo. Esta vez agarró el pomo enjoyado y entró en la presencia de su Padre celestial.

Hoy miramos atrás y le agradecemos a Dios por aquella semana y las largas charlas que tuvimos.

Ann Knowles, escritora y editora independiente, quiere alcanzar vidas con sus palabras. Ha sido publicada en dos compilaciones, en numerosas revistas e Internet. Su pasión es orientar a escritores mientras aprenden las artes del oficio. Le encanta enseñar en conferencias de escritores cristianos e interactuar con otros autores cristianos. Visita http://writepathway.com.

Tocada por Gabriel

(Marcia Gaddis)

La muerte nos enseña que lo que amamos de una persona no es su sonrisa o su tacto, sino lo que tiene en lo profundo del alma. Empecé a comprenderlo mientras veíamos a Megan abandonar este mundo.

Cuando la muerte se acercó, la luz de sus ojos se atenuó. Parecía un esqueleto viviente. Su rostro estaba pálido y sin expresión. La temperatura de su cuerpo empezó a bajar, y su piel se volvió seca y áspera. Estaba casi irreconocible. Megan (nuestra hija, hermana y amiga) ya no estaba aquí. Le habían diagnosticado la enfermedad de Creutzfeldt-Jakob (ECJ), que es extremadamente rara y mortal.

La mañana del 12 de septiembre de 2008 le sugerí a nuestra enfermera que le pusiera a Megan su ropa de viaje, porque pensé que la muerte llegaría en cualquier momento. Mientras la enfermera secaba y cepillaba su pelo, vi dos lágrimas corriendo por las mejillas de Megan.

Sorprendida por la tierna comunicación, susurré, tragándome mis propias lágrimas: «Creo que nos está diciendo adiós».

Aquella noche, cuando nos apartamos de su cama unos minutos, el espíritu de Megan voló hacia Dios. Libre al fin, emprendió el vuelo a la nueva vida.

Se me rompió el corazón, pero recordé tres palabras pronunciadas por un niño inocente que era alumno en la clase de la guardería de mi hija. La historia me llegó como un recordatorio, y medité en el misterio del cielo, sabiendo que Dios había enviado un ángel para prepararnos para la inminente muerte de nuestra hija.

Su nombre era Gabriel. Tenía seis años y acababa de empezar a aprender inglés. Había cautivado el corazón de Megan, su profesora del jardín de infantes. Cuando ella se puso gravemente enferma, él fue implacable en su súplica. «Mamá, debo orar por la señorita Gaddis. Debo orar por mi profesora. ¿Cuándo regresará? Debo orar».

Su madre se contactó con el director de la escuela para ver si mi hija regresaría. Sí, dijo el director, Megan regresaría en una corta visita para celebrar su primer año de escuela en Estados Unidos.

La madre compartió con el director la ferviente petición de su hijo, y aquello le llegó al corazón. Le aseguró a Gabriel y a su madre que cuando Megan regresase para su visita a la clase, Gabriel cumpliría su deseo y oraría por su profesora.

El día se había planeado ya, y Megan estaba suficientemente bien para caminar. Aunque no habló mucho, estaba llena de sonrisas y abrazos para sus alumnos del jardín de infantes que tanto la echaban de menos. Les entregó pequeños regalos de libros y de juguetes educativos para que se divirtieran en el verano. Los niños estaban encantados con sus regalos y con su visita.

Después de un refrigerio, Gabriel, su madre, el director y unos cuantos profesores se unieron a Megan y a mí para la oración de Gabriel.

Megan se sentó con Gabriel a su lado, sujetándole la mano. Él parecía mayor y más sabio para su edad, como si tuviera una misión importante ante él. Con la mano izquierda, levantada con confianza, puesta sobre la frente de ella, agachó su cabeza. Oró en español en voz baja.

Solo Gabriel y Dios conocían las palabras que él habló aquel día. Después de decir amén alzó la cabeza, miró con lágrimas en los ojos a su profesora y dijo en inglés: «Todo ha terminado».

Todavía pienso a menudo en aquel suceso, maravillándome del amor de un niño, de su nombre angélico, de su oración ofrecida en privado y de aquella poderosa sentencia que le dijo a Megan en inglés: «Todo ha terminado».

El ángel Gabriel se apareció en la Biblia en momentos de gran importancia: en el sueño de Daniel, así como a José, María y Elisabeth por las noticias del nacimiento de Jesús y Juan. La oración de Gabriel siempre me parecerá un regalo misteriosamente maravilloso. Que él concluyera solemnemente con la misma afirmación que Jesús profirió antes de morir, «Todo ha terminado», me dio un gran alivio.

Dios envió al joven Gabriel para prepararnos para lo que iba a venir.

A menudo escucho historias de gente que se prepara para la muerte, planeando una visita de improvisto o una llamada de teléfono días o semanas antes de ver a alguien por última vez. Gabriel, nuestro pequeño ángel, vino a nosotros por medio de la persistencia de la voluntad de un niño, obedeciendo a la corazonada de su cariñosa alma. Por medio de Gabriel, fuimos advertidos de la muerte de nuestra hija. Por medio de Gabriel, podemos conocer la paz de Dios y nuestros corazones se sanarán.

Marcia Gaddis es la autora de *When God Comes Near.* Cuando su hija de veintiséis años murió de la rara y fatídica enfermedad de Creutzfeldt-Jakob, Marcia escribió un libro de esperanza y sanidad para los demás. Visita marciagaddis.blogspot.com y www.marciagaddis.com.

UNA *visita* AL INFIERNO:
La historia de Ronald Reagan

Ronald Reagan (no el antiguo presidente) vivió una infancia problemática. Como resultado del cruel abuso de su padre, el odio y la violencia controlaron la vida del joven, y no tenía respeto por la autoridad. A los doce años era un fugitivo, estaba fichado por el sistema de atención al menor, y había sido arrestado varias veces. A los quince, Ronald ya había estado en la cárcel por robo de coches y atracos. Cumplió una condena por estar involucrado en un accidente que mató a una persona y dejó inválidas a otras. Él se preguntaba si eso era todo lo que cabía esperar de la vida.

Su infancia problemática le siguió hasta sus años de adulto, y su salud mental se deterioró. Además de tener problemas para conservar el empleo, se hizo drogadicto. Ni siquiera casarse y tener una familia le ayudó. Su esposa le pidió el divorcio y sus hijos le temían.

En 1972 Ronald llevó a su hijo a un supermercado. Cuando salían de la tienda Ronald se encontró con un tipo y surgió una discusión. Las palabras airadas dieron paso a una pelea. Ronald golpeó al hombre, empujándolo contra un montón de botellas. Varias de ellas se hicieron añicos.

Agarrando una botella rota como arma, el otro hombre cargó contra Ronald. En un intento de defenderse, Ronald levantó el brazo izquierdo para bloquear el golpe. El hombre lo apuñaló, y el cristal seccionó su bíceps y las arterias mayores de la parte superior de su brazo. Pero ni siquiera con aquel horrible corte y sangrando abundantemente Ronald se rindió. Devolvió los golpes varias veces.

La pelea, el ruido y los gritos histéricos del hijo de Ronald captaron la atención del encargado de la tienda. Él paró la pelea, miró las heridas de Ronald y le dijo: «Si no vas al hospital inmediatamente, te desangrarás hasta morir en cuestión de minutos».

El encargado le llevó en su coche a urgencias. Cuando llegaron Ronald apenas estaba consciente.

Los médicos que le atendieron evaluaron su situación. «Nosotros no tenemos equipo aquí para ayudarle —dijeron—. Tiene que ser transportado a otro hospital».

Alguien llamó a la esposa de Ronald y ella llegó a urgencias antes de que se lo llevaran al otro hospital. «Probablemente pierda el brazo», le dijo un doctor.

La esposa de Ronald se montó en la ambulancia con él. Mientras el vehículo arrancaba, un joven paramédico miró a Ronald en la camilla y dijo: «Señor, usted necesita a Jesucristo».

Aun débil y apenas consciente de lo que le rodeaba, Ronald le maldijo.

El paramédico repitió su mensaje. «Señor, usted necesita a Jesús».

Justo entonces a Ronald le pareció que la ambulancia se esfumaba, explotando en llamas y humo. Pasó a través del humo y entró en un oscuro túnel. Una multitud de voces aullaban, gemían y chillaban en agonía.

Miró abajo y vio una apertura como de volcán llena de fuego y humo. Estaba llena de gente que se quemaba pero que no era consumida. Mientras Ronald avanzaba hacia aquel lugar, el hedor a azufre penetró en sus fosas nasales.

Pudo ver de cerca a la gente que estaba retorciéndose de dolor. La pesadez de la soledad, la depresión y la frustración permeaban la atmósfera. No había esperanza. Reconoció muchas caras: gente que había conocido que había muerto en intentos de robo o que había fallecido por conducir borracha. Identificó a otros que habían muerto por sobredosis de drogas: gente con la que él se había ido de fiesta.

«No quieras entrar aquí —le gritaban—. No hay salida. No hay escapatoria. ¡Regresa!».

En un instante todo se volvió oscuridad. Cuando Ronald abrió los ojos estaba en Knoxville, Tennessee, en el hospital, y su esposa estaba sentada a su lado. Aún conservaba el brazo, sujeto por un centenar de puntos de sutura.

A pesar del ambiente seguro y tranquilo del hospital, no podía dejar de visualizar lo que acababa de experimentar.

—He estado en un lugar terrible —le dijo finalmente a su esposa—. No sé qué era ni dónde estaba, y no lo entiendo, pero era terrible.

—Has estado aquí en este hospital todo el tiempo —dijo ella.

—No, he estado en otro lugar. Uno terrible.

Después de salir del hospital él y su mujer no hablaron mucho de su experiencia, pero Ronald no podía liberar su mente de aquella terrible experiencia. Debido a su estilo de vida había experimentado muchas cosas terribles. Pensaba que nada podía asustarlo, pero estar en el abismo del tormento le había aterrorizado, y los recuerdos le acechaban. Todavía podía escuchar los gritos, oler los horribles hedores y sentir el calor.

No importaba lo que hiciese para tratar de parar la confusión interna, la voz agonizante de uno de sus amigos muertos gritando «¡Regresa!» se reproducía continuamente en su mente. Trató de borrar sus miedos emborrachándose o colocándose, pero nada funcionaba.

Una mañana, varios meses más tarde, después de intentar emborracharse infructuosamente, entró en su casa y se encontró a su mujer en la habitación, sentada en la cama con una Biblia abierta sobre su regazo.

Cuando ella levantó la vista, él vio que sus arrugas, causadas por años de abuso y dolor, se habían ido. Miró fijamente a Ronald y sonrió, y su cara resplandeció. «Jesús me salvó anoche», dijo ella.

Ronald era apenas consciente de lo que eso significaba, pero podía ver que ella era diferente.

Ella se inclinó hacia él. «¿Vendrás conmigo a la iglesia a aprender sobre Jesús?».

Al comprender que nada de lo que había intentado le había ayudado a superar su sufrimiento, decidió que podía intentarlo también con Dios.

La mañana del 2 de noviembre de 1972 fue a la iglesia con su esposa. Como él insistió, se sentaron detrás, y él observó lo que pasaba. No sabía cómo actuar en una iglesia, y no sabía nada acerca de la Biblia.

Minutos más tarde el predicador leyó Juan 1.29, donde Juan el Bautista señalaba a Jesús y exclamaba: «¡Miren! ¡El cordero de Dios, que quita el pecado del mundo!». Aquellas palabras espolearon las emociones de Ronald e hicieron que se acordase de algo de su infancia.

Cuando Ronald tenía nueve años, tenía de mascota a un cordero, su único amigo. Aquel precioso cordero le ayudó a sobrellevar el abuso de su hogar. Una noche, en un ataque de ira, su padre arrojó una llave de cruz contra el cuerpo del cordero y lo mató. Aquel suceso lanzó la vida de Ronald a una espiral descendente.

Así que ahora quería saber más acerca del Cordero de Dios cuyo nombre era Jesús. Cuanto más escuchaba, más quería Ronald saber acerca de aquel Cordero; quería ser su amigo y tener una relación con Jesús.

Oró: «Dios, si realmente existes, y Jesús, si Tú realmente eres el Cordero, mátame o cúrame. No quiero llevar esta clase de vida nunca más».

En su oración derramó las cosas que odiaba de sí mismo y pidió ayuda. Justo entonces las tinieblas de su vida se desvanecieron, y lloró por primera vez desde que tenía nueve años.

Como por arte de magia, Dios sanó su mente, sus recuerdos, su adicción a las drogas y su alcoholismo. Ronald cree que Dios reservó su vida para que pudiera contarle a los demás lo que había visto en el infierno y les pudiera ofrecer esperanza.

Desde entonces comprendió que *hay* más vida, y ahora lleva su mensaje con él dondequiera que va.[74]

La visita celestial de mi madre

(MARLENE KELLY)

Este versículo, «Fija [mi] mirada en Jesús, el iniciador y perfeccionador de [mi] fe» (Heb 12.2) me permitió esperar pacientemente en la quietud de la sala de espera de un hospital a que mi madre saliese de una cirugía de siete horas.

Mi mente comenzó a decirme que algo iba mal. No iba a superarlo. Y aun así mi fe en Dios me dio la fuerza para perseverar en oración por su recuperación.

Finalmente, llegó el doctor y dijo que estaba en la sala de recuperación y que podría verla tan pronto como recobrara la consciencia. Aquellas palabras despejaron mis dudas.

Cuando entré en la habitación de mamá, estaba sonriendo. Sus profundos ojos marrones brillaban mientras me hacía señas para que me acercase a su cama. Me incliné junto a su frágil cuerpo para poder escuchar los susurros de su voz.

—Vi a Jesús.

—¿Qué?

—Vi a mi Salvador, Jesús —repitió—. Quiero que escribas todo lo que voy a decirte para que no lo olvide.

Con lágrimas en los ojos, tomé un bolígrafo y una libreta de mi bolso, me senté silenciosamente y esperé. Ella cerró los ojos y parecía que recopilaba los recuerdos con calma. Con suavidad le avisé:

—Estoy lista para escribir, madre.

A través de sus labios sonrientes repitió:

—Vi a Jesús.

—Sí, madre. Ya he escrito eso —respondí—. ¿Qué más?

—Morí en la mesa de operaciones.

Sus palabras me impactaron, pero no dije nada.

—Iba por un túnel largo y oscuro y grité: «¡Jesús!». Se encontró conmigo al final del túnel. Estaba parado en medio de una brillante luz. Alargó su mano hacia mí y sentí la calidez de la luz sobre mi cuerpo.

Ella comenzó a llorar.

Dejé a un lado mi libreta y mi bolígrafo y sujeté su mano hasta que recuperó la compostura.

—¿Quieres seguir o quieres descansar? —le pregunté.

—Debo continuar. Le prometí que contaría lo que había visto. Es parte del trabajo que dijo que todavía tenía que hacer —sonrió y añadió—: Jesús dijo que tenía que regresar y terminar el trabajo que se me había dado para hacer.

—¿Qué pasó después? —Yo estaba preparada para escribir de nuevo.

—Él prometió que no me dejaría y que estaría conmigo a cada paso de mi vuelta al túnel y más allá. Dijo que tenía que confiar en Él. Y lo haré: para siempre. Después solté Su mano y regresé por el túnel. Esta vez el túnel no estaba oscuro, ni era largo.

Esta era su historia, así que dije:

—Gracias por compartir esto conmigo. Lo compartiré también con los demás.

Cerró los ojos una vez más y se quedó dormida. Mi madre todavía está viva, y en 2013 cumplió los cien años.

Marlene Kelly es educadora jubilada y antigua periodista. Ha dado clases de escritura en la universidad y actualmente trabaja como escritora independiente, editora y escritora de apoyo. Visita www.mekelly-solidrock.blogspot.com.

El secreto de Garrett

(CHRISTY JOHNSON)

—Por desgracia, Jake no ha sobrevivido —dijo el médico por teléfono.

Incapaz de decir nada, los sollozos surgieron de mi interior. Colgué pero seguía escuchando aquellas palabras. «Por desgracia, Jake no ha sobrevivido».

Me desmayé junto a la encimera de la cocina cuando supe del accidente en el que se habían visto involucrados mis dos hijos, Jake y Garrett. Mi prometido, John, me sujetó. Solté lo que el doctor me había dicho. John me abrazó, agarró mi bolso y me hizo subir a su camioneta. Corrimos al hospital.

—¿Cómo se lo voy a decir? ¿Cómo puedo decirle a Garrett que Jake fue declarado muerto de camino al hospital?

—¿Quieres que se lo diga yo? —preguntó John.

—Tengo que hacerlo yo.

—¿Por qué no esperas hasta que Garrett pregunte por él? —sugirió John.

Parecía una buena idea. ¿Por qué traumatizarle antes de que estuviese preparado?

Entré en la habitación de Garrett y me impactó cómo vi a mi hijo de cinco años. Todavía no le habían limpiado, y la sangre de las heridas de su cara se había convertido ya en una costra negra.

—Hola, Garrett. —Forcé una sonrisa y me incliné para besar su frente—. ¿De dónde has conseguido este osito de peluche? Es muy bonito.

Los ojos de Garrett brillaron.

—Del hombre de la ambulancia —luchó por decir.

Garrett estaba fascinado por los profesionales de emergencias. Su programa de televisión favorito era *Rescue 911* [Rescate 911]. Antes de cada episodio alineaba sus camiones de bombero, sus coches de policía y sus ambulancias en la alfombra delante del televisor. Sus equipos de emergencias estaban preparados para la acción. Nunca imaginé que él sería una víctima en su propio episodio.

En ese momento las cortinas se abrieron y el médico entró en la habitación.

—Tenemos que comprobar los daños internos —dijo mientras se acercaba a mi hijo—. La mandíbula de Garrett está demasiado hinchada, así que tendremos que insertarle un tubo por la nariz y por su garganta para introducirle el tinte para los rayos X.

Asentí al haber entendido el procedimiento.

—¿Quiere quedarse en la habitación?

—Por supuesto.

Dije aquellas palabras mientras luchaba contra las lágrimas. Apenas podía ver cómo me sacaban a mí sangre.

Más adelante aquel mismo día el doctor nos dio el primer destello de buenas noticias.

—Garrett tiene una fina fractura en su mandíbula, pero las radiografías no muestran daños internos.

La cara de mi hijo estaba demasiado hinchada para decir nada, pero sabía que estaba intentando sonreír. No quería que me preocupase.

La mañana siguiente introducía zumo en la boca de Garrett con un cuentagotas de bebé. Estaba destrozada emocionalmente, pero no quería que él lo supiera.

—¿Qué pasa, mami?

Apenas podía entender sus palabras.

—Nada —mentí—. A pesar de la paz que sentía, la verdad era que no tenía ni idea de cómo le iba a contar lo de su hermano de dos años, Jake.

La cara de Garrett se iluminó.

—Mira, mami —dijo—, Bruce me ha traído más animales de peluche. *Y* el Transformer que quería, Optimus Prime.

—Qué lindo, cariño.

Acerqué una silla al lado de su cama.

No hablamos mucho. Garrett se recuperaba lentamente. Al cuarto día todavía no había preguntado por Jake.

—Garrett.

—¿Sí, mami?

—¿Qué dirías si te contase...? —Los ojos se me llenaron de lágrimas y se me quebró la voz. Pero tenía que contárselo, así que lo intenté de nuevo—. Es Jake. Jake no sobrevivió.

Las lágrimas corrían por mi cara.

—Ya lo sé.

—¿Qué quieres decir con que ya lo sabes?

—Después del accidente fui al cielo con Jake. —Garrett lanzó a su Optimus Prime por el aire. Hacía sonidos de disparos como si luchase contra enemigos invisibles—. Jake tuvo que entrar, pero Dios me dijo que no era mi hora.

Sus palabras me impactaron, y apenas sabía qué decir después de eso.

—¿A qué... a qué se parece el cielo?

—¡Mami! —Garrett entrecerró los ojos con aparente irritación. Dejó su Transformer a un lado—. ¡No puedo decírtelo!

—¿Por qué no?

—¡Es una sorpresa!

—Estoy segura de que a Dios no le importará si me lo cuentas, Garrett. Soy tu *madre*.

—No, mami, *no puedo*.

—¿Por qué no?

—Porque Dios me dijo que es un secreto.

Volvió a jugar con sus juguetes mientras yo me sentaba en mi silla, atónita. Sabía que no estaba fingiendo, pero no podía asimilarlo. Sin embargo, mientras me sentaba, la paz llenó mi corazón.

Jake había dejado esta vida, pero estaba con Dios. Estaba bien.

Yo hablé en el funeral de Jake y después, delante de cientos de personas, sujeté el micrófono mientras Garrett nos contaba cómo había acompañado a su hermano al cielo.

En los días y semanas que siguieron a su salida del hospital, traté de pellizcar detalles de Garrett, pero nunca dijo nada más. Su confianza infantil me sorprendía, sin embargo yo luchaba contra el escepticismo. ¿Realmente hizo Garrett un viaje al cielo, o era su historia un producto de su imaginación de cinco años?

Los preescolares tienen una imaginación muy viva, pero si lo estaba fingiendo, le funcionaba. No estuvo afligido del modo en que predecían los libros sobre la superación del duelo que me habían dado amigos bienintencionados. Nunca tuvo una pesadilla sobre el accidente. Y aunque su padre biológico obtuvo una sentencia aplazada por homicidio imprudente (por conducir bajo la influencia de varios narcóticos), Garrett no le guardó rencor a su padre. Aun así, traté de que siguiese sincerándose acerca de su viaje al cielo.

Garrett nunca me dijo nada más. Era su secreto, compartido solamente con Dios. Lo ha guardado fielmente.

Christy Johnson, escritora y oradora, es una apasionada por impartir esperanza. Visita www.christyjohnson.org.

Esperando AQUÍ: La historia de Barbara McVicker Dye

Un día de verano de 1971, Barbara McVicker, de dieciocho años, conducía en dirección a la casa de su hermana en su camioneta Falcon negra del año 63, un coche que se había comprado hacía seis meses con su propio dinero. Llegó a un stop en una calle lateral y miró a ambos lados por si venía tráfico. Mientras arrancaba, un coche superó la cima de la colina tan rápido que no tuvo tiempo de reaccionar.

Barbara entró en pánico. *¿Debería dar marcha atrás? No, está demasiado cerca.* Le vinieron a la mente imágenes de su familia y de su perra, Snow. *Voy a morir.*

Al siguiente instante la tranquilidad la abrazó. Caminaba por un sendero que conducía a una gran puerta abierta. Dentro de la puerta veía a gente caminando con togas blancas, y entonces su amiga Pam la saludó. Pam había sido su mejor amiga hasta que murió a causa de un tumor cerebral a los quince años. Habían sido como hermanas, y Barbara la echaba de menos profundamente.

—Corre, Barbara —dijo Pam—. Podemos estar juntas de nuevo. Te he echado de menos.

Mientras Barbara se acercaba, la puerta se cerró lentamente. Un hombre de pie a su derecha le dijo:

—Tienes que volver. Tu vida no ha terminado. —Hablaba con una voz poderosa que tenía autoridad—. Tienes más cosas que hacer.

Antes de que la puerta se cerrase completamente, Pam gritó:

—¡Te estaré esperando justo aquí!

A Barbara se le había otorgado un destello de un sereno lugar con calles de oro que iba más allá de las palabras, y no había visto ni experimentado lo suficiente, y quería ver más. Pero tenía que regresar a casa; eso lo entendió. El hombre dijo que tenía más cosas que hacer, aunque no entendía qué querían decir esas palabras.

Se levantó, preguntándose dónde estaba. ¿Por qué estaba tumbada en el patio delantero de alguien en lo alto de una colina? Un serio corte en la frente la tenía aturdida y con un fuerte dolor de cabeza. Lentamente se sentó y se calmó. ¿Por qué estaba su camioneta en mitad de la calle, y por qué tenía aquella pinta? Estaba golpeada pero aparcada limpiamente en una plaza en el aparcamiento de una iglesia. Aquello era extraño, pensó.

Finalmente se puso en pie sobre unas piernas temblorosas e inspeccionó la zona buscando a alguien que la ayudase. Tropezó con los vecinos, pero cada vez que se acercaba a la gente, ellos se echaban atrás. Parecían impactados, pero ella no sabía por qué.

Se aproximó a un equipo de paramédicos que trabajaban sobre un hombre. Incluso ellos parecieron impresionados por su aparición. Uno de los paramédicos se le acercó e insistió en que se tumbase. Ella lo hizo, y ellos la llevaron en una ambulancia al hospital.

Barbara tenía cortes y raspones en todo su cuerpo, pero nada serio.

—Tienes suerte de estar viva —dijo el médico de urgencias. La trató y la dejó marchar.

Después de regresar a casa, su perra, Snow, se puso a su lado y no quería perderla de vista. La madre de Barbara dijo que precisamente a las tres en punto de aquel día Snow había comenzado a aullar. Lloraba como si tuviera el corazón roto. El accidente había ocurrido a aquella hora.

Una vez que la confusa mente de Barbara se aclaró, se dio cuenta de que había muerto en el impacto y había vuelto a la vida. Recordó su visita al cielo y decidió bautizarse tan pronto como se pusiera bien. Antes de aquello le daba demasiado miedo ponerse en pie delante de una multitud, pero ahora quería contarles a los demás que tenía una relación con Dios.

Según fue aumentando su fe, comprendió más y más lo que significaba aquella voz autoritaria. Amaba ayudar a la gente, cuidarlos y orar por ellos. Quizá por eso tenía que regresar a la tierra.

La experiencia cercana a la muerte de Barbara cambió su perspectiva. No tiene miedo de la muerte y espera el día en que pueda ver a sus padres, familiares y amigos de nuevo en el cielo. Ella dice: «Después de una experiencia así, cualquiera que no estuviera bien con Dios desearía estarlo».[75]

Un destello de eternidad

(Diana Leagh Matthews)

Ralph, un dedicado miembro de la iglesia durante décadas, a menudo servía en la junta de diáconos y era un anciano de la iglesia. Muchos hombres jóvenes se acercaban a él buscando sabiduría y consejo.

Nos sentimos desolados cuando supimos que tenía cáncer. Él luchó valientemente contra aquella enfermedad que hacía estragos en su cuerpo. Según se acercaba el final, su familia se reunió alrededor de su cama en su casa.

Ralph cayó en coma durante varios días. En cierto momento, parecía que estaba mirando directamente el techo con tal claridad que aquellos que estábamos con él no teníamos duda de que estaba viendo el rostro de Jesús.

Nos sorprendimos cuando despertó del coma y comenzó a hablar.

—Tengo que contarles —dijo—. He visto las puertas del cielo. No puedo describir la belleza y la majestad de todo lo que vi...

—Por favor, no te fatigues...

—Tengo que decirles que Jesús es muy real.

No importa lo mucho que su familia intentó que estuviera cómodo y que no se cansase hablando, él se negó a parar y se deshizo de sus objeciones.

—Puedo decirles que Jesús es muy real. Vi las heridas de Sus manos donde le sujetaron con los clavos a la cruz.

Las lágrimas llenaron los ojos de sus seres queridos. Mientras escuchaban, se sintieron confortados y seguros de que Ralph estaría bien. Estaría con Jesús cuando le llegase el momento de ir a casa.

—Eso no es todo —continuó Ralph—. También vi las puertas del infierno. Tengo que decirles que el infierno es tan real como el cielo. Pude sentir el calor y tenía miedo de las cosas que vi.

Nadie interrumpió a Ralph mientras contaba lo que había visto.

—Se me dijo que volviese y contase a todo el mundo lo que había visto. El cielo y el infierno son sitios reales. Quiero ver a todos mis seres queridos en el cielo.

Durante los dos días siguientes un Ralph enérgico y vigoroso compartió las visiones que había visto con todo el que entraba en su cuarto, incluyendo a las enfermeras de asistencia.

Ralph murió con una sonrisa en su rostro.

Diana Leagh Matthews comparte su historia como vocalista, oradora, escritora y genealogista. Está licenciada en Música. Visita www.dianaleghmatthews.com y www.alookthrutime.com.

No resucites

(SUSAN K. STEWART)

Cuando entré en urgencias aquella tarde no estaba preparada para que el médico me declarara que papá solo viviría otras cuarenta y ocho horas. Su corazón estaba agotado por las complicaciones de la cirugía.

—¿Tiene instrucciones anticipadas? —preguntó el doctor.

De repente estaba sola con una decisión a vida o muerte. Solo cinco meses atrás papá vivía por su cuenta, conducía a donde quisiera ir y se preparaba para una cirugía de reemplazo de cadera. Necesitaba que le reemplazasen una cadera artificial que ya tenía desgastada por el baile tradicional y las caminatas, además de sus otras actividades físicas. Papá era un activo y saludable hombre de ochenta y dos años.

Como la cirugía de la anterior prótesis de cadera había ido bien, no estábamos preparados para la difícil recuperación en esta ocasión. Lo que debían haber sido unas pocas semanas de movilidad reducida se convirtieron en meses.

Durante ese tiempo los músculos de su corazón se habían debilitado, dando como resultado aquel viaje a urgencias. El mismo día anterior había ido caminando hasta la casa de su vecino; ahora yacía en la cama de un hospital apenas consciente.

Como era su única familia viva, me tocaba a mí decidir qué hacer, y el personal de urgencias tenía prisa. Podría haber mentido, pero papá y yo habíamos hablado muchas horas acerca de sus deseos en la hora final. ¿Cómo podría deshonrarle?

Después de que mamá muriese doce años atrás, papá había vivido, como decía un amigo mío, con un pie en el cielo y con otro pie aquí. Sabía que no quería que prolongasen su vida. Tampoco quería terminar con ella. Pero cuando fuera llamado al cielo no quería quedarse aquí más tiempo del que Dios dispusiese.

En mi mente estaba de acuerdo con él, hasta el punto de que mi propio testamento vital dice: «No resucitar».

Ahora que había llegado el momento de decir estas palabras para mi padre, ya no sabía lo que significaban. En la premura de una afanosa sala de urgencias no había tiempo para ponderar el significado. Necesitaban una respuesta inmediata.

—No quiere que le resuciten —dije. No esperaba tener que tomar una decisión vital ahora.

Tomé la decisión. Dije las palabras que pueden ser muy duras para muchos seres queridos: «No resucitar». «Sin medidas extraordinarias». Aquellas palabras caían como una sentencia de muerte.

Tres semanas después de la predicción de cuarenta y ocho horas, papá todavía seguía vivo. Dormía casi todo el tiempo y hablaba poco. Rara vez quería comer, pero aceptaba sorbos de zumo.

Me senté en mi mecedora mientras las preguntas y las dudas correteaban de nuevo por mi mente. Normalmente mi tiempo para sentarme a leer y orar tranquilamente la Palabra de Dios es por la mañana temprano. *¿Mi motivación fue tan pura como yo pensaba? ¿Le estoy privando de un tratamiento médico que Dios ha provisto? ¿Realmente hice lo que papá quería?*

Papá no había hablado en varios días. Quería escucharle decir que había hecho lo correcto.

—¡Mi Señor! —exclamó de repente papá con una voz fuerte llena de asombro y reverencia. Tenía los ojos abiertos, pero no estaba mirando la ventana ni nada de la habitación. Papá estaba mirando más allá de este mundo.

Yo presencié lo que pocos tienen el privilegio de ver: papá estaba viendo a su Salvador. Si hubiera permitido que los médicos tomaran medidas para prolongar la vida de papá, habría estado en un hospital en vez de en mi casa. Me habría perdido la bienvenida de papá al cielo.

Aunque su cuerpo permaneció durante otros diez días, papá (la persona y el alma del hombre que me había criado) ya no estaba allí. Había visto el cielo y había avanzado espiritualmente. El cuerpo de papá se fue apagando lenta y calladamente. No abrió los ojos de nuevo. No se tomó los líquidos que le ofrecía. No habló más.

Dios dio la bienvenida a Leo Max Luse a casa y me alivió a mí de la carga que había estado llevando en mi mente. ¿Era responsable de la muerte que había estado presenciando? No. Era el tiempo de Dios, y Él me dio la seguridad de no volver a dudar nunca de la decisión.

Susan K. Stewart es profesora, escritora y oradora. Además de escribir y editar, enseña Introducción al libro electrónico y Creación de libros electrónicos y otras clases por Internet y en conferencias. Susan es autora de tres libros, y actualmente trabaja en *Making an e-Book: Design to Distribution.* Visita www.practicalinspirations.com.

LA VISIÓN DE *John Bunyan*

John Bunyan (1628–1688) es conocido por su libro alegórico *El progreso del peregrino.* Otro de sus libros se llama *Visiones del cielo y el infierno*, en el que escribió que Dios le envió un ángel para mostrarle el cielo y el infierno. Aunque el término «experiencia cercana a la muerte» todavía no se había acuñado, en muchos modos la cronología se puede leer como una experiencia similar.[76]

Aparentemente desanimado y deprimido, Bunyan se fue al bosque a suicidarse. Justo antes de que se quitara la vida, escuchó una voz susurrante que le advertía que no lo hiciese. «El golpe fatal que estás a punto de darte, va a sellar tu condenación».

Bunyan creyó que era la voz de Dios, y le rogó que le quitara la oscuridad de su alma. Justo entonces fue rodeado por una luz más brillante que nada que hubiera visto jamás. Un mensajero celestial —un ángel— se llevó a Bunyan al cielo. Como muchos otros, Bunyan escribió que era incapaz de describir la música o lo que veía. Mientras estaba allí Bunyan se encontró con el profeta Elías, que le enseñó acerca del cielo.

Antes de que Bunyan pudiera regresar, el mensajero le dijo que debía visitar el infierno para ver de primera mano la recompensa del pecado. Bunyan fue allí y vio y escuchó a individuos lamentándose en terribles tormentos y dolores. Entonces el ángel le llevó de nuevo a la tierra.

Cuando Bunyan llegó a casa, su familia se sorprendió de cuánto había cambiado su cara. Bunyan escribió que le dijeron: «Ayer te veías tan deprimido que parecías la imagen misma de la desesperación. Pero ahora, tu rostro aparece radiante, hermoso».

Ayer parecías tan deprimido que eras la viva imagen del desespero. Pero ahora tu cara está radiantemente hermosa».

Bunyan respondió que si ellos hubieran visto lo que él había presenciado, no estarían tan sorprendidos del cambio. Después entró en su habitación e intentó escribir lo que había visto y oído.

Yo estuve allí

(ED LONG JR. CON ANNA L. RUSSELL)

Quiero contarle al mundo que yo sé cómo será el cielo. Yo he estado allí.

La cuarta mañana de domingo de diciembre de 1998 me desperté a las dos para tomar un medicamento. Por error, entré en la cocina en vez de en el baño. Mi esposa, June, y yo, nos habíamos casado en septiembre y llevábamos viviendo allí solo tres meses.

—Ed, ¿dónde estás? —la escuché decir.

—Creo que estoy en la cocina —grité—, y me estoy muriendo.

Inmediatamente June estaba detrás de mí con su mano en mi espalda.

—Me muero —murmuré.

Ella me soltó y agarró el teléfono.

Recuerdo vagamente la llegada de la ambulancia. Dos grandes manos me forzaron a respirar. Después de que los técnicos médicos me pusieran en la camilla, me empujaron hasta la ambulancia. Las voces se desvanecieron, y estaba solo.

En mi siguiente momento de consciencia, estaba de pie en un campo abierto, observando un extenso prado lleno del dulce olor de la hierba y las flores. A lo lejos había unas grandes puertas de marfil, iluminadas, pero no por la luz del sol.

Después caí en la oscuridad.

—Durante un par de minutos pensamos que le habíamos perdido —dijo un paramédico.

Lo siguiente que recuerdo era estar en el hospital.

—Los pulmones de este hombre están dejando de funcionar —dijo alguien en urgencias—. No le está llegando suficiente oxígeno al cerebro.

En un frenesí de actividad, me llevaron corriendo al quirófano.

Tenía neumonía, y estaba tan mal que tuvieron que quitarme parte del pulmón derecho.

Cuatro de mis hermanas (Lillie, Mamie, Minnie y Katie) viajaron desde Florida. Vinieron durante la noche y se quedaron conmigo. En mi segundo día después de la cirugía, Johnny Johnson vino a visitarme. Johnny y yo habíamos trabajado juntos en sembrados y jardines, y él ahora enseñaba en la clase de Escuela Dominical en la que yo estaba. Mientras él hablaba conmigo y mis hermanas, la misma sensación sobrecogedora me inundó de nuevo, así que dije:

—Por favor, dejen la habitación. Quiero meditar un poco.

Solamente la enfermera que me atendía se quedó.

Me llenó una extraña calma. Parecía que flotaba en el aire, mirando mi cuerpo debajo. Al mismo tiempo, me veía a mí mismo fuera de la cama y caminando hacia la pared. Lo peculiar fue que cuando llegué a la pared, esta desapareció y entré en un largo pasillo lleno de luz.

A la mitad del camino del pasillo luminoso, me senté en una silla. Frente a mí estaba Jesús, pero solamente se distinguían Sus manos al final de Su ropa. Me habló, y Sus palabras me dieron una profunda paz. Sin embargo, después de levantarme no podía recordar nada de lo que me había dicho, aunque sí su amorosa presencia y su consuelo.

Continué por el brillante pasaje. Al siguiente momento estaba de pie en un campo. Estaba cerca de las puertas de marfil, lo suficientemente cerca como para casi tocarlas. Aun así no podía tocar las puertas ni atravesarlas. No sabía por qué.

Mucha gente se movía en el prado al otro lado de la puerta. Reconocí a mi madre. Vi a mi hermana, que había muerto a los tres años. Por aquel entonces ella tenía las piernas paralizadas, pero ahora parecía una niña completamente saludable. Estaba de pie junto a mamá, que lucía tan joven como cuando yo era niño.

Reconocí a otros. Estaban cerca, y quería tocarlos. Pero no podía; parecía incapaz de avanzar.

Si extiendo mi mano un poco más lejos, podré tocarlos.

Antes de que pudiera moverme, la oscuridad vino sobre mí.

Estaba de nuevo en la cama del hospital. En ese momento un desfibrilador hizo saltar todo mi cuerpo mientras un técnico activaba mi corazón. Más tarde supe que había estado clínicamente muerto durante veintisiete minutos.

—¿Por qué estabas tan agitado cuando regresabas? —me preguntó una de mis hermanas.

—Porque no quería regresar —le dije. Le conté lo que había ocurrido—. Quería quedarme en aquel precioso lugar.

Después de regresar de las puertas del cielo, me quedé calmado y tranquilo. No me preocupaba la vida o la muerte. Antes de mi viaje tenía miedo del día en que moriría. Desde entonces, sin embargo, he estado en paz con Dios. No importa cuál sea mi condición física, no me he preocupado porque vi cómo será el cielo.

Yo sé lo perfecto que es el cielo porque estuve allí.

Ed Long Jr., miembro activo y líder de la Rose Heights Church en Tyler, Texas, fue agricultor durante muchos años. La premiada autora Anna L. Russell ayuda a la gente a contar sus historias. Ella es miembro de East Texas Writers Guild, del grupo de crítica Write with Grace y aparece en los créditos de muchas revistas y periódicos.

Apedrear a Esteban

(ANN SULLIVAN)

La abuela tuvo una buena vida, y esta llegó a su fin con mucha tranquilidad. Como había contraído fiebre reumática de niña, había sufrido muchos problemas de válvulas en sus últimos años. Cuando se acercaba a su fin estaba de nuevo en el hospital, y mi madre y sus hermanas estaban a su lado.

La abuela estaba todavía plenamente consciente, y aunque era de apariencia sencilla, pidió un peine y un espejo, que le entregaron.

—Después de todo —dijo ella—, no es como si me estuviera muriendo.

Horas después la abuela cayó en coma y yació completamente inmóvil toda la tarde y hasta bien entrada la noche. Los médicos dijeron que probablemente «se marcharía» muy pronto.

Sin avisar, la abuela se sentó. Con los ojos bien abiertos parecía mirar más allá de las paredes asépticas y de la gente que estaba a su lado. Lanzó un suspiro de profundo gozo y de expectación sobre lo que «veía».

La abuela se echó para atrás, cerró los ojos y se fue.

Tratando de que aquel extraño suceso tomara sentido, leí la historia de Esteban en la Biblia. Como muchos cristianos perseguidos, Esteban hablaba con valentía del Señor, y sus enemigos le apedrearon hasta la muerte. Cuando se paró delante de los hombres, la Biblia dice que él vio la gloria de Dios y a Jesús sentado a la derecha del Padre (lee Hch 7.54–59).

¿Podía ser eso lo que vio mi abuela antes de dar su último suspiro? Como Esteban, ¿le estaba dando Dios un regalo por una vida bien vivida?

Por supuesto, vivimos por fe y no por vista (lee 2 Co 5.7). Se supone que no tenemos visiones ni oímos voces. Pero no se lo digan a la abuela.

Ann Sullivan es escritora independiente y conferenciante. Ella y su familia viven a las afueras de Chicago.

Historias DE UN CAPELLÁN de residencia

(GARY ROE)

Soy capellán de residencia, y estas son algunas de las experiencias que he presenciado durante mis dos años de servicio.

Sally sufría un cáncer de pulmón de grado cuatro. En cuestión de un año se había ido de su propia casa a una institución con asistencia vital, y de ahí a una residencia. Al final perdió la movilidad y se quedó inmóvil en una cama. Su mundo había quedado reducido al tamaño de aquella diminuta habitación.

Durante mis visitas ella hablaba casi sin parar de su familia y de Jesús. «Esos son mis dos temas favoritos», solía decir.

Según iba avanzando el cáncer, Sally dormía más. Un día entré en su habitación. Tenía la cabeza echada hacia atrás y la boca abierta, y roncaba. Sonreí y me senté silenciosamente junto a la cabeza de la cama. Oré en silencio.

Después de un poco Sally ya no roncaba. Tenía la boca cerrada y los labios fruncidos. Todavía dormida, tenía una expresión pensativa y dubitativa en el rostro.

En ese momento abrió los ojos, alzó la cabeza y miró a los pies de la cama. Continuó mirando fijamente durante un largo minuto.

Finalmente bajó la cabeza de nuevo a la almohada. Entonces fue cuando se percató de mi presencia. Me miró directamente a los ojos.

—¿Lo ha visto?

—¿Ver a quién?

Ella miró de nuevo a los pies de la cama.

—No lo sé. Estaba justo ahí. —Señaló con la mano—. Era enorme. Grandísimo. Llenaba esa mitad de la habitación. ¿Quién era?

Yo solo sonreí.

—¡Oh! ¿No creerá que...? —preguntó con reverencia—. ¿Por mí?

Descansó así varios minutos, mirando al frente.

Era algo que tenía que averiguar por sí sola.

—Usted sabe, mientras le miraba, tenía la sensación de que había estado allí mucho, mucho tiempo. Quizá toda mi vida. Parecía muy familiar. —Sally observó mis ojos—. Es hora de que me vaya a casa, ¿verdad? —preguntó.

—Sí, eso creo.

—Era muy grande. Parecía muy fuerte. ¿Cómo puedo tener tanta suerte? No. No es suerte. Es bendición. Soy muy bendecida.

Las lágrimas corrieron por sus mejillas.

Sally falleció en paz una semana más tarde.

Orin había sido un militar de carrera que había luchado en Corea y en Vietnam. Se le conocía en su residencia con asistencia simplemente como «el coronel».

Orin se presentaba en casi cada actividad de la residencia. Nunca se perdía un estudio bíblico.

Un día, cuando lideré el estudio, hablamos del perdón. Fue una lección emocional. Mientras todos compartían, noté que el coronel se encontraba particularmente callado.

—Coronel, ¿qué piensa usted? —le pregunté.

Orin me miró por un momento, y entonces dijo:

—¿Acerca del perdón? Un asunto complicado. Muy, muy complicado.

Bajó la mirada y comenzó a temblar. Entonces llegaron las lágrimas.

—¡No puedo hacerlo! —tartamudeó—. Lo he intentado. Lo que hicieron conmigo, con mis compañeros... inhumano... horrible.

El resto del grupo permaneció sentado en silencio.

—Fui prisionero de guerra en Vietnam durante dos años. Era un infierno, un infierno absoluto. Si hubiera podido quitarme la vida lo hubiera hecho, pero Dios no me dejó. —El coronel suspiró—. No me dejó hacerlo.

Él paró y nosotros esperamos.

—Sobreviví. Otros no. He vivido con esos horrores cada día desde entonces. ¿Perdón? Lo he intentado.

Orin empujó su silla y se levantó lentamente.

—Lo siento. He tenido suficiente por hoy. Por favor, oren por mí.

La semana siguiente fui para el estudio bíblico. Mientras el grupo se reunía, uno de los miembros preguntó:

—¿Ha oído lo del coronel?

—No. ¿Qué ha pasado? —pregunté.

—Falleció anoche. La enfermera de noche fue a comprobar cómo estaba a eso de las dos de la mañana. Se lo encontró sentado en la cama, mirando fijamente al frente. Ella le preguntó si estaba bien. Él le dijo que no interrumpiera. Le dijo que había un enorme soldado vestido de blanco a los pies de su cama dándole órdenes para su próxima misión. Después volvió a echarse, cerró los ojos y murió. Fue así. Y bien, ¿qué piensa de ello?

—Creo que la guerra del coronel aquí se ha terminado —respondí—. Ha sido ascendido.

—¿Cree usted que estaba viendo a un ángel?

—Eso parece. La Biblia los describe como poderosos guerreros. A veces creo que el Señor retira el velo un poco y nos da pequeños vistazos de lo que hay al otro lado. ¿No es impresionante saber que probablemente ahora mismo hay otros seres con nosotros en esta habitación?

Aquella gente fantástica miró alrededor de la habitación con asombro. Maybelle, que tenía noventa y cinco años, sonrió y dijo:

—¡Eso es genial!

Reímos y alguien nos guió para cantar «Ángeles cantando están», aunque era marzo.

Ralph había batallado con una esclerosis lateral amiotrófica durante varios años. Su cuerpo lentamente había dejado de funcionar. Aunque su mente seguía completamente intacta, había pronunciado su última palabra como dos semanas atrás.

En lo que se convirtió en mi última visita a Ralph, la enfermera me paró fuera de la habitación.

—Sinceramente, capellán, creo que se acerca su hora —dijo ella—. Me sorprendería si sobrevive otra semana más.

Cuando entré, Ralph me siguió con la mirada. Ya no podía mover la cabeza. Como pasa con la mayoría de pacientes de esclerosis, estaba prisionero en su propio cuerpo.

Me incliné sobre él y puse mi mano sobre su frente. Mirándole a los ojos, dije:

—No pasará mucho tiempo. Está bien marcharse. Conoces a Jesús. Él te tiene. Te está llevando. Te guiará en el camino a casa.

Ralph miró al techo, y después hacia mí, y después al techo de nuevo. Lo hizo varias veces. Estaba tratando de decirme algo.

Miré al techo y después me di cuenta.

—Ralph, ¿estás viendo algo ahí? —pregunté.

Ralph, por supuesto, no podía hablar, asentir ni negar con la cabeza, pero siguió mirado de mi cara al techo. Y del techo a mi cara.

Supuse que Ralph estaba viendo algo o, probablemente, a alguien. Oré por ello.

Le dije a la enfermera lo que había pasado. Ella me miró pensativa y dijo:

—Eso lo explica. Hace una semana más o menos, cuando todavía podía mover un dedo, estuvo señalando al techo y tratando de decir algo. Pronunciaba tan mal que no podíamos entenderlo. Lo mejor que entendimos fue «Están aquí». —De repente se dio cuenta—. Espere. No creerá que...

Yo me encogí de hombros.

—Ralph conoce a Jesús, y quizá durante sus últimas horas vea al Señor.

La enfermera y yo esperamos de pie en el pasillo, mirando hacia el cuarto de Ralph.

—El cielo está más cerca de lo que creemos. Está a nuestro alrededor —dijo ella—; si tuviéramos ojos para ver...

Leroy había sufrido de demencia durante años. Había progresado hasta un punto en que su cuerpo se estaba apagando. Cuando comencé mis visitas en la residencia, él ya no podía hablar. Simplemente me miraba y sonreía.

La familia de Leroy me dijo que era un hombre de fuerte fe. «Jesús era, y es, su mejor amigo —dijo su hermana—. No estoy ni una pizca preocupada por él espiritualmente».

Durante mis visitas a Leroy, leía la Biblia, oraba y cantaba. Cuando cantaba, él sonreía y tarareaba conmigo.

Un día entré y me encontré a Leroy mirando fijamente la esquina más lejana del techo de su habitación. Me miró, sonrió y señaló hacia arriba. Entonces alzó ambas manos, como si tratara de alcanzar algo. Su cara resplandecía.

Siguió mirando arriba y no me miró más.

Permanecí en silencio durante varios minutos antes de leer algunos capítulos de la Escritura, orar y cantar. Leroy simplemente siguió mirando con mucha atención aquella esquina del techo, alzando las manos de cuando en cuando.

No me sorprendió cuando me llamaron aquella noche para decirme que Leroy había fallecido. Ya había visto las señales antes. Recuerdo las palabras de Jesús: «En el hogar de mi Padre, hay lugar más que suficiente. Si no fuera así, ¿acaso les habría dicho que voy a prepararles un lugar? Cuando todo esté listo, volveré para llevarlos, para que siempre estén conmigo donde yo estoy» (Jn 14.2–3).

Sammy había sido una de esas saludables personas que rara vez habían ido al médico y que nunca habían estado en el hospital. Hasta que el cáncer de colon le golpeó. Después de eso su vida cambió rápida y drásticamente.

El equipo de nuestra residencia comenzó a visitarle poco después de que Sammy fuera diagnosticado. El cáncer estaba tan avanzado que los médicos le dieron entre dos y tres semanas de vida.

—Llevo preparado mucho tiempo —me dijo—. De hecho, mi filosofía ha sido prepararme y después seguir preparado.

Sammy hablaba a menudo acerca de Jesús. Su padre había sido pastor, igual que dos de sus tíos y su hijo.

—Jesús está en todas partes —decía—. No podría alejarme aunque quisiera.

Un sábado por la mañana recibí la llamada de que Sammy no respondía. Me encaminé al hospital. Cuando llegué, el pasillo estaba lleno de gente.

Su hijo me vio, me saludó y dijo:

—Estamos aquí para ver cómo se va a casa.

El hijo de Sammy y yo entramos en la habitación juntos. La familia se quedó en silencio. Miré a Sammy y me sorprendí de encontrarlo sonriendo, con los ojos abiertos, mirando la habitación por encima de las cabezas de todos. Estaba claramente gozoso.

—Tiene esa mirada de transición —dijo su hijo—. No tardará mucho ya.

—¿Qué crees que está viendo? —le pregunté.

—No lo sé, pero puedo imaginármelo —respondió—. Sea lo que sea, o quien sea, es maravilloso.

Oramos juntos con los familiares reunidos. Hacia el final de la oración, un miembro de la familia comenzó a cantar «Sublime gracia». El resto nos unimos. Sammy seguía mirando por encima de nuestras cabezas, observando como un niño feliz.

—No tenemos idea de cómo será el cielo, ¿verdad? —susurró el hijo en mi oido.

En realidad, sí tenemos una buena idea. Pero sea cual sea nuestro concepto del cielo, nos va a sorprender. Con toda seguridad será más maravilloso de lo que esperamos.

Muchas veces en mi papel de capellán de residencia he visto ese rostro de transición.

Gary Roe trabaja como capellán de residencia en el centro de Texas. Antiguo misionero y pastor, es el coautor (con Cecil Murphey) de *Not Quite Healed: 40 Truths for Male Survivors of Childhood Sexual Abuse* y *Saying Good-bye, Facing the Loss of a Loved One*. Visita www.garyroe.com.

En casa

(Karen Jordan)

Fuertes lamentos y un intenso sollozo resonaban mientras caminaba por el pasillo hacia la puerta de mamá. Cuando me paré en el quicio, reconocí su voz. Empujé la puerta y entré sin llamar.

Madre estaba sentada en el borde de su mecedora con las manos cubriéndole el rostro. Mi hermana, Cathy, estaba junto a ella en una otomana. Frunció el ceño y se encogió de hombros cuando nuestras miradas se cruzaron.

—Madre, estoy en casa —la abracé.

—Ha estado así todo el día.

Cathy luchaba contra las lágrimas mientras hablaba. La confusión y la oscuridad regían los pensamientos de Madre. Batallaba con una enfermedad que estaba destruyendo su mente. Cuando me arrodillé para abrazarla, ella se cobijó entre mis brazos antes de que preguntara:

—¿Tienes miedo de morir?

—No, de vivir.

Madre había enfrentado antes la muerte y había sobrevivido. Pocos años atrás su corazón había fallado durante una cirugía. Había tenido una visión en la cual pudo vislumbrar un oscuro más allá. La visión la aterrorizó y la hizo enfrentarse al vacío de su vida. Después de aquella horrible experiencia, Madre buscó respuestas a sus preguntas y a su miedo a morir. Descubrió qué faltaba: una relación íntima con Jesucristo.

En esta ocasión, después de que Madre comprendiese que la enfermedad sería terminal, el miedo y las dudas la inundaron. Me preguntaba si Jesús aliviaría su miedo en esta ocasión. ¿Podía confiar en que Él estaría con ella mientras caminaba por el valle de su muerte inevitable?

Yo no podía salvar a Madre de la enfermedad, pero oraba por ella y me recordaba a mí misma la promesa de Dios: «Aun si voy por valles tenebrosos, no temo peligro alguno porque tú estás a mi lado; tu vara de pastor me reconforta» (Sal 23.4, NVI).

Me senté junto a mi madre en su sofá un día al final de su viaje. Tenía la mirada fija en el alto techo de la sala de estar de su casa adosada.

—¿Qué ves? —le pregunté.

—El cielo.

—¿Cómo es?

—Enorme.

Qué descripción más perfecta del cielo.

Después de compartir su visión del cielo conmigo, Madre permaneció en silencio, pero yo sabía que estaba convencida de que ese era su destino. Durante las siguientes semanas Madre perdió su capacidad para comunicarse. Cuando se acercaba el final, le cantábamos canciones del cielo y le leíamos pasajes de la Biblia.

Unas semanas más tarde, en el momento final de su vida, Madre susurró: «Estoy en casa».

Karen Jordan anima a otros a contar las historias que más les importan. Es escritora, oradora y profesora de escritura. (kj@karenjordan.net; www.karenbarnesjordan.com.)

Sin palabras

Un grave accidente de coche el día de Nochebuena de 1988 dejó a la hija de dieciocho meses de Linda Evans Shepherd, Laura, inconsciente. Un equipo de veinticuatro profesionales médicos le dio pocas esperanzas de que sobreviviese.

—Laura no está en coma, está en un estado vegetativo —dijo un doctor—. No se despertará.

En los meses que siguieron Linda y su marido, Paul, se agarraron a la esperanza. Oraban y confiaban en el plan de Dios para Laura, aunque yacía sin respuesta y conectada al soporte vital. Casi un año después del accidente, Laura despertó cuando le colocaron a su hermano recién nacido entre los brazos.

Aunque Laura sigue paralizada, tiene muchas minusvalías y permanece enganchada al soporte vital hasta el día de hoy, es entera de espíritu e inocente de corazón. Resplandece de gozo y comprende bien. Está llena de paz y amor. Está feliz, sonríe a los chistes y disfruta del mundo que la rodea.

Laura no puede hablar, pero ha aprendido a comunicarse por medio de señales de la lengua y expresiones faciales. Por las conversaciones que han tenido, Linda cree que su hija pasó aquel año tras el accidente con el Señor y que regresó transformada.

Linda tuvo que contarle a Laura que una amiga suya había muerto en un trágico accidente de coche. «Jessica está con Jesús», dijo ella. En vez de estar triste, Laura se entusiasmó y sonrió. Ella comprendió lo que eso significaba de un modo diferente al resto de la gente.

Linda y Laura han tenido muchas conversaciones sobre Jesús, y Laura ha dejado claro en numerosas ocasiones que tiene conocimiento de cosas de más allá de este mundo.

Recientemente Linda escuchó a un viejo amigo de la universidad que le contó que había perdido su fe.

—No lo entiendo —dijo su amigo Terry—, si Dios es Dios, ¿por qué no le vuelven a crecer sus miembros a los amputados?

Más tarde Linda mencionó la pregunta de Terry frente a Laura. Para su sorpresa, Laura se rió de un modo que rara vez había visto. Grandes y ruidosas carcajadas llenaban el aire y las lágrimas corrían por sus mejillas.

—¿Qué es tan gracioso? —preguntó Linda.

La pobre Laura no podía recuperar el aliento y sus carcajadas no paraban. Le llevó un tiempo calmarse lo suficiente para comunicarse con su madre.

—¿Es gracioso porque cuando estuviste en el cielo —preguntó Linda— viste a la gente con brazos y piernas nuevas?

—¡Sí! —le dijo Laura con las señas de su lengua. Empezó a reír de nuevo.

—¿Eras tú una de esas personas?

—¡Sí! ¡Sí! —señaló de nuevo.

Más tarde Linda le contó a Terry lo que su hija impedida había respondido con respecto a su falta de fe. Él sintió que Dios le estaba hablando, y sus dudas se disiparon.[77]

IR AL *cielo* Y VOLVER:
La historia de la doctora Mary C. Neal

En enero de 1999 la cirujana ortopédica de la columna Mary Neal y su marido se unieron a unos amigos en la región de Los Ríos en el sur de Chile para atravesar en kayak el río Fuy. Atléticos y aventureros, los Neal habían viajado en kayak muchas veces. Sus amigos eran profesionales que llevaban una empresa de rafting y kayak.

Los Neal disfrutaron de una semana de navegación, y el último día fueron a una sección del río conocida por sus cascadas, con caídas de entre tres y cinco metros. Por culpa de un problema de espalda Bill, el marido de Mary, no se unió a ellos en aquella ocasión.

El piragüista que iba delante de Mary se atascó, pero Mary ya estaba en la corriente, así que viró para prevenir un accidente. Su ligero cambio de curso la mandó hacia la caída principal de la cascada, y cayó. Mary golpeó el fondo de la cascada y la parte delantera de su bote se quedó enganchada entre las rocas. Estaba atrapada unos tres metros bajo la superficie del río.

Trató de desengancharse, pero la fuerza del agua presionaba su torso contra la superficie del kayak y la mantenía allí. Comprendió que las posibilidades de sobrevivir eran mínimas. Cuando tuvo claro que no podía hacer nada más por sí misma para ayudarse, rindió el control a Dios y le pidió que se hiciera Su voluntad.

Inmediatamente cayó en un abrazo reconfortante, como si fuera un bebé al que acunaban. Pensó en su marido y en sus hijos, aunque se sentía segura de que todo y todos iban a estar bien.

Delante de ella pasaron partes de su vida. Comprendió el efecto dominó de los diferentes sucesos y decisiones que había tomado. Era consciente de lo que estaba pasando, aunque al mismo tiempo todo parecía irreal. Se sentía plenamente viva —más que nunca—, pero como médico sabía que había estado sumergida demasiado tiempo como para seguir viva. Después de cinco o seis minutos un cerebro humano sin oxígeno muere. Ella había superado con creces esa marca.

Sentía el agua, la barca y la corriente empujando su cuerpo fuera de la barca. Sus rodillas se doblaron hacia atrás y se rompieron, y sus ligamentos se quebraron. Pero no sentía dolor. No había miedo.

Entonces su espíritu se separó de su cuerpo. Salió del río, y un comité de bienvenida de seres espirituales la saludó. Tenían formas físicas con cabezas, brazos y piernas, y llevaban ropa. No era gente que reconociese; y aun así tenía la sensación especial que se habían conocido por la eternidad. Ellos desprendían amor y gozo.

Intuitivamente sabía que habían venido a ella de parte de Dios para darle la bienvenida y guiarla. Comprendió cosas en el fondo de su ser sin ser pronunciadas.

Mary viajó con ellos por un sendero hasta un área donde vio un prado gigantesco. Se sentía sobrecogida con los resplandecientes colores y la intensa belleza de todo lo que veía. La atmósfera al completo emanaba sentimientos de amor y gozo como nunca había visto.

El sendero conducía a una estructura como de cúpula, brillante y reluciente, que reventaba de amor. Estaba en casa: el lugar donde realmente pertenecía.

Llegaron a una larga entrada con arcos. Dentro vio a una multitud de otros seres haciendo una variedad de cosas. La miraban y expresaban un gran gozo a su llegada.

Estaba preparada para atravesar el umbral y seguir adelante. Pero era incapaz de entrar. En vez de eso, recibió la noticia de que tenía que regresar a su cuerpo en la tierra. No era su hora, y tenía más trabajo que hacer.

«No, no me quiero marchar; quiero quedarme», dijo ella, entristecida por tener que regresar. Amaba a su marido y a sus hijos, pero ese amor no se comparaba con el perfecto amor que sentía en aquel lugar.

Los seres le dieron información acerca de parte del trabajo que todavía tenía que hacer en la tierra. Después la llevaron al río y la reunificaron con su cuerpo.

Una serie de milagros tuvieron lugar para llevar a Mary Neal de aquel río remoto e inaccesible de Chile de regreso a Estados Unidos. No sintió dolor durante cerca de diez días, a pesar de su difícil situación con múltiples fracturas, ligamentos desgarrados y otros serios problemas médicos. Sentía que estaba viviendo en dos esferas: la física y la celestial.

Mientras estaba en la unidad de cuidados intensivos del hospital, pensó en lo que había experimentado y por qué tenía que regresar. Dos veces durante aquel tiempo regresó al brillante prado, más hermoso de lo que se pueda describir, y tuvo una conversación con Jesús. Él estaba sentado en una roca y ella se sentaba a Sus pies, asombrada por Su amor, paciencia, amabilidad y compasión.

Él le dio una visión de las cuestiones serias de la vida y le dijo lo que se esperaba de ella. Entre todas aquellas expectativas estaba la de que ella debía proteger la salud de su marido, ser la roca en la que su familia y la comunidad permanecería después de la muerte de su hijo y contar su historia. Puesto que su hijo no estaba enfermo, le impactó escuchar que iba a morir.

Mientras yacía en la cama del hospital, todo le parecía increíble. Escéptica por naturaleza y pensadora racional, trató de procesar lo que había ocurrido, incluso hasta el punto de preguntar a las enfermeras qué tipo de medicación le habían dado. Descartó las alucinaciones cuando descubrió que las únicas medicinas habían sido antibióticos.

Durante mucho tiempo Mary no le habló a nadie de su viaje al cielo y de sus encuentros con Jesús. Se cuestionaba sus experiencias y trataba de llegar a explicaciones alternativas. Después de diez años se sintió obligada a escribir un libro. Terminó lo que ella pensaba que era el manuscrito final horas antes de que un coche matase a su hijo mayor mientras iba en monopatín. Entonces comprendió el mensaje de Jesús.

Mary ha cambiado como doctora y como persona. Aunque está altamente cualificada y formada como cirujana, ahora se ve a sí misma más como una sanadora. Una vez fue una mujer que iba a la iglesia los domingos y que no pensaba en Dios a lo largo de la semana; ahora está en contacto con Él diariamente. Una vez tuvo fe; ahora también tiene conocimiento.[78]

Nunca irás solo

(GINGER GARRETT)

Mi suegro, Martin Garrett, había estado en una residencia durante tres semanas después de una exhaustiva batalla contra una obstrucción pulmonar crónica. Con setenta años, la enfermedad que había sido una inconveniencia menor durante mucho tiempo de repente se había convertido en una crisis que amenazaba su vida.

Mantuvimos la esperanza de su recuperación, pero su situación no mejoraba. Era incapaz de hablar, así que se comunicaba con la familia por medio de gestos simples. Pasamos muchas horas simplemente sujetando su mano.

Elaine, su nueva novia, estaba duramente afectada por aquel repentino deterioro. Se habían encontrado tarde en la vida. Juntos eran como recién casados, con risas, agarrándose de la mano y robándose besos. Elaine había esperado mucho tiempo para encontrar a su Príncipe Azul. La idea de una vida sola —una vida sin Martin— la sobrepasaba.

Si Martin muere, ¿cómo soportará el dolor Elaine? ¿Aguantará su fe si pierde a su gran amor?

Cuando nos acercábamos a la cuarta semana de hospitalización de Martin, un extraño suceso comenzó a revelarse. Una tarde Martin vio algo en la esquina superior derecha del vacío y blanco techo de la habitación. En los ojos tenía una mirada muy lejana, pero no era la de alguien que sueña. Martin se centraba fijamente en algo o alguien en la distancia que ninguno de nosotros podía ver. Después de unos instantes de mirar fijamente, se relajó y se quedó dormido.

Pasó de nuevo cuando se despertó y continuó a lo largo de la semana. La atención de Martin rápidamente se desviaba a aquella misma esquina, y sus ojos se abrían como si le sobreviniese un aire de expectación.

¿Qué estaba viendo? Ninguno de nosotros lo sabía, así que le preguntamos a una enfermera de la residencia.

—Nosotras las enfermeras vemos esa clase de cosas todo el tiempo por aquí. —Sonrió y añadió—. Creemos que nuestros pacientes están viendo ángeles, pero en realidad no lo sabemos, ¿verdad?

Al día siguiente Elaine afeitó el rostro de Martin como tenía costumbre y peinó su cabello. Él cuidaba mucho de su apariencia, sobre todo cuando ella estaba alrededor. Pero él se sentía exhausto y volvió a quedarse dormido. Más tarde, cuando cayeron las sombras de la tarde, se sentó y golpeó sus nudillos contra la barandilla de metal de la cama. Cuando captó la atención de Elaine, él señaló su cara. Quería un nuevo afeitado, y parecía que le importaba lucir bien en aquel preciso momento.

Esta vez, sin embargo, también quiso ponerse las gafas, como si estuviera listo para marcharse. Ella accedió de nuevo, aunque no había nada que ver y ningún sitio al que ir. Una vez preparado, él levantó las manos hacia el misterioso visitante de la esquina y esperó.

Una pacífica calma vino sobre Elaine. Ella se sintió acogida y reconfortada, recordando las palabras de su padre antes de fallecer. «No te irás sola», le había prometido él. Ahora estaba presenciando la prueba de esa promesa. Alguien estaba esperando a Martin, y él lo sabía.

Se le cansaron los brazos de tenerlos extendidos. Después de un tiempo, se quitó las gafas y las colocó en su pecho. Descansó el resto de la noche, aparentemente consciente de que no iba a ir a ningún sitio.

El ritual se repitió varias veces durante los dos días siguientes. Martin estaba claramente listo para irse. Sin duda quería respirar de nuevo, hablar una vez más y caminar. Tal vez la única razón por la que no lo hacía era su gran amor por Elaine.

El misterioso visitante regresó cada día, y Martin señaló con gestos constantemente que estaba preparado para irse. Aun así Elaine no podía dejarle marchar.

Así que esperamos, todos nosotros, quizá incluso el visitante misterioso. Elaine al final se sintió aliviada al saber que Martin no se iría solo y que la fe de ella, la piedra angular de su vida, se mantendría. Jesús era real y estaría allí para ella, también, para cada paso de su propio camino que pronto debía comenzar.

Al tercer día, el hijo mayor de Martin, Mitch, se sentó con Elaine junto a la cama de Martin. Una vez más Martin alzó sus brazos. Terriblemente débil, los levantó como si fuera a ser tomado por alguien más fuerte que lo sacara de la habitación. Sus ojos se centraban en la esquina y, sin embargo, como siempre, Mitch y Elaine no veían nada allí. Levantar los brazos resultó demasiado. Los dejó caer sobre la cama, demasiado débil para pedirle al visitante que lo llevase.

Entonces Elaine anunció que tenía que ir corriendo al banco. Ella salió de la habitación y Mitch sujetó las manos de Martin.

—Gracias —susurró Mitch—, por hacerme el hombre que soy hoy. Está bien que te marches ya, papá.

Segundos después Martin se había ido.

Cuando Elaine regresó, Mitch la estaba esperando. Los hijos de Dios nunca se van solos a la otra vida, pero también hay consuelo para aquellos que deben quedarse. No tenemos que entrar en la oscuridad del duelo solos. Podemos permanecer juntos unos con otros, con los ojos bien abiertos, buscando los destellos de esperanza que nos esperan.

Ginger Garrett es la autora de *The Lost Diaries of Queen Esther; Reign: The Chronicles of Jezebel*; y *Desired: The Untold Story of Samson and Delilah.* Visita www.gingergarrett.com.

Un hombre hecho a sí mismo

(Scott Hutcheson con Penny Shreve)

Yo era un hombre hecho a sí mismo, y sentía que no necesitaba a nadie. Incluso después de casarme con Shari y empezar una familia, mi vida giraba en torno al sexo, las drogas y el *rock and roll*. Aquel estilo de vida continuó incluso después de haber nacido nuestros dos hijos.

Aunque estaba metido en drogas, era un exitoso vendedor de coches usados y me llevaba 150.000 dólares al año. Vivía lo que yo pensaba que era una vida bendecida, pero en realidad era una vida de pecado y oscuridad.

En 2003 y 2004 mi vida comenzó a hacerse pedazos. A mi hermano, Brady, tuvieron que operarle de un tumor cerebral. Después de eso, Shari entró en coma diabético y uno de sus riñones dejó de funcionar. Un día se cayó y se rompió una pierna, y al día siguiente se rompió la otra porque estaba favoreciendo a la pierna que se había roto. Al final acabó con una invalidez física permanente.

A mí me tuvieron que tratar una hernia umbilical, y después nuestro hijo Heath perdió un dedo en un accidente de moto. Se lo pudieron coser, pero le tuvieron en el hospital una semana.

Los problemas de salud de la familia me distrajeron tanto que perdí mi negocio y tuve que vender nuestra gran casa. Nos mudamos a una mucho más pequeña.

Un año después me rompí el bíceps derecho y me tuvieron que operar. Por primera vez en mi vida adulta, había perdido todas las empresas que había comenzado. Estaba sin trabajo. Aún peor, mi adicción a las drogas y a las apuestas aumentó mientras trataba de hacer dinero como podía. Traté de pagar mis facturas apostando, lo cual era una tontería.

No es de extrañar que la situación empeorase. En noviembre de 2006 tenía una mujer inválida, estaba sin trabajo y los ingresos habían disminuido un noventa por ciento comparado con tres años atrás. Estaba viviendo en un mundo oscuro, pero no se me pasó por la mente apelar a Dios.

El 28 de diciembre de 2006 llevé a Shari a ver al médico, y después la convencí para ir al casino para poder jugar al póker. Gané 202 dólares y decidimos parar en un restaurante de camino a casa.

Yo comí camarones. Después de la comida, mientras conducía a casa, me empezaron a picar los pies y las manos. Cuando llegué a casa tenía los ojos tan hinchados que no los podía abrir y apenas podía respirar. Nuestro hijo me llevó a urgencias. Inmediatamente me atendieron y me colocaron un monitor de oxígeno. No sabía que era alérgico a los camarones.

Cuatro enfermeras y un médico trabajaban sobre mí mientras yo luchaba por respirar. Me insertaron una vía intravenosa en cada brazo y me llenaron de Benadryl mientras entraba en shock anafiláctico (una reacción alérgica mortal).

—Le estamos perdiendo —dijo una enfermera.

Sabía que estaba muriendo. Era difícil creer que fuera por comer camarones. Todo se volvió negro.

Me resulta imposible explicar lo que pasó después. Delante de mí había una enorme cantidad de agua: el agua más bella que haya visto jamás, y que lucía como si hubiera diamantes resplandeciendo en lo alto de las ondas. No sabía dónde estaba, pero me encantaba. Sonaba *Just a Closer Walk with Thee*, y era la interpretación más hermosa que haya escuchado.

Miré la orilla. Era hermosa. Gente que llevaba ropas blancas e incandescentes se regocijaban y cantaban. Me miraban como diciendo «Ven con nosotros». El amor que sentía en el cielo era como oxígeno.

De alguna manera sabía que estaba en casa y que pertenecía a aquel lugar. Quería ir con ellos. Avancé hacia ellos, pero la gente se giró.

Justo entonces sentí como si hubiera sido chupado por una aspiradora. Abrí los ojos y estaba de nuevo en el hospital.

Un doctor me miraba fijamente.

—Scott, ¿estás con nosotros?

Le dije que sí. No sentía dolor, pero me corrían lágrimas por las mejillas.

A mi lado estaba Heath, mi hijo. Él vio cómo volvía a la vida.

—Fui al cielo —le dije.

—Oré por ti. Cuando terminé de orar, tu presión sanguínea volvió a subir.

Aunque no le había llevado a la iglesia más de una docena de veces cuando era pequeño, aparentemente algo acerca de la oración le había llegado.

Me llevó un tiempo superar la reacción alérgica, pero me recuperé completamente. También regresé a la fe de mi niñez, cuando confié en el Señor por primera vez. Creía en Dios, y ciertamente creía en el cielo. Todo cambió en mi vida, y no volví a fumar ocho gramos de marihuana al día. No volví a tocar la cocaína.

Han pasado años desde mi viaje celestial, pero sigo sin poder esperar para regresar al cielo. No estoy deprimido ni tengo miedo. Sé dónde voy a ir cuando deje esta vida... iré a casa. Para siempre.

Scott Hutcheson es ministro ordenado y evangelista de Seen Heaven Ministries. Contacta con Scott para charlas en el 812-568-5103 o en SHMinistries777@yahoo.com. Penny Shreve lleva desde los quince años involucrada en el periodismo y lleva treinta y cinco trabajando en el campo del periodismo local. En 2012 se convirtió en la editora del *Wayne Country Outlook*, una revista local de noticias en Illinois.

El cielo ES REAL: La historia de Colton Burpo

Colton Burpo, que era por norma general un niño de cuatro años vivo y activo, yacía casi sin vida mientras esperaba una cirugía de emergencia por una apendicitis mal diagnosticada. El veneno había infectado su cuerpo durante cinco días, y el médico no le ofrecía ninguna esperanza. Su padre, Todd, pastor metodista, reconoció la sombra de la muerte en su pequeño. La había visto muchas veces durante las visitas a pacientes de hospital, clínicas y residencias.

Cuando llevaron a Colton al quirófano, Todd se metió solo en una habitación. Como padre, y especialmente como pastor, quería ser fuerte frente a todos los demás. Pero cuando estuvo solo abrió su corazón a Dios.

Recientemente había sufrido una serie de sucesos aciagos uno detrás de otro, y estaba desanimado. «Después de todo lo que he pasado y de todo lo que he hecho por Ti, ¿ahora vas a quitarme a mi hijo?», clamó. «¿Así tratas a tus pastores?». Se preguntaba si quería seguir sirviendo a Dios.

Caminó por la habitación y derramó sus sentimientos reprimidos cerca de un cuarto de hora. Entonces se secó los ojos y fue a ver a su esposa, Sonja, que estaba en la sala de espera. Ella había estado orando, y entre oraciones había llamado a los amigos y miembros de la iglesia.

Todd llamó a su secretaria y le pidió que activase la cadena de oración. Estaban desesperados y necesitaban la fuerza de los demás para pasar por aquel trance.

Pasaron noventa minutos antes de que una enfermera fuera a ellos. Les dijo que Colton estaba en recuperación y que estaba llamando a su papá. Aquellas palabras le dieron a Todd y a Sonja esperanza. Se les permitió ver a su hijo. Aunque Colton estaba pálido y tenía una oscuras ojeras alrededor de los ojos, estaba despierto y vivo. Estaba feliz de ver a sus padres, y ellos estaban contentísimos de estar con él.

Mientras Sonja estaba fuera de la habitación rellenando papeleo, Colton miró a su padre y le dijo: «¿Sabes que casi me muero?». Todd supuso que había escuchado al personal médico decirlo, porque él y Sonja habían tenido cuidado de no mencionar su situación delante de él.

Todd no llevó la conversación más allá hasta cuatro meses después, en un viaje por carretera con la familia. Durante aquel viaje Colton dijo cosas que captaron la atención de sus padres.

Mientras pasaban el desvío hacia el hospital donde había tenido lugar la operación, Todd bromeó con Colton diciéndole que si quería volver.

—¿Recuerdas el hospital? —le preguntó Sonja.

—Sí, mami, lo recuerdo. Allí fue donde los ángeles me cantaron.

Cuando Todd y Sonja intentaron saber más, Colton dijo:

—Jesús tenía ángeles que me cantaron porque tenía miedo. Hicieron que me sintiera mejor.

Intrigados por aquella mención de Jesús, Todd continuó haciendo preguntas. Colton aseguraba que mientras los ángeles cantaban él estaba sentado en el regazo de Jesús.

—¿Dónde estabas cuando viste a Jesús?

—En el hospital.

Aunque sus padres no estaban seguros de que Colton supiera de lo que estaba hablando, él lo demostró diciendo que mientras él estaba con Jesús vio a su papá orando solo en una pequeña habitación, y que su mamá estaba en otra habitación hablando por teléfono.

—¿Cómo sabías lo que estábamos haciendo? —preguntó Todd.

Colton, sin darle importancia, dijo que salió de su cuerpo y que los vio desde arriba mientras el doctor le operaba.

Los siguientes días y meses fueron saliendo más trozos de nueva información: una información que impactó a sus padres. Colton reveló cosas que un niño de tan corta edad no debía saber. Dijo que Jesús llevaba ropas blancas con una faja púrpura. También mencionó que Jesús tenía marcadores.

—¿A qué te refieres con marcadores? —preguntó el papá de Colton—. ¿Dónde estaban?

Colton señaló las palmas de sus manos y se inclinó para tocar el dorso de los pies.

—Eran rojos.

Algún tiempo después mientras viajaba con su padre, Colton preguntó:

—¿Tenías un abuelo llamado Pop?

Todd dijo que lo tenía, y Colton habló acerca de cómo Todd solía jugar con Pop, cómo trabajaba con él en la granja y cómo disparaba armas con él. Pop había jugado un papel importante en la vida de Todd cuando era niño, pero había muerto en un accidente de coche antes de que Todd cumpliera siete años.

—Es muy agradable —dijo Colton.

—¿Cómo sabes eso? —preguntó su papá.

Colton le contó su encuentro con Pop en el cielo. Más tarde el chico fue capaz de señalar a su abuelo en las fotografías.

En otra ocasión, mientras su mamá estaba ocupada pagando facturas, Colton se acercó y le dijo que tenía dos hermanas. Ella no le prestó atención al principio, así que lo repitió varias veces. Lo que Colton decía no tenía sentido, porque él solo tenía una hermana. Al final ella le preguntó de qué estaba hablando.

—Tuviste un bebé que murió en tu barriga.

Sonja le miró, sorprendida. Había tenido un aborto espontáneo, pero Colton no podía saberlo.

—Se parecía a Cassie [su hermana] —dijo él describiéndola—. Cuando me vio, vino y me abrazó.

Sonja trató de procesar lo que Colton le estaba diciendo. Ni siquiera ella sabía que el bebé que había perdido era una niña.

Él le dijo a su madre que su hermana estaba esperando a que ellos fueran al cielo.

Con el tiempo, Colton fue contando cosas fascinantes. Dijo que se había encontrado con Juan el Bautista —el primo de Jesús— y que Jesús tenía un caballo. Vio muchos colores maravillosos y ángeles. También mencionó la sala del trono de Dios. Describió lo grande que era Dios y habló de su gran amor. Cuando hablaba de la gente que vio, decía: «Nadie llevaba gafas. Nadie era viejo».

Después de descubrir muchos detalles maravillosos acerca del viaje de Colton al cielo, Todd estaba ansioso por saber algo.

—¿Querías regresar?

—Quería quedarme, pero Jesús me dijo que tenía que volver. Dijo que él estaba contestando a la oración de mi papá.

Todd regresó a aquel día y a aquella oración, su derrumbe delante de Dios, y se maravilló de la bondad de Jesús.

La experiencia de Colton le dejó con un importante mensaje que compartir: «El cielo es real, y te va a gustar».[79]

Pasando lista

(Russell Tidd sénior con Barbie Porter)

En enero de 1995 fue la primera vez que escuché cómo una voz distante pronunciaba mi nombre. Una vez por semana escuchaba la misma voz, en el mismo tono, simplemente llamándome: «¿Tidd?». Cada semana la llamada, que solo podían escuchar mis oídos, se hacía un poco más fuerte. No sabía qué significaba ni por qué ocurría. Solo sabía que no podía pararlo.

A finales de febrero de aquel mismo año me enfermé, y mi médico me dio un diagnóstico sombrío. Tenía cáncer. La buena noticia era que era un carcinoma y que era completamente operable en aquel estado. Sin embargo, también tenían que quitarme el riñón izquierdo.

La fecha de la operación era el 8 de marzo. Mientras estaba tumbado en la camilla preparado para que me llevasen al quirófano, familia y amigos me rodeaban. Tuvimos una palabra de oración y después de decir «amén» yo comencé a cantar «Shall We Gather at the River?» [¿Nos reuniremos en el río?] Estaba tan repleto de paz que todavía cantaba mientras me conducían pasillo abajo. El doctor y el equipo comentaban que nunca habían visto a un paciente tan contento antes de una cirugía mayor.

Lo siguiente que recuerdo es estar subiendo escalones. Subí hasta llegar a una impresionante puerta hecha de exquisita perla. Al entrar me encontré con alguien que se hacía llamar Gabriel. Me dio la bienvenida y me enseñó que cuando escuchase mi nombre, simplemente tenía que decir: «Aquí, señor».

Comenzó a andar y yo le seguí. Estaba impresionado por la pintoresca belleza que me rodeaba: todo centelleaba, los colores estaban vivos y casi todo era transparente, incluso yo. Accidentalmente, pisé una rosa. Cuando vi que la había partido, comencé a llorar, porque era adorable.

—No te preocupes —dijo Gabriel—. Levanta el pie no más.

Cuando lo hice, la rosa volvió a florecer igual que antes.

Llegamos a una espléndida mesa de banquete. Era tan larga que no se podía ver el final en ninguna dirección. Cuando paramos, mis ojos cayeron sobre un letrero colocado en un asiento. Sus letras doradas decían «Russell Dean Tidd».

Justo entonces escuché una voz atronadora. «¿Tidd?». Era la misma voz que escuchaba desde principios de enero. Sabía que estaban pasando lista. Tenía que responder. En ese momento alguien más habló: «Aquí, señor». Al mirar al otro lado de la mesa, ahí estaba mi primo Paul Tidd. Una amplia sonrisa se extendía por su rostro. Asintió al verme.

Gabriel me hizo señas. Cuando continuamos andando, algo captó mi atención. Parecía fuera de lugar. Era una enorme puerta nacarada, arqueada en la parte superior con una apertura de un color rojo encendido. Incluso a gran distancia sentía un fuerte calor y de ella salía un pestilente hedor. Caminamos en solemne silencio hasta que la pasamos.

Llegamos a un área que brillaba con tanta intensidad que no podía ver más allá, y aun así supe que estaba delante de un trono. Me incliné.

Una voz como un trueno dijo:

—Bien hecho. Continúa.

Gabriel continuó conduciéndome hasta que entramos en una gran sala. Contenía solo un enorme rollo. Comencé a leer. Nada más terminar de leerlo, él dijo:

—Ve y cuéntale a la gente lo que has visto y oído.

—¿Cómo recordaré todo esto? No tengo lápiz ni papel.

—El Espíritu Santo te lo traerá a la memoria.

Entonces fue hora de irse.

Me desperté tumbado en la cama del hospital conectado a máquinas que pitaban y rezumbaban. Mi esposa y mis hijos estaban a mi lado. La operación había ido bien. Habían extirpado todo el cáncer y me dijeron que me recuperaría totalmente.

Cinco días después me fui a casa. Durante los cinco días siguientes lloré sin cesar mientras compartía mi experiencia celestial con todo el que quisiera escuchar. Lloraba porque no quería que nadie se perdiera aquel lugar especial. Lloraba porque no quería que nadie fuera al otro lugar al que solo había echado un vistazo.

Lloraba porque echaba de menos aquel lugar.

Eso fue hace casi veinte años, y todavía lloro cuando cuento mi encuentro celestial. Pero ahora lloro principalmente porque, a mis setenta y cinco años, cada día que pasa me encuentro más cerca de responder «Aquí, señor».

Esta vez, me quedaré.

Russell Tidd sénior ha sido ministro desde 1966. Lleva casado con su esposa Alma cincuenta y cuatro años. La alegría de su vida es predicar, enseñar y orar por los demás. Barbie Porter es una premiada periodista, autora de *The Legend of the Christmas Kiss,* coordinadora de Secret Pavilion Women's Conference, presidenta de Kentucky Christian Writers Conference y misionera. Actualmente está compilando su libro *This Little Church.*

Repetición

(PHIL LEFTWICH)

Bobby, el sobrino del músico George «Fuzzy» Ballard, me llamó y me preguntó si podía ir a urgencias para hacer una oración final por su tío.

Cuando llegué allí, Bobby actuaba como si hubiera visto a un fantasma.

Fuzzy Ballard estaba sentado derecho sobre la camilla en el último cubículo de la sala de urgencias donde los muertos esperaban el coche fúnebre. Golpeaba salvajemente la sábana que le había cubierto de pies a cabeza. Como Lázaro deshaciéndose de las vendas de la muerte y saliendo a pie de su tumba, Fuzzy había regresado de los muertos.

—Quédate quieto, Fuzzy, y déjame que te ayude —le dije. Le ayudé a quitarse de encima la sábana que cubría su cabeza.

Bobby, que era celador de hospital, corrió a conseguir ayuda. Yo sabía que médicos y enfermeras lo invadirían rápidamente. El impacto científico impregnaría su investigación. Las marcas de las palas del desfibrilador sobre su pecho ya habían empezado a ponerse moradas.

—¿Qué ocurrió? —le pregunté. La muerte no me era extraña, pero Fuzzy había estado *muerto* más de una hora.

—¿Por qué me han traído aquí de vuelta? —preguntó con una voz débil mientras tosía de regreso al mundo de los vivos.

—¿Sabes dónde estás?

—Por supuesto que lo sé. Estoy de nuevo en el hospital. —Se le escurrían las lágrimas por las arrugas de su cara, humedeciendo su fina barba gris. Los suspiros se convirtieron en gemidos de dolor y tristeza—. ¡Estaba allí!

—¿Dónde?

—En el otro lado.

—¿El otro lado?

—¡El cielo!

Para entonces una multitud nos rodeaba. Levanté mi mano con un gesto para que esperasen antes de empezar a sacudir las cabezas con incredulidad.

—Fuiste al cielo —dije—. ¿Cómo es?

—Miraba para abajo y me veía a mí mismo sobre la mesa —dijo—. Era como flotar en el aire.

—¿Y?

—Fui por un túnel oscuro hasta una luz brillante. Tenía miedo. Pensaba que estaba yendo al infierno.

Había escuchado relatos parecidos y leído acerca de esos sucesos, pero nunca había hablado con alguien que hubiera sobrevivido al otro lado.

—Él estaba justo allí —dijo Fuzzy con una voz afectada por el deseo.

—¿Quién estaba allí?

—¡Jesús!

—¿Jesús? —repetí.

—¿Estás sordo? —dijo con una voz irritada que ya conocía de las muchas horas que habíamos pasado juntos—. ¿Por qué me has traído de vuelta?

El personal médico me hizo salir.

Estreché su mano y le dije que le vería más tarde. Sabía que les llevaría un rato. También tendrían que rehacer el papeleo y romper el certificado de defunción.

Fuzzy era más testarudo de lo que imaginaban. Más adelante aquella tarde preguntó por su ropa y se dio de alta él mismo.

—He acabado con ustedes, gente —les dijo—. No me van poner más cosas encima, ¡incluyendo más facturas!

Llevé a Fuzzy a casa, le dejé instalado en su sillón reclinable y me senté enfrente de él. Yo escuchaba, y estaba tan cascarrabias como siempre.

—Daría mi brazo derecho por una copa —dijo. Fuzzy había dejado las bebidas fuertes un año atrás, cuando descubrió que estaba muriendo de cáncer de pulmón.

Los efectos de la bebida, los bares, la salas con humo y las mujeres fáciles habían hundido su vida como músico de jazz. Había sido bueno en su día. Había escuchado sus solos y su saxo barítono en los desgastados vinilos de sus grabaciones con Tommy Dorsey, Harry James y la Cincinnati Radio Orchestra. Había ido a su hogar en las montañas de Virginia Oriental para morir.

—Estaba más allá de cualquier cosa que pudiera imaginar.

Sonreí, recordando las charlas de Fuzzy acerca de sus dudas de ir al cielo. La primera vez que nos encontramos estaba en la capilla de la iglesia en la que yo servía.

—Ahora no soy mucho más —me había dicho— que un viejo pecador hecho polvo que necesita oración y perdón.

Entonces un rápido viaje al cielo le garantizó la certeza del amor incondicional de Dios. «Eres mi hijo amado —le había dicho Jesús—. El cielo te espera, pero no todavía».

—Tengo cosas que hacer aquí —dijo Fuzzy mirando fijamente fuera de la ventana el anochecer—. Él me lo dijo.

«Las cosas» de las que Jesús hablaba era reconciliarse con sus dos hijas separadas, dejar los asuntos de su negocio en orden y hacer las paces consigo mismo.

Un par de semanas antes de morir, Fuzzy llamó suavemente a la puerta de mi despacho. Apenas sin aliento después de subir las escaleras, me entregó un óleo pintado titulado *La iglesia blanca*. Estaba firmado por G. W. Ballard y databa de noviembre del 81. Una nota escrita a mano pegada al dorso con cinta adhesiva ponía: «Pintado para mi buen amigo». Aquel cuadro ha estado colgado en la pared de mi estudio dondequiera que haya estado como recordatorio de que el cielo es real, incluso para aquellos que dudan.

Cuando mi fe se debilita y Dios parece distante, estudio el cuadro de Fuzzy y lo recuerdo. El cielo era un hecho para él, porque había estado allí. Quizá regresó para asegurarnos a algunos de nosotros que podíamos tomarle en serio. Tal vez también nosotros éramos parte de sus *asuntos inacabados*: una *repetición* de una tonada tocada antes solo parcialmente.

En el cuadro veo un barco en calma anclado en un pantano, con sus velas bien dobladas. A la izquierda un campo de carbón ocupa una lengua de tierra. En medio descansa una iglesia blanca, con su reflejo capturado intemporalmente en la quietud del agua. Cuando escucho, imagino la aflautada voz del saxo barítono: áspero, profundo y melancólico. El cuadro es una composición de la vida de Fuzzy: una vida a menudo vivida con profundo desespero, otras veces ruidosa y estridente, pero ahora una vida de abundancia. A lo lejos un puente emerge entre los tonos dorados de un tranquilo cielo vespertino.

Más allá está el horizonte. La puesta de sol. El hogar.

Phil Leftwich es ministro retirado de la iglesia presbiteriana (EE.UU.). Es autor de numerosos artículos; una colección de poesía; *Watermarks*, una novela; *Will Henry's Angels* y es coautor junto a Vii Maurice de *Conversations with Vii Aboard Papa Being's Big Waters Tour Bus: The Spiritual Journey of Recovery of a Sexually Abused Child.* Visita www.philleftwich.com.

Todavía no es el momento

(MARIE WEAVER)

Tenía veinte años cuando comenzaron mis migrañas. Salir al parque o a la playa un día soleado era algo imposible. El sol y el calor me provocaban tales dolores de cabeza que terminaba en la cama con la cabeza enterrada bajo la almohada.

Mis dolores de cabeza se volvieron más frecuentes y debilitantes. El dolor se trasladaba a la espalda, el cuello, por toda mi cabeza y bajaba hasta la frente.

El único lugar confortable era mi dormitorio a oscuras, y la luz se convirtió en mi enemiga. No podía dejar la casa sin dolor. Sentía punzadas constantes e insoportables. El doctor explicó que tenía lo que parecía ser un ataque, que me mantenía con la mirada perdida en el espacio.

¿Qué le está pasando a mi cuerpo? Me siento miserable todo el tiempo.

Perdí mi trabajo. Las medicinas sin receta ya no ayudaban. La decisión de ser ingresada en el hospital vino con el mismo miedo y esperanza de que finalmente se fuera a averiguar el modo de salir de aquella agonía.

El doctor prescribió un fuerte medicamento contra el dolor.

Lo siguiente que recuerdo es que alguien caminó hasta mí y me dijo: «Ven, siéntate». Me tomó de la mano. Su amor me irradiaba, haciéndome sentir a gusto, relajada y cuidada. Nos sentamos en un precioso banco de roble oscuro en un parque. Era del tamaño justo para dos.

Nos sentamos el uno junto al otro durante unos minutos. Yo miraba al frente porque la vista cortaba la respiración.

Estaba frente a un hermoso prado. Había una ligera brisa y podía ver el grácil contoneo de la hierba verde plateada. Justo más allá del prado había un arroyo caudaloso que atravesaba la suave tierra, y un puente que cruzaba el agua.

Un impresionante resplandor de luz estaba a mi lado. Lo amaba todo, y sentía que estaba ahí para mí. Había gente de pie al otro lado del arroyo. Reconocí a varios seres amados que se habían ido antes que yo. Parecían esperarme.

Mi abuela me hacía señas, alargando su mano y llamándome: «Ven, ven».

Otros amigos y miembros de la familia también me hacían señas para que me uniese a ellos. Mientras estiraban sus manos hacia mí, yo deseaba ir con ellos. Traté de moverme, pero el que estaba a mi lado no me soltaba la mano.

—Todavía no es el momento.

—Quiero quedarme en este lugar encantador... cruzar y quedarme con ellos.

—No, todavía no. Tienes que regresar.

Al siguiente instante de conciencia, estaba de vuelta en mi cama. Mi cuerpo temblaba y comencé a llorar. Tenía miedo y estaba feliz al mismo tiempo. Parte de mí estaba alegre de estar de vuelta, y la otra parte quería volver a experimentar aquel amor sobrecogedor.

Entonces me di cuenta de lo que había pasado: había estado sentada con Jesús. Habíamos estado juntos en el lugar más hermoso que haya visto. No dejaba de decirme: «He estado con Jesús. ¡He estado con Jesús cara a cara!».

No era el momento de que me fuera. Tenía un marido encantador y dos preciosos niños. Mi trabajo no estaba completado. Abrí mis ojos para ver los ojos azules de mi marido mirándome. El deseo de vivir y de cuidar de mi familia creía con más fuerza mientras miraba sus ojos.

Dios me había dado otra oportunidad para crecer en obediencia hacia Él. Desde aquella experiencia mis migrañas están mejor controladas. Estoy agradecida a Dios de haber hecho mi vida más satisfactoria y emocionante. Abrí mi vida a vivir y ser guiada por Él.

Espero el día en que escuche Sus palabras: «Sí, ven ahora».

Marie Weaver es escritora de devocionales cristianos y libros infantiles; es oradora en eventos especiales para iglesias y otras organizaciones. Visita www.mariesdevotions.wordpress.com y www.christiandevotions.us.

EL *pequeño* QUE FUE AL CIELO: La historia de Alex Malarkey

Kevin Malarkey condujo su Honda Civic hasta un stop y miró a ambos lados para ver si había tráfico. No vio ningún coche a menos

Cecil Murphey y Twila Belk

de 500 metros. Estaba hablando por teléfono con su mujer, Beth, que había dado a luz a su cuarto hijo hacía dos días. Quería que ella supiese que él y su hijo de seis años, Alex, estaban de camino a casa después de la iglesia. Todavía no conocía bien la carretera porque su familia se había mudado recientemente al pueblo de Huntsville, Ohio.

Alex hizo una pregunta y Kevin le miró antes de avanzar lentamente con el coche hasta la intersección. Kevin no pudo ver el coche que se aproximaba por una pendiente de la carretera. A noventa kilómetros por hora, el otro vehículo chocó contra el lado del pasajero y dobló la puerta hasta la palanca de cambios. El impacto expulsó a Kevin a 20 metros del coche. Aterrizó inconsciente a un lado de la carretera. Alex permanecía dentro del coche accidentado.

Cuando Kevin recobró la conciencia, corrió hacia el coche. La cabeza de Alex colgaba de forma anormal. No se movía; no respiraba.

He matado a mi hijo.

Un amigo que se acercó a la escena del accidente escuchó lo que había pasado y dijo: «Creo que Alex se ha ido a estar con Jesús».

Minutos después los paramédicos llevaron a Kevin al hospital local en ambulancia y un helicóptero transportó a un Alex todavía vivo al Nationwide Children's Hospital en Columbus, Ohio. Excepto por un rasguño en la cadera, el accidente dejó a Kevin ileso, para sorpresa de los médicos y de la gente que había visto el daño. Después de darle de alta, fue al hospital infantil para ver qué le había pasado a su hijo. Beth se encontró con él en el hospital. Todavía sin poder ver a su hijo, un doctor les mostró una resonancia magnética y señaló su preocupación:

—Si sobrevive, no podrá volver a moverse más abajo del cuello. Nunca respirará por su cuenta. Nunca volverá a hablar. Nunca volverá a comer. Es probable que tenga un gran daño cerebral.

El término médico para el diagnóstico de Alex era disociación occipital C1. Quería decir que había tenido una decapitación interna: su cabeza y su columna vertebral ya no estaban unidas.

Beth no podía aceptar el informe del médico.

—Está equivocado —dijo ella—. Se pondrá bien. Vivirá y su vida afectará a miles de personas.

Para sorpresa del personal médico, a los pocos días la cabeza de Alex se volvió a unir por sí sola: un milagro médico.

Un mes después del accidente los especialistas planearon operar las dos vértebras separadas. Le hicieron una radiografía más la mañana de la operación.

—No vamos a operar a su hijo —les dijo el doctor.

Sorprendido, Kevin preguntó:

—¿Por qué no?

—Las vértebras están de nuevo en su sitio. No sabemos qué ha pasado.

Alex salió del coma después de dos meses. Pronto estaba sonriendo y burlándose de su hermano pequeño, que hacía travesuras junto a su cama. El chico todavía no podía hablar, así que desarrollaron una forma de comunicación que usaba señales con la boca y gestos faciales.

Después de otro mes, Alex comenzó a hablar. Con el tiempo fue contando detallitos de lo que había experimentado durante su tiempo en coma. Describió con detalle lo que había pasado en la escena del accidente, incluyendo lo que habían dicho los bomberos y el color de la ropa que llevaban. También les contó cosas que habían pasado en el hospital mientras estaba inconsciente.

—Me sentí muy contento cuando te llevaron en la ambulancia, papi.

—¿Cómo sabes que estaba en una ambulancia? Tú estabas en un helicóptero.

—No te veía desde el helicóptero. Te veía desde el cielo.

Kevin, un psicólogo con experiencia, era por naturaleza escéptico. Sin embargo, cuanto más revelaba Alex, más se convencía de que su hijo decía la verdad. Se dio cuenta de que Alex no podía haberse inventando las historias que contaba.

Alex habló de que había visto ángeles. En diferentes momentos, dijo, habían estado en la habitación con él. También dijo: «Cinco ángeles te sacaron del coche. Cuatro de ellos llevaban tu cuerpo y un quinto te sujetaba la cabeza. Te dejaron a un lado de la carretera». Los mismos cinco ángeles estuvieron en el cielo con Alex. «Me consolaban».

Alex también dijo que vio a los médicos trabajando en su cuerpo. «No tenía miedo. Estaba a salvo porque Jesús estaba conmigo». Escuchó a los doctores decir muchas cosas malas sobre su situación.

«No pensaban que viviría». Habló de un tornillo que le pegaron a la cabeza. (Era un monitor de presión para calibrar la hinchazón cerebral.) No lo tenía cuando salió del coma, lo que confirmaba su experiencia fuera del cuerpo. Alex dijo que mientras estaba en el cielo habló con Jesús y los ángeles. Para él, las puertas del cielo se parecían a escamas de pescado. Vio el trono de Dios y le encantó la poderosa música. «El cielo es el palacio de Dios. Todo en él es perfecto... sin palabras».

Dios permitió a Alex visitar el cielo y lo mandó de vuelta a la tierra a un cuerpo cuadripléjico, tal como sigue hoy. Sin embargo Alex tiene una visión espiritual y una sabiduría que supera a la de muchos adultos. Quiere que la gente conozca la verdad y tenga la esperanza del cielo para cuando muera. Algún día, dice Alex, le gustaría ser misionero.

Su palabra favorita para describir el cielo es *impresionante*. Dice: «El cielo es impresionante. El cielo es lo que se supone que debería ser la tierra».

El día que más espera es el día en que regrese a ese lugar impresionante. «Aquello es mi hogar, esto no. No puedo esperar para regresar».[80]

Todavía no

(LOUISE LANKFORD-DUNLAP)

Siendo una mujer normal de cuarenta y cuatro años con unos pocos problemas de salud propios de la edad, fue impactante despertarme temprano la mañana del Día de la Madre de 1976 sintiéndome débil, con nauseas y vomitando grandes cantidades de sangre cada pocos minutos.

Asustada y alarmada, mi marido y yo corrimos al hospital, a diez kilómetros de distancia. Los médicos fueron incapaces de parar los vómitos ni de hacer un diagnóstico, así que recomendaron mandarme a la Universidad de Ciencias de la Salud de Oregón en Portland. Me llevaron en ambulancia. Seguí debilitándome durante el viaje de 55 kilómetros.

Después de extensas pruebas y de transfusiones de sangre, a primera hora del lunes me sometieron a una cirugía exploratoria para buscar la fuente de la hemorragia. Con tanta pérdida de sangre —las transfusiones eran incapaces de controlarla— caí en la inconsciencia.

—¡La estamos perdiendo! ¡Código azul! ¡Código azul! —gritaban los médicos por el intercomunicador mientras yo yacía en la mesa de operaciones.

La voz y la cara del doctor se desvanecieron, y sentí cómo dejaba mi cuerpo. Inmediatamente entré en un aterrador túnel oscuro. La oscuridad parecía tener manos que exprimían la vida que había en mí. Yo era cristiana y ministro, y sin embargo estaba preocupada. ¿Me había equivocado todos estos años? ¿Significaba esto que estaba perdida?

Salí despedida hacia una luz al final del túnel que era la más brillante y esplendorosa que había visto jamás. Disipó las tinieblas y lo llenó todo de una dulce y pacífica fragancia. Una seguridad maravillosamente calmante me inundó e hizo desaparecer el miedo.

Había leído en la Biblia que la luz era un símbolo de Dios; ahora la estaba viendo con emoción y la visión clara. Sin ninguna duda, aquel era Jesús, la Estrella brillante de la mañana.

No vi ninguna forma ni cara, ninguna figura, ni calles de oro ni escenas celestiales como muchos otros han descrito. No vi nada más que aquella luz resplandeciente y penetrante. Era suficiente.

La feliz anticipación de ser introducida en aquella luz es incomparable y desafía la descripción. Al acercarme, esperaba en cualquier momento estar con Jesús en el cielo.

—Jesús, déjame ahora acercarme a Ti.

El pensamiento de dejar a mis seres queridos interrumpió mi éxtasis. Después de aquel pensamiento, sentí cómo era empujada lejos de la luz, de vuelta a la mortalidad. Decepcionada, grité:

—¡Todavía no!

Sin yo saberlo, mi familia y muchos miembros de nuestra congregación se habían reunido en el hospital para una vigilia nocturna de oración. «No te la lleves, Señor, la necesitamos», oraban.

Durante la noche, mi marido abrió su Biblia en el salmo 46.5. Aunque habla de Jerusalén, proclamó aquella promesa para mí y creyó que yo viviría: «Al rayar el alba Dios le brindará su ayuda» (NVI). Después de entrar de nuevo en mi cuerpo y abrir los ojos, el doctor me dio la bienvenida con una sonrisa.

—¡Has vuelto! Encontramos la fuente de la hemorragia y lo reparamos. Pronto estarás bien —me aseguró.

Le miré fijamente, apenas capaz de entender lo que estaba diciendo.

—Debiste tragar un objeto afilado; algo que seccionó una arteria justo debajo de tu esófago. Pudo haber sido un trozo de cáscara de huevo o de una nuez. Nunca habíamos tenido un caso así. Con cada latido la sangre era empujada hacia tu estómago quedando apenas lo suficiente para mantenerte viva.

Estaba viva... y he vivido más de treinta y siete años desde aquel suceso. Ahora lo entiendo; Dios respondió a las oraciones de la congregación aquella noche y dijo *todavía no* a mi plegaria. Me mandó de vuelta para que continuase el trabajo que tenía en mente para mí.

Con aquella experiencia obtuve una perspectiva duradera y reconfortante de la muerte. La muerte para los hijos redimidos de Dios solo es un corto pasaje oscuro hacia la presencia de Dios y no hay nada de lo que temer.

Louise Lankford-Dunlap es viuda y tiene ochenta y ún años. Tras más de cincuenta años en el ministerio con su marido, se ha trasladado del púlpito a la imprenta con pequeños artículos inspiradores, canciones y poesías publicados en libros y revistas (loudnherd@aol.com).

El día que morí

(PAT LAYE)

El día que morí era una estudiante normal y feliz de dieciocho años estresada por los exámenes del final del semestre. Un minuto estaba corriendo por el pasillo del dormitorio hacia el baño comunitario y al siguiente me encontraba en un largo y oscuro túnel con una deslumbrante luz blanca al otro lado.

Pasó una fría mañana de lunes durante la semana de exámenes. Cuando asistía a la universidad, la residencia de mujeres estaba en un extremo del campus y las viviendas de los hombres en el otro lado: tan lejos de las mujeres como fuera posible.

Nuestra residencia tenía tres estudiantes por habitación, y no teníamos ninguno de los lujos de hoy, como baños privados o suites con baños. Compartíamos una zona de baños en cada piso con diez duchas, diez retretes y diez lavabos con espejos iluminados para maquillarnos.

Me gustaba poner la alarma a las 6:45 para llegar al baño antes de las prisas, ya que el resto de mujeres, incluyendo a mi compañera de habitación, se levantaban sobre las siete o más tarde. Aquella mañana, sin embargo, me quedé dormida. Me había quedado hasta tarde por la noche estudiando para un examen especialmente duro en mi asignatura más débil, álgebra. Obtener una nota alta era imperativo para mantener mi beca.

Cuando desperté y vi que me había quedado dormida, agarré mi ropa y corrí por el pasillo hacia el baño. Oí a las otras estudiantes riendo y charlando cuando entré en el baño.

En ese momento entré en un área oscura y me encontré de pie al final de un túnel. Por intuición sabía que el túnel conducía al cielo. Estaba caminando hacia el cielo. No tenía miedo; estaba emocionada. Había sido cristiana desde los doce años. Sentía que el hecho de ir al cielo era la recompensa por haber vivido la vida lo mejor que había podido. Quería alcanzar la brillante luz cegadora al final del túnel, y continué andando por el espacio.

Una voz profunda y alta me dijo: «¡Regresa!».

No quería regresar. Seguí caminando hacia la brillante luz.

«¡Regresa!».

Paré, aunque no entendía por qué no debía continuar andando hacia la luz.

«¿Por qué debo regresar? Quiero entrar en el cielo».

La voz sonó más suave y amable: «Regresa».

Esta vez escuché, me di la vuelta y comencé a bajar el largo y oscuro túnel totalmente desconcertada porque el impulso de seguir adelante era muy poderoso.

En ese momento escuché a gente hablando con un tono emocionado. Pensé que estaba perdiendo la cabeza. Primero me habían hecho volver del cielo y ahora estaba escuchando voces humanas.

¿Qué pasa conmigo?

Abrí los ojos y miré al médico y las enfermeras que se cernían sobre mí. Le habían dado una descarga a mi corazón, y estaba latiendo rítmicamente de nuevo.

Más tarde supe exactamente lo que me había pasado. Cuando entré en el baño mi corazón comenzó a latir muy rápido y erráticamente. Entonces simplemente se paró.

Caí al suelo, algo que no recuerdo, y el resto de los que estaban en el baño supusieron que me había mareado.

Sin embargo, algunas de las estudiantes eran estudiantes de educación física y de enfermería. Se arrodillaron para mirarme, y ninguna pudo encontrarme el pulso. Una estudiante corrió al dormitorio principal para llamar por teléfono a una ambulancia mientras las otras estudiantes me hacían la reanimación cardiopulmonar.

Si no me hubiera dormido y hubiera estado sola en el baño, o si hubiera tenido un baño privado como en las residencias de hoy en día, probablemente no seguiría viva.

Como era una universidad, el campus tenía un hospital muy cerca, y los paramédicos estuvieron allí en menos de tres minutos. Siguieron con la reanimación y me llevaron corriendo a urgencias, donde el equipo médico estaba esperando.

A mis padres, que vivían a 560 kilómetros, les dijeron que estaba grave y que quizá no sobreviviría hasta que ellos llegasen. Estaban haciendo las maletas rápidamente cuando llegó la segunda llamada de que mi corazón estaba de nuevo latiendo por sí solo. Incluso así, les dijeron que viniesen de todos modos, cosa que hicieron.

Tras varios días en el hospital, los médicos no pudieron determinar exactamente por qué mi corazón se había parado. Lo único que pudieron encontrar fue un ligero engrosamiento de las válvulas de mi corazón. Pensaron que quizá el estrés de los exámenes finales, el repentino latido errático de mi corazón y la carrera pasillo abajo habían disparado el problema.

—Sé que escuché a Dios hablándome —le dije al médico que me examinaba.

Él sonrió y me dio una palmadita en el brazo. Pero yo *sabía* lo que había oído y experimentado.

Creo firmemente que Dios me mandó de nuevo a la tierra con un propósito. Desde entonces he escuchado a otros que han tenido experiencias similares, lo que refuerza mi robusta creencia en el cielo. Muchas veces, a lo largo de los años, he compartido mi historia con gente. Creo que Dios me dio una segunda oportunidad, y he intentado animar a los demás por medio de mis escritos y en mi labor como trabajadora social en la escuela.

Pat Laye escribe historias inspiradoras para los libros de *Sopa de pollo, Guideposts* y otras publicaciones. También es autora de siete novelas históricas románticas.

90 minutos EN EL CIELO: La historia de Don Piper

El mal tiempo provocó que la Convención General Bautista de Texas terminara más pronto de lo normal un miércoles por la mañana en enero de 1989. Don Piper estaba aliviado, porque eso le daría tiempo extra para preparar su servicio de la semana en la iglesia. El ministro principal estaba fuera del país y Don estaba al cargo.

En vez de ir por su camino acostumbrado a casa, decidió tomar una ruta diferente. Una multa que había recibido tres semanas atrás por no llevar el cinturón descansaba en el asiento de al lado, y le hizo recordar abrochárselo.

Diez minutos después conducía por un estrecho puente que cruzaba el lago Livingstone. Antes de que Don llegase al otro lado, un tráiler, propiedad de la Administración Penitenciaria de Texas, vino sobre él, cruzó la línea central y golpeó el Ford rojo de Don de frente. A causa de la velocidad con la que circulaba el camión, las nueve ruedas del lado del conductor pasaron sobre el coche de Don, triturándolo y dejándolo incrustado entre la barandilla del puente y el remolque del camión.

Cuatro equipos diferentes de técnicos médicos de emergencias le hicieron pruebas a Don en el lugar del accidente. Comprobaron su ritmo cardiaco usando una máquina de electrocardiograma portátil y examinaron a Don con otros equipos. Todas las pruebas señalaban hacia la misma repuesta: estaba muerto.

Cubrieron el Ford hecho añicos con una lona impermeable con Don todavía enganchado dentro y llamaron para que viniesen con herramienta de rescate para extraer su cuerpo del coche aplastado. Mantuvieron el tráfico paralizado mientras esperaban a que un funcionario declarase la muerte (como se requería en Texas).

En el instante en que Don dio su último suspiro en la tierra, apareció en perfectas condiciones en la puerta del cielo, donde un sobrecogedor buffet de sensaciones le esperaba. Un sentimiento de amor permanente lo envolvía. El gozo permeaba la atmósfera. Las texturas, los colores brillantes, las visiones y sonidos que le rodeaban desafiaban cualquier explicación humana. Todo resplandecía con una luz brillante.

Un grupo de personas, todos ellos a quienes reconocía, le dieron la bienvenida. Los que le saludaban eran familiares fallecidos hacía mucho tiempo, así como amigos que habían muerto en el instituto, profesores y gente que había conocido durante mucho tiempo. A algunos no los había visto en veinte años. Su queridísimo abuelo fue la primera persona. Don había estado con él cuando murió de un ataque al corazón, y se regocijó al ver a su abuelo de nuevo feliz y entero.

Todos le recibieron con sonrisas y abrazos. Sus caras y su lenguaje corporal exudaban alegría y serenidad. Y lo más importante, estaban llenos de vida. El amor emanaba de todos aquellos que le rodeaban. Como supo más adelante, cada uno de los que le habían recibido había jugado un papel espiritual importante en su vida.

Aquellos que sabía que una vez habían tenido osteoporosis o problemas del corazón, y otros que habían perdido dientes o pelo, lucían increíblemente guapos y perfectos. La gente con la que se encontraba tenía la misma edad que cuando los vio por última vez, aunque la edad no significaba nada porque el tiempo era irrelevante.

Destacaba una puerta nacarada —translúcida y reluciente— que se alzaba sobre ellos al fondo. La relumbrante edificación irisada era asombrosamente hermosa. De ella irradiaba un intenso resplandor más brillante que cualquier otra cosa que hubiese visto.

Según su comité de bienvenida celestial caminaba con él hacia la puerta, la luz creció en intensidad. Con cada paso que daba, el esplendor se volvía más grande en magnitud, y Don sentía que estaba siendo introducido a la presencia de Dios.

Cuanto más se acercaba Don a la puerta, más se hacía consciente de la música celestial: un asombroso coro que interpretaba canciones de alabanza y adoración sin fin, todas dirigidas hacia Dios. «¡Aleluya!», «¡Alaben al Rey!», «¡Gloria a Dios!». Miles de canciones y de melodías alegres llenaban el aire, aunque no había caos. Él podía distinguir cada canción individualmente. La música gloriosa fluía como si estuviera siendo cantada con una sola voz, y reverberaba a través de él. Nunca había experimentado un gozo y una paz así.

Don continuó hacia el portal celestial y paró. Miró dentro y vio calles pavimentadas con oro puro. Todas las cosas —las luces, los colores, las visiones, los sonidos— se hacían más vívidas, y la belleza del lugar lo embelesó.

Completamente enamorado con la experiencia, Don no pensaba en aquellos que había dejado atrás. Se dio cuenta de que los miembros de su familia se reunirían con él algún día allí. Dio un paso para entrar, y del mismo modo como había empezado, terminó.

Estaba de nuevo en su Ford rojo destrozado, cubierto con una lona y cantando débilmente *Oh, qué amigo nos es Cristo.*

Mientras Don se deleitaba en las glorias del cielo, era inconsciente de la situación en la tierra.

El pastor Dick Onarecker y su esposa, Anita, habían asistido a la misma conferencia que Don, aunque no se conocían y no se habían encontrado aquel día. Los Onareckers iban detrás de Don, y cuando alcanzaron el puente, el accidente ya había ocurrido y había mucho tráfico retenido.

Dick salió de su coche, caminó hasta el accidente y habló con un oficial de policía.

—Soy ministro. ¿Puedo orar con alguien?

El oficial dijo que no. Le explicó que todavía había un hombre muerto dentro del coche.

Dick señaló al coche de Don y dijo:

—¿Qué hay de la persona del coche?

—Ese hombre ha fallecido —dijo el oficial.

Dick sintió un impulso irrefrenable de orar por el hombre muerto. No tenía sentido para él teológicamente —él no oraba por gente muerta—, aunque no podía quitarse de encima la sentida convicción de orar por él. Le dijo a los oficiales que necesitaba orar con Don.

—Señor, no lo entiende. Está muerto —dijo un oficial de policía—. Y lleva así un buen rato.

Dick insistió, pero el oficial seguía negándose.

Dick dijo que si no le dejaban orar por el hombre que había dentro del coche, se tumbaría en mitad del puente. «Y tendrán que atropellarme».

El oficial se ablandó, pero no sin advertirle acerca de lo que se iba a encontrar: un escenario horroroso y un cuerpo mutilado, con sangre y cristales por todas partes.

Dick, que había servido en Vietnam, no estaba preocupado. Se arrodilló y gateó bajo la carpa, puso sus manos sobre el cuerpo sin vida de Don y comenzó a orar.

El volante había atravesado el cuerpo de Don y el techo había roto su cabeza. El salpicadero había quebrado su pierna izquierda y sus miembros estaba separados y apenas se sostenían sobre su cuerpo.

El espantoso escenario reforzó lo extraño que era que Dick orase. Aun así lo hizo, y valientemente. Oró específicamente para que Don sobreviviese y para que no tuviera daños internos ni cerebrales.

Dick intercaló himnos con sus oraciones. Mientras cantaba *Oh, qué amigo nos es Cristo*, una débil voz armonizó con la suya. Dick dejó el coche corriendo.

Habían pasado por lo menos noventa minutos desde la colisión.

Los cirujanos tenían claro, a causa de las primeras pruebas en el lugar del accidente, que aunque Don había sobrevivido, ciertamente tendría daño cerebral y heridas internas. Al comprobarlo posteriormente en el Level One Trauma Center en Houston, sin embargo, no mostraba daño cerebral ni heridas internas.

La noticia desconcertó al personal médico. Era un milagro sin explicación para la tecnología médica.

Don ha tenido desde entonces treinta y cuatro operaciones y todavía sufre dolores de sus enormes heridas y de las múltiples cirugías para corregirlas.

No habló de su secreto sagrado durante mucho tiempo porque era algo muy personal. Ahora sus mensajes transformadores ofrecen incontables oportunidades a los demás para una vida llena de esperanza y significado.[81]

Segunda parte

Preguntas sobre el *Cielo*

¿Qué quiere decir la Biblia con «cielo»?

Cuando intentamos descifrar lo que la Biblia dice acerca del cielo, necesitamos recordar que probablemente nos estemos haciendo preguntas que no les importaban a los creyentes del primer siglo. Aquellas cuestiones se desarrollaron después de que el cristianismo se convirtiese en la religión oficial del Imperio Romano. Jeffrey Burton Russell lo dice así:

> No existe en el Nuevo Testamento una visión única del cielo, lo que deja muchas cuestiones sin resolver y abiertas para debatir en los siglos posteriores. Las epístolas y los evangelios dicen poco acerca de un paraíso celestial, porque los primeros escritores cristianos esperaban el inminente regreso de Cristo y el fin del mundo [...] Al final de los tiempos, Cristo uniría a judíos y a gentiles, circuncisos e incircuncisos, en el realizado Reino de Dios o Reino de los Cielos.[1]

La *Nueva Versión Internacional* señala 422 entradas para «cielo» o «cielos» con una variedad de significados, así que tenemos que determinar por el contexto lo que los escritores querían decir. La palabra hebrea más usada para el cielo en el Antiguo Testamento es *samayim* (las alturas), que se refiere a la atmósfera por encima de la tierra. Los antiguos representaban el mundo como una estructura en tres niveles con el lugar de los muertos debajo, la tierra en el medio y el cielo arriba.

Para nosotros, el cielo es:

- El domicilio o lugar de residencia de Dios y los ángeles;
- El destino final de todos los que confían en Jesucristo;

- Los cielos por encima de la tierra;
- El habitáculo de Dios;
- Un sinónimo de la voluntad de Dios;
- La capital del reino de Dios; y
- El domicilio eterno de los cristianos después de la resurrección de todos los creyentes.

Varias veces en la Biblia leemos de gente mirando hacia el cielo. En Hechos 1.9–11, leemos que después de la resurrección de Jesús, «fue levantado en una nube mientras ellos observaban, hasta que ya no pudieron verlo. Mientras se esforzaban por verlo ascender al cielo, dos hombres vestidos con túnicas blancas de repente se pusieron en medio de ellos. "Hombres de Galilea —les dijeron—, ¿por qué están aquí parados, mirando al cielo? Jesús fue tomado de entre ustedes y llevado al cielo, ¡pero un día volverá del cielo de la misma manera en que lo vieron irse!"».

Los antiguos hebreos no tenían una palabra para «universo». Las frecuentes referencias al cielo expresan la idea por el término «cielo» y «tierra»:

- «¿Acaso hay otro dios en el cielo o en la tierra que pueda hacer cosas tan grandes y poderosas como las que haces tú?» (Dt 3.24).
- «Entonces recuerda lo siguiente y tenlo siempre presente: el Señor es Dios en los cielos y en la tierra, y no hay otro» (Dt 4.39).
- «Mira, los cielos más altos, y la tierra y todo lo que hay en ella pertenecen al Señor tu Dios» (Dt 10.14).

Los hebreos creían que Dios estaba siempre presente y omnipresente, pero que el cielo era Su lugar especial. David dijo: «Hermanos de mi pueblo, escúchenme. Yo tenía el propósito de construir un templo para que en él reposara el arca del pacto del Señor nuestro Dios y sirviera como estrado de sus pies» (1 Cr 28.2, nvi). Isaías escribe: «Esto dice el Señor: "El cielo es mi trono y la tierra es el estrado de mis pies"» (Is 66.1).

Los escritores del Nuevo Testamento usan esta imagen varias veces. En el Sermón del Monte, cuando Jesús enseña contra hacer juramentos, insta: «No digas: "¡Por el cielo!", porque el cielo es el trono de Dios. Y no digas: "¡Por la tierra!", porque la tierra es donde descansa sus pies» (Mt 5.34–35). El Nuevo Testamento usa *ouranos*, una palabra griega que se refiere al cielo o al aire:

- «En el principio echaste los cimientos de la tierra y con tus manos formaste los cielos» (Heb 1.10).
- «Deliberadamente olvidan que Dios hizo los cielos al ordenarlo con una sola palabra y sacó la tierra de las aguas y la rodeó con agua» (2 P 3.5).

En resumen, el cielo es mucho más que un lugar en el que pasar la eternidad; también es el lugar donde Dios «habita». No tendremos que ver como si estuviéramos viendo por unos cristales empañados, sino que allí *es* donde podremos ver a Dios cara a cara. También tenemos la afirmación divina: «¡Miren, el hogar de Dios ahora está entre su pueblo! Él vivirá con ellos, y ellos serán su pueblo. Dios mismo estará con ellos» (Ap 21.3).

¿Cómo podemos explicar el cielo?

La Biblia no aborda todas nuestras preguntas. Nosotros queremos respuestas específicas, pero Dios ha elegido darnos solo respuestas generales y, frecuentemente, las afirmaciones aparecen en un lenguaje altamente simbólico.

Cuando Dios nos habla del cielo, es parecido a lo que nosotros contamos a los preescolares que preguntan: «¿De dónde vienen los niños?». La respuesta que les damos a esos niños ciertamente difiere de lo que le contaríamos a un adolescente. Le damos explicaciones que se ajustan a su capacidad. ¿No tiene sentido mantener esa idea en mente cuando se trata de cuestiones acerca de las cosas eternas?

En las preguntas y respuestas que siguen en este libro, hemos elegido permanecer en silencio donde la Biblia lo guarda. Demasiadas cosas de las que nos encontramos en los escritos contemporáneos destilan de respuestas emocionales o argumentos lógicos y racionales. Pueden tener razón... o estar equivocados. Solo Dios lo sabe.

Cuando comprendamos la verdad del cielo en el cielo, las preguntas no importarán. Nuestra intención en este libro es evitar conjeturas y suposiciones acerca de lo desconocido. Permanecemos firmes en los registros bíblicos, pero no estamos dispuestos a aceptar especulaciones como hechos.

Si realmente creemos en un Dios amante y benevolente, ¿acaso no podemos descansar seguros en su provisión más que adecuada para cada necesidad? ¿No podemos admitir que con nuestras mentes limitadas y defectuosas es imposible que nosotros comprendamos lo que Dios ha preparado para aquellos de nosotros que le amamos?

Tomamos la posición declarada por el apóstol Pablo en 1 Corintios 2.9 donde, refiriéndose a Isaías 64.4, él escribe: «Ningún ojo ha visto, ningún oído ha escuchado, ninguna mente ha imaginado, lo que Dios tiene preparado para quienes lo aman».

¿Qué es el paraíso? ¿Es diferente del cielo?

Cuando el apóstol Pablo escribe de su experiencia de ir al cielo en 2 Corintios 12, usa los términos «tercer cielo» y «paraíso» (del griego *paradeisos*) de forma intercambiable: «Hace catorce años fui llevado hasta el tercer cielo [...] sí sé que fui llevado al paraíso y oí cosas tan increíbles que no pueden expresarse con palabras, cosas que a ningún humano se le permite contar» (vv. 2, 4).

Paradeisos es una palabra de origen persa; la Septuaginta la usa para traducir la palabra *Edén* (del hebreo *edhen*).[2] Significa «un huerto de placer y frutos», un jardín, un terreno de placer, o simplemente un huerto. La palabra hebrea *Edhen* aparece tres veces en el Antiguo Testamento: 1) Cantar de los Cantares 4.13, 2) Eclesiastés 2.5 (jardines) y 3) Nehemías 2.8 (traducido de varias maneras, aunque la NTV y la NVI utilizan «bosque»).

Jesús usa la palabra solo una vez cuando le dice al ladrón arrepentido: «Te aseguro que hoy estarás conmigo en el paraíso» (Lucas 23.43).

Si consideramos la palabra tal y como la usaron Jesús y Pablo y pensamos del modo en que habrían reaccionado los cristianos del primer siglo, las palabras «jardín» o «huerto» habrían tenido un poderoso significado para ellos. Les habría hecho pensar en el Edén original de la Biblia: un lugar perfecto donde Dios provee para cada necesidad.

Jesús y Pablo hablaron en un lenguaje simbólico para expresar lo inexpresable: el gozo definitivo y la providencia de Dios para los creyentes. Como dice Jeffrey Burton Russell:

> Tradicionalmente, el cielo es un lugar, un sitio sagrado. La sacralidad de este espacio se expresa en metáforas de reino, jardín, ciudad o esferas celestiales. Jesús se refiere a ello casi siempre como un reinado o un reino, una metáfora de la

> soberanía de Dios sobre todo ello. Esto se empareja con la imaginería del trono de Dios en el centro del cielo. El reino era la metáfora más común en la tradición oriental, una ciudad en la occidental.
>
> El jardín es la metáfora más común. Su origen está en la Biblia hebrea: el jardín del paraíso terrenal en el comienzo del mundo. Esto se enlazaba a través del «jardín privado» de la Biblia hebrea hasta las imágenes grecorromanas del [...] «lugar encantador».[3]

Russell añade que el jardín privado «es el domicilio original de Adán y Eva. La imaginería más cercana a ello de Génesis es un huerto o un bosque».[4]

¿Qué diferencia hay entre el reino de Dios y el reino de los cielos?

«El reino de Dios» y «el reino de los cielos» seguramente significan lo mismo, aunque algunos ven estos dos términos usados de forma diferente.

Aquellos que insisten que son distintos siguen las enseñanzas que vienen de las notas de la *Biblia de Estudio Scofield*, que ha dominado la teología cristiana en lengua inglesa desde su publicación en 1909 hasta años recientes, y que todavía prevalece entre cristianos dispensacionales. Scofield distingue entre los dos términos y enseña que el reino de Dios es principalmente interior y espiritual. Él cree que tienen mucho en común, pero que los términos se fusionarán cuando Cristo ponga todas las cosas bajo sus pies.

Un modo de expresarlo es decir que «el reino de los cielos... es la esfera de una profesión que puede ser real o falsa», mientras que el reino de Dios es interior y espiritual. La gente entra en el reino de Dios solamente por medio de un nuevo nacimiento (ver Jn 3.3).[5]

El término «reino de Dios» aparece sesenta y ocho veces en diez libros bíblicos diferentes, mientras que «reino de los cielos» solamente aparece treinta y dos veces... y *solo* en el evangelio de Mateo. Muchos expertos suponen que Mateo usa el término «cielos» porque estaba escribiendo principalmente para judíos, y ese habría sido el modo en que ellos hablaban y pensaban: evitando utilizar palabras para Dios.

El modo más obvio de ver que estos dos términos se refieren a la misma cosa es comparar su uso en Mateo con el de Lucas, y ver que ambos escritores utilizan el término para señalar lo mismo. Un ejemplo está en Mateo 11.11 y Lucas 7.28, refiriéndose ambos a Juan el Bautista. Mateo dice que el más pequeño en el reino de *los cielos* es mayor que Juan, mientras que Lucas dice que el más pequeño en el reino de *Dios* es mayor.

Para aquellos que quieran examinar los lugares donde Marcos y Lucas usan «el reino de Dios» mientras Mateo prefiere «reino de los cielos», comparen estos versículos:

- Mateo 11.11–12 con Lucas 7.28;
- Mateo 13.11 con Marcos 4.11 y Lucas 8.10;
- Mateo 13.24 con Marcos 4.26;
- Mateo 13.31–32 con Marcos 4.30–32 y Lucas 13.18–19;
- Mateo 13.33 con Lucas 13.20–21;
- Mateo 18.3–4 con Marcos 10.14–15 y Lucas 18.16–17;
- Mateo 22.2 con Lucas 13.29.

En cada ocasión, Mateo se refiere a «reino de los cielos», mientras Marcos y Lucas escriben «el reino de Dios». Dado esto, la abrumadora visión de los expertos bíblicos es que los dos términos se refieren a la misma realidad.

¿Qué dice la Biblia acerca de la muerte?

No podemos hablar del cielo sin hablar del único suceso que nos manda allí: la muerte.

Cuando Don Piper, autor de *90 minutos en el cielo*, habla con alguien que ha perdido a un ser querido, a menudo dice «Siento su pérdida temporal». Es una forma excelente de pensar en la muerte para nosotros los cristianos: una separación transitoria de nuestros seres queridos. Para aquellos que son discípulos de Jesucristo, la muerte *es* transitoria, aunque tengamos una variedad de entendimientos acerca de lo que ocurre inmediatamente después de morir.

Desde la perspectiva humana, la muerte significa el final de la vida personal: la vida tal y como la conocemos. También afirmamos que la muerte no es el fin definitivo, pero es la única acción requerida en el viaje que conduce a la resurrección. Todos nosotros moriremos, y excepto para aquellos que estén vivos sobre la tierra cuando Jesús regrese, es una experiencia universal.

¿Pero cómo debemos mirar la muerte?

Las figuras bíblicas que encontramos en el Antiguo Testamento ciertamente lucharon con esta cuestión. Para ellos, las bendiciones de Dios significaban una larga vida en la tierra, llena de hijos y de tierras fructíferas. El primer libro de Samuel 2.4–6, que es parte de la oración de Ana, parece coherente con la creencia de aquel periodo: «El Señor da tanto la muerte como la vida».

Al comienzo de las aflicciones de Job, él alababa a Dios y decía: «Desnudo salí del vientre de mi madre y desnudo estaré cuando me vaya. El Señor me dio lo que tenía y el Señor me lo ha quitado. ¡Alabado sea el nombre del Señor!» (Job 1.21).

En los Diez Mandamientos, Dios les dice a los israelitas que honren a sus padres y añade: «Entonces tendrás una vida larga y plena en la tierra que el Señor tu Dios te da» (Dt 5.16).

El salmo 128 declara la actitud de aquellos que seguían a Dios antes de la llegada de Jesucristo:

> ¡Qué feliz es el que teme al Señor, todo el que sigue sus caminos! Gozarás del fruto de tu trabajo; ¡qué feliz y próspero serás! Tu esposa será como una vid fructífera, floreciente en el hogar. Tus hijos serán como vigorosos retoños de olivo alrededor de tu mesa. Esa es la bendición del Señor para los que le temen. Que el Señor te bendiga continuamente desde Sión; que veas prosperar a Jerusalén durante toda tu vida. Que vivas para disfrutar de tus nietos. ¡Que Israel tenga paz!

En varios lugares del Antiguo Testamento, en traducciones como la Reina Valera, leemos que alguien «era viejo y lleno de años». Las versiones modernas traducen la frase como que vivió «una vida larga y plena» (véase, como ejemplo, Job 42.17). La frase se refiere a una vida llena de la triple bendición de prosperidad, muchos hijos y una vida larga.

A veces los antiguos hablaban de la muerte como un mal y algo sobre lo que no tenían control los humanos. Lo encontramos en el salmo 89.48, donde el salmista escribe: «Nadie puede vivir para siempre; todos morirán; nadie puede escapar del poder de la tumba». En una de las canciones de alabanza de David, él dice que Dios le salvó de la muerte al igual que de sus enemigos: «La tumba me envolvió con sus cuerdas; la muerte me tendió una trampa en el camino» (2 S 22.6). David continúa diciendo que en su angustia, clamó y Dios le liberó.

En otras ocasiones, los autores del Antiguo Testamento hablan de reunirse con sus padres, como encontramos en Génesis 49.33. Este pasaje se traduce de diferentes maneras, pero el significado es claro:

- «Fue a reunirse con sus antepasados» (NVI).
- «Se reunió con sus antepasados al morir» (NTV).
- «Fue reunido con sus padres» (RVR60).

Los autores bíblicos normalmente utilizaban *Seol* para referirse al lugar de la muerte. Algunas veces esa palabra tiene un tono neutral y simplemente significa la tumba como el destino de toda la humanidad (ver Gn 37.35). Sin embargo, también puede llevar un tono más siniestro (ver Os 13.14). Se puede incluso referir a la separación de la presencia de Dios (ver Is 38.10–11).

En el salmo 6.5, David escribe que los muertos no pueden alabar a Dios. El salmo 115.17 afirma que «bajan al silencio» (NVI) o «entran en el silencio de la tumba» (NTV). Isaías escribe que ellos no pueden esperar en la fidelidad de Dios (ver Is 38.18).

Aunque los antiguos griegos pensaban en la muerte como un ascenso a Dios, los hebreos veían el *Seol* como un descenso. En Job 11.8 Zofar le dice a Job: «Tal conocimiento es más alto que los cielos y tú, ¿quién eres? Es más profundo que el averno, ¿y qué sabes tú?». David escribe: «Que la muerte aceche a mis enemigos; que la tumba [*Seol*] se los trague vivos» (Sal 55.15). Proverbios 15.24 afirma: «El sabio sube por el sendero de vida, para librarse de caer en el sepulcro [*Seol*]» (NVI).

Al hablar contra Babilonia, Isaías escribe: «¡Pero has sido arrojado al sepulcro, a lo más profundo de la fosa!» (Is 14.15, NVI). Ezequiel usa la misma imagen de descenso por medio de los cedros del Líbano: «Para que ningún árbol, por bien regado que esté, vuelva a elevar su copa hasta las nubes. Todos están destinados a la muerte, a bajar a las regiones profundas de la tierra y quedarse entre los mortales que descienden a la fosa» (Ez 31.14, NVI). Otras referencias similares se incluyen en el salmo 64.9 y en Ezequiel 32.18.

En el Antiguo Testamento no leemos una idea completamente desarrollada de un lugar celestial eterno y dichoso como vemos en el Nuevo Testamento. Los autores a menudo suponen algo más allá de la muerte, pero poco más, como revelan los siguientes pasajes:

- «¿Debo [Dios] rescatarlos de la tumba? ¿Debo redimirlos de la muerte?» (Os 13.14).
- «Me mostrarás el camino de la vida, me concederás la alegría de tu presencia y el placer de vivir contigo para siempre» (Sal 16.10–11).
- «Porque muy grande es tu amor por mí; me has rescatado de las profundidades de la muerte [*Seol*]» (Sal 86.13).

Estas afirmaciones pueden referirse a la victoria, o a la sanación de una enfermedad terminal, o de una vida todavía no definida después de la muerte.

Durante y después del exilio de los judíos en Babilonia, la esperanza de una salvación divina para los justos trajo el tema a primera plana. La nota más clara del más allá en el Antiguo Testamento aparece en Daniel 12.2: «Se levantarán muchos de los que están muertos y enterrados, algunos para vida eterna y otros para vergüenza y deshonra eterna».

En el Nuevo Testamento, la esperanza cristiana de la resurrección no dice que la tierra devuelva a los muertos, como si la acción fuera una resucitación de cadáveres que regresan a la existencia terrenal. Más bien la resurrección significa nuestra elevación a un plano más alto y perfeccionado de existencia: un tiempo en el que experimentaremos completo compañerismo con Dios y con los demás.

La resurrección también significa que viviremos en un nuevo cielo y una nueva tierra, o la nueva Jerusalén. Como Juan afirma: «Entonces vi un cielo nuevo y una tierra nueva, porque el primer cielo y la primera tierra habían desaparecido... Y vi la ciudad santa, la nueva Jerusalén, que descendía del cielo desde la presencia de Dios, como una novia hermosamente vestida para su esposo» (Ap 21.1–2). Juan continúa en este tono en Apocalipsis 21—22, escribiendo en lenguaje simbólico, pero haciéndolo suficientemente claro para que los lectores vean la profunda comprensión de una vida más allá de la muerte humana.

El Nuevo Testamento también aclara que Dios da un adelanto, o un pago inicial, para asegurar ese futuro: «El Espíritu es la garantía que tenemos de parte de Dios de que nos dará la herencia que nos prometió y de que nos ha comprado para que seamos su pueblo» (Ef 1.14). El apóstol Pablo también lo aclara en Romanos 8.23: «Y los creyentes también gemimos —aunque tenemos al Espíritu de Dios en nosotros como una muestra anticipada de la gloria futura— porque anhelamos que nuestro cuerpo sea liberado del pecado y el sufrimiento. Nosotros también deseamos con una esperanza ferviente que llegue el día en que Dios nos dé todos nuestros derechos como sus hijos adoptivos, incluido el nuevo cuerpo que nos prometió».

¿Qué haremos en el cielo?

En el cielo seguramente nuestros cuerpos glorificados o espirituales estarán activos, y no hay razón para pensar que nuestras mentes no se usarán. Sin las limitaciones del pecado y la enfermedad, parece razonable que nuestras mentes sean todavía más fuertes y útiles.

Piensa en un nuevo Edén: un regreso a la inocencia y a la belleza del paraíso original que Dios creó para la raza humana. Adán y Eva tenían que cuidar del jardín y atender a los animales. Si recuperamos el acceso al «Árbol de la vida» (que es simbólico), significa que viviremos para siempre.

Pablo, predicando en Listra, dijo que se había permitido que las naciones fueran a su aire, «pero [Dios] nunca las dejó sin pruebas de sí mismo y de su bondad. Por ejemplo, les envía lluvia y buenas cosechas, y les da alimento y corazones alegres» (Hch 14.17). El argumento de algunos es que si eso es verdad entre almas pecadoras y rebeldes, cuánto más nos dará Dios abundantemente en la nueva tierra.

Algunos han apelado a Job 38—39, donde Dios habla de todas las maravillas naturales, y especialmente de los animales y los pájaros. Esos versículos apuntan, dicen algunos, a que el nuevo reino de Dios incluirá la actividad de las criaturas. Además, la actividad física parece coherente con todo lo que Dios hace para la humanidad. Él colocó a la pareja en el Jardín y al final del sexto día, leemos:

> Luego Dios los bendijo con las siguientes palabras: «Sean fructíferos y multiplíquense. Llenen la tierra y gobiernen sobre ella. Reinen sobre los peces del mar, las aves del cielo y todos los animales que corren por el suelo». Entonces Dios dijo: «¡Miren! Les he dado todas las plantas con semilla que hay sobre la tierra y todos los árboles frutales para que

> les sirvan de alimento. Y he dado toda planta verde como alimento para todos los animales salvajes, para las aves del cielo y para los animales pequeños que corren por el suelo, es decir, para todo lo que tiene vida»; y eso fue lo que sucedió. (Gn 1.28–30)

De nuevo, es una llamada a la lógica, pero si Dios hizo todo eso en el principio cuando la raza humana estaba sin pecado, ¿no sería coherente tener un mundo restaurado sin mancha?

El libro de Apocalipsis habla del final de nuestras vidas terrenales con el canto de victoria y alabanza del capítulo 19. Algunos han tomado esta imagen y han hecho una parodia o una burla de que el cielo no fuese más que gente sentada en nubes con arpas y alabanzas. Eso no se parece a nada en la Biblia. Apocalipsis 21 nos habla del nuevo cielo y de la nueva tierra y lo llama la nueva Jerusalén:

> Oí una fuerte voz que salía del trono y decía: «¡Miren, el hogar de Dios ahora está entre su pueblo! Él vivirá con ellos, y ellos serán su pueblo. Dios mismo estará con ellos [...] y no habrá más muerte ni tristeza ni llanto ni dolor. Todas esas cosas ya no existirán más». Y el que estaba sentado en el trono dijo: «¡Miren, hago nuevas todas las cosas!». (vv. 3–5)

Si leemos estos versículos a través de la forma de entender de los creyentes del primer siglo (muchos de ellos judíos convertidos), pensaremos inmediatamente en el Edén. La declaración de todas las cosas nuevas hecha por Dios implica no solo la restauración del Edén, sino incluso un lugar mejor.

¿Cuándo recibimos nuestras recompensas?

La palabra griega para recompensa es *misthos* y significa «pagar por un servicio». Puede que este sea un buen modo de considerar las recompensas para los creyentes.

Necesitamos ser claros en una cosa: ir al cielo es un *regalo*, no una recompensa. Pablo nos dice: «Dios los salvó por su gracia cuando creyeron. Ustedes no tienen ningún mérito en eso; es un regalo de Dios. La salvación no es un premio por las cosas buenas que hayamos hecho, así que ninguno de nosotros puede jactarse de ser salvo» (Ef 2.8–9).

Una vez recibido el regalo de la vida, cumplimos los requisitos para recibir el pago divino por nuestro compromiso y servicio a Jesucristo. Nada en la Biblia nos hace a todos iguales. La igualdad es el regalo de la entrada; más allá de eso, Dios reconoce y honra nuestras actividades libres de egoísmo y centradas en Dios.

En ningún lugar de la Biblia se nos habla específicamente de qué recompensas recibiremos. En cierto momento Jesús les dice a los doce apóstoles que ellos gobernarán sobre las doce tribus de Israel (ver Mt 19.28). Jesús, sin embargo, sigue diciendo:

> Y todo el que haya dejado casas o hermanos o hermanas o padre o madre o hijos o bienes por mi causa recibirá cien veces más a cambio y heredará la vida eterna. Pero muchos que ahora son los más importantes, en ese día serán los menos importantes, y aquellos que ahora parecen menos importantes, en ese día serán los más importantes. (Mt 19.29–30)

Aquellas palabras llegaron al final de una ocasión en la que Jesús habla acerca de los que tienen riquezas. Añade: «Es más fácil que un camello pase por el ojo de una aguja que un rico entre en el reino de Dios» (v. 24). Llamamos a esta afirmación hipérbole, porque es exagerada y claramente imposible. Eso es a lo que Jesús se refiere: ninguno de nosotros puede comprar su entrada al cielo o llegar allí a causa de nuestra riqueza en la tierra.

El Nuevo Testamento contiene muchas promesas de recompensa:

- Pablo usa la imagen de la construcción de una casa con Jesucristo como el fundamento. Insta a sus lectores a construir con los materiales correctos. «El que edifique sobre este fundamento podrá usar una variedad de materiales: oro, plata, joyas, madera, heno u hojarasca; pero el día del juicio, el fuego revelará la clase de obra que cada constructor ha hecho [...] Si la obra permanece, ese constructor recibirá una recompensa, pero si la obra se consume, el constructor sufrirá una gran pérdida. El constructor se salvará, pero como quien apenas se escapa atravesando un muro de llamas» (1 Co 3.12–15).
- Jesús dice: «Dios los bendice a ustedes cuando la gente les hace burla y los persigue y miente acerca de ustedes y dice toda clase de cosas malas en su contra porque son mis seguidores. ¡Alégrense! ¡Estén contentos, porque les espera una gran recompensa en el cielo!» (Mt 5.11–12). También asegura: «Almacena tus tesoros en el cielo, donde las polillas y el óxido no pueden destruir, y los ladrones no entran a robar» (Mt 6.20).
- Pablo escribe: «Trabajen de buena gana en todo lo que hagan, como si fuera para el Señor y no para la gente. Recuerden que el Señor los recompensará con una herencia y que el Amo a quien sirven es Cristo» (Col 3.23–24). También asegura: «Después de todo, ¿qué es lo que nos da esperanza y alegría?, ¿y cuál será nuestra orgullosa recompensa y corona al estar delante del Señor Jesús cuando él regrese? ¡Son ustedes!» (1 Ts 2.19).
- Pablo va al grano con la iglesia de los corintios diciendo que «vivimos en plena confianza, aunque sabemos que mientras vivamos en este cuerpo no estamos en el hogar celestial con el Señor», y añade: «Así que, ya sea que estemos aquí en este cuerpo o ausentes de este cuerpo, nuestro objetivo es agradarlo

a él. Pues todos tendremos que estar delante de Cristo para ser juzgados. Cada uno de nosotros recibirá lo que merezca por lo bueno o lo malo que haya hecho mientras estaba en este cuerpo terrenal» (2 Co 5.6, 9–10). También asegura: «Por lo tanto, mis amados hermanos, permanezcan fuertes y constantes. Trabajen siempre para el Señor con entusiasmo, porque ustedes saben que nada de lo que hacen para el Señor es inútil» (1 Co 15.58).

- Jesús dice: «Miren, yo vengo pronto, y traigo la recompensa conmigo para pagarle a cada uno según lo que haya hecho» (Ap 22.12).
- Cuando Jesús enseña a la gente acerca del ayuno, ofrece una palabra práctica acerca de sus motivos: han de ayunar de forma que los demás no vean que lo están haciendo. «Así, nadie se dará cuenta de que estás ayunando, excepto tu Padre, quien sabe lo que haces en privado; y tu Padre, quien todo lo ve, te recompensará» (Mt 6.18).
- La Biblia aclara que no solo es lo que hacemos, sino también la motivación que hay detrás de nuestros actos. En Mateo 6.1, Jesús nos advierte: «No hagan sus buenas acciones en público para que los demás los admiren», y añade: «porque perderán la recompensa de su Padre, que está en el cielo».
- Jesús también dice que cuando damos a aquellos en necesidad no hemos de llamar la atención sobre nuestro acto. Si lo hacemos: «Les digo la verdad, no recibirán otra recompensa más que esa» (Mt 6.2). Después les exhorta: «Entrega tu ayuda en privado, y tu Padre, quien todo lo ve, te recompensará» (v. 4).

Cuando deseamos servir a Dios y no ser alabados por los demás, ganamos recompensas. Eso significa que nuestra razón para actuar es el amor y no que queramos recibir recompensas por nuestros esfuerzos.

Mucha gente hoy supone que aquellos que tienen nombres o ministerios prominentes serán de los primeros para las recompensas. Pero en Mateo 20.16, Marcos 10.31 y Lucas 13.30, Jesús enuncia el principio de que aquellos que son los primeros en esta vida serán los últimos en el cielo. Esto no debe tomarse literalmente, sino simplemente quiere decir que aquellos que parecen ser los cristianos más grandes y admirados puede que reciban su pago por medio de la alabanza humana ahora... y ese puede ser todo el alcance de su recompensa divina. Aquellos que parecen insignificantes puede que sean los más honrados.

Jesús dijo que cuando la gente prepare un festín, no deben invitar a sus amigos y familiares: «Pues ellos también te invitarán a ti, y esa será tu única recompensa. Al contrario, invita al pobre, al lisiado, al cojo y al ciego. Luego, en la resurrección de los justos, Dios te recompensará por invitar a los que no podían devolverte el favor» (Lc 14.12–14).

Otro modo de ver las recompensas es centrarse en la fidelidad. No importa cuáles sean nuestros dones espirituales (y de acuerdo a 1 Corintios 12, todos nosotros tenemos dones), Dios nos juzga según nuestra fidelidad al usar lo que tenemos.

Pablo lo aclara cuando se compara a sí mismo con Apolo y dice que ambos son servidores de Dios: «A los que reciben un encargo se les exige que demuestren ser dignos de confianza» (1 Co 4.2, NVI). El apóstol continúa diciendo que no le importa cómo le juzguen otros humanos, porque él ni siquiera se ha juzgado a sí mismo. «El que me juzga es el Señor. Por lo tanto, no juzguen nada antes de tiempo; esperen hasta que venga el Señor. Él sacará a la luz lo que está oculto en la oscuridad y pondrá al descubierto las intenciones de cada corazón. Entonces cada uno recibirá de Dios la alabanza que le corresponda» (vv. 4–5).

En ese corto pasaje el apóstol liga la fidelidad a la recompensa. Solo Dios conoce la verdadera fidelidad (o la verdadera motivación) para lo que hacemos.

¿Qué forma tendrán las recompensas?

He aquí otra pregunta para la que la Biblia no proporciona respuesta. Puesto que conocemos a Dios y confiamos en que Él es cariñoso y lo sabe todo, podemos suponer que el pago definitivo —sea cual sea la forma en la que ocurra— será más grande que cualquier cosa que podamos comprender mientras estemos vivos en la tierra.

En el Nuevo Testamento la Biblia utiliza dos conceptos para hablar acerca del futuro de los creyentes: coronas y recompensas. Parece obvio que las coronas no son un ornamento físico que la gente se ponga. El sentido común nos dice que el uso de *coronas* simplemente explica la idea de victoria y realización. La corona de la vida (ver Stg 1.12) puede referirse a la realidad de conseguir una relación eterna con Dios.

Para los creyentes del primer siglo, una corona simbolizaba poder y estatus. Imagina cómo una familia común, pobre, que ha trabajado duro para ganarse el pan diario se sentiría al escuchar que serían coronados y vivirían con honor y prosperidad.

Si somos coronados en el cielo, ¿no nos ayuda eso a captar la idea de un retorno maravilloso y arrollador de nuestras inversiones espirituales?

¿Habrá diferentes castigos en el infierno?

La Biblia no habla directamente de la cuestión de diferencias en el castigo; sin embargo, en la parábola del siervo infiel (ver Lucas 12.35–48) Jesús insinúa la respuesta.

Presenta su historia instando a sus seguidores: «Estén vestidos, listos para servir y mantengan las lámparas encendidas como si esperaran el regreso de su amo de la fiesta de bodas» (vv. 35–36). Como Pedro y los demás estaban confusos acerca de sus instrucciones, continuó diciendo: «Un siervo fiel y sensato es aquel a quien el amo puede darle la responsabilidad de dirigir a los demás siervos y alimentarlos» (v. 42).

La cuestión es clara: aquellos que abusen de su responsabilidad y hagan mal a los demás serán juzgados según sus actos. Jesús entonces distingue entre dos clases de sirvientes: «Un siervo que sabe lo que su amo quiere, pero no se prepara ni cumple las instrucciones, será severamente castigado. Pero alguien que no lo sabe y hace algo malo, será castigado levemente» (vv. 47–48).

El pasaje termina con la advertencia de que el conocimiento trae responsabilidad. El pecado es aún más pecaminoso para aquellos que conocen el bien y fallan. «Alguien a quien se le ha dado mucho, mucho se le pedirá a cambio; y alguien a quien se le ha confiado mucho, aún más se le exigirá» (v. 48).

En otro pasaje, Jesús envía a sus doce discípulos a proclamar que el reino de los cielos está cerca y después les ordena que si la gente de cualquiera de esas ciudades no les recibe, ellos tienen que sacudir el polvo de sus pies mientras se marchan. «Les digo la verdad, el día del juicio les irá mejor a las ciudades perversas de Sodoma y Gomorra que a esa ciudad» (Mt 10.15).

Ninguno de los pasajes citados habla claro de los niveles de castigo en el infierno, pero muchos cristianos deducen ese significado. La consecuencia es que los pecadores serán juzgados según la cantidad de luz y comprensión que tengan. Como Gary Habermas y J. P. Moreland afirman: «Esta diferenciación de castigos proporciona un medio equitativo de pecado con varios niveles de delito».[6]

¿Hay diferentes niveles en el cielo?

Cuando la gente hace esta pregunta, normalmente quieren saber si hay una primera, una segunda y una tercera capa de cielo. Toman literalmente las palabras de Pablo en 2 Corintios 12.2, donde escribe: «Hace catorce años fui llevado hasta el tercer cielo».

La lógica de esta afirmación supone que debe haber un primer y un segundo cielo. Algunos se aventuran a interpretar que Pablo está diciendo que solo los más espirituales de los cristianos irán al tercer cielo, o al más alto (fíjate que en la Biblia no se menciona un séptimo cielo).

De acuerdo a estos individuos, los cristianos normales van al segundo cielo; y aquellos que apenas entren en la dimensión especial (como el ladrón moribundo en la cruz) están asignados al primer nivel. No hay prueba de esa teoría.

Muchos expertos interpretan «tercer cielo» como un modo de expresar el lugar máximo de Dios. De hecho, Pablo nunca insinúa que haya tres cielos o siquiera tres niveles de cielo: el concepto probablemente se origina en los nueve niveles diferentes de cielo e infierno presentados en la *Divina Comedia* de Dante. Este libro es una obra de ficción.

Como señalamos en otro sitio, la Biblia habla de recompensas en el cielo para los creyentes. En 2 Timoteo 4.6–8, Pablo escribe a su discípulo:

> En cuanto a mí, mi vida ya fue derramada como una ofrenda a Dios. Se acerca el tiempo de mi muerte. He peleado la buena batalla, he terminado la carrera y he permanecido fiel. Ahora me espera el premio, la corona de justicia que el Señor, el Juez justo, me dará el día de su regreso; y el premio no es solo para mí, sino para todos los que esperan con anhelo su venida.

Pablo no presenta elitismos o niveles especiales. Aunque hay diferentes grados de recompensa, la Biblia no enseña diferentes niveles de cielo.

Como muchos sabios han dicho: «Cuando la Biblia se calla, nosotros nos callamos».

¿Qué son el nuevo cielo y la nueva tierra?

En varios lugares de la Biblia leemos acerca de un nuevo cielo y una nueva tierra. Isaías hace la primera referencia bíblica a esas palabras provenientes de Dios:

> ¡Miren! Estoy creando cielos nuevos y una tierra nueva, y nadie volverá siquiera a pensar en los anteriores. Alégrense; regocíjense para siempre en mi creación. ¡Y miren! Yo crearé una Jerusalén que será un lugar de felicidad y su pueblo será fuente de alegría. Me gozaré por Jerusalén y me deleitaré en mi pueblo. Y el sonido de los llantos y los lamentos jamás se oirá en ella. (Is 65.17–19)

Pedro presenta una horrible imagen del final de este mundo:

> Pero el día del Señor llegará tan inesperadamente como un ladrón. Entonces los cielos desaparecerán con un terrible estruendo, y los mismos elementos se consumirán en el fuego, y la tierra con todo lo que hay en ella quedará sometida a juicio. Dado que todo lo que nos rodea será destruido de esta manera, ¡cómo no llevar una vida santa y vivir en obediencia a Dios, esperar con ansias el día de Dios y apresurar que este llegue! En aquel día, él prenderá fuego a los cielos, y los elementos se derretirán en las llamas. Pero nosotros esperamos con entusiasmo los cielos nuevos y la tierra nueva que él prometió, un mundo lleno de la justicia de Dios. (2 P 3.10–13)

No todo el mundo está de acuerdo, pero esta afirmación puede señalar al nuevo mundo: «Dios bendice a los que son humildes, porque heredarán toda la tierra» (Mt 5.5). Como aún no hemos heredado la tierra en esta vida, puede que sea una promesa que Dios completará en el futuro.

Quizá uno de los mejores pasajes que nos permiten ver brevemente de antemano los nuevos cielos y la nueva tierra se encuentra en Apocalipsis 21—22. Aunque hay severas diferencias a la hora de interpretar este libro, muchos ven estos capítulos como una presentación simbólica de lo que está por venir. Por ejemplo, en Apocalipsis 21.1–4 se lee:

> Entonces vi un cielo nuevo y una tierra nueva, porque el primer cielo y la primera tierra habían desaparecido [...] Y vi la ciudad santa, la nueva Jerusalén, que descendía del cielo desde la presencia de Dios, como una novia hermosamente vestida para su esposo.
>
> Oí una fuerte voz que salía del trono y decía: «¡Miren, el hogar de Dios ahora está entre su pueblo! Él vivirá con ellos, y ellos serán su pueblo. Dios mismo estará con ellos. Él les secará toda lágrima de los ojos, y no habrá más muerte ni tristeza ni llanto ni dolor. Todas esas cosas ya no existirán más».

Esta es una visión profética de la culminación de la vida sobre la tierra y una presentación de lo que espera a los creyentes. Como gran parte del libro, las figuras y los símbolos que Juan usa, en especial aquellos del Antiguo Testamento, estaban hechos para explicar a las mentes humanas lo que somos incapaces de entender ahora.

Por esta razón, aunque leemos estos hermosos pasajes inspiradores, necesitamos recordarnos que Juan escribió el libro en medio de la persecución del gobierno romano. Usaba un lenguaje simbólico que los perseguidores probablemente no captarían para componer palabras que reconfortasen a los creyentes.

Esto significa que debemos tener cuidado a la hora de leer esos detalles. En vez de insistir en que las palabras de Juan son literales (aunque algunas de ellas pueden serlo), tenemos que pensar en el *propósito* de las palabras de Juan. Específicamente, *¿cuál era el mensaje que el Espíritu Santo (actuando por medio de Juan) quería comunicar a los creyentes del primer siglo?*

Destaco la cautela con la que debemos leer los detalles porque ninguno de nosotros sabe con certeza cómo serán los nuevos cielos y la nueva tierra. De hecho, si consideramos las promesas dadas acerca del Mesías en el Antiguo Testamento, muchas de ellas parecen extrañas y oscuras cuando leemos su cumplimiento en el Nuevo Testamento.

Por ejemplo, Mateo 2.14–15 nos cuenta que María, José y el bebé Jesús vivieron en Egipto hasta la muerte del rey Herodes, y después de ese tiempo regresaron a Israel. Mateo escribe: «Así se cumplió lo que el Señor había dicho por medio del profeta: "De Egipto llamé a mi Hijo"» (Mt 2.15). La profecía del Antiguo Testamento dice: «Cuando Israel era niño, yo lo amé, y de Egipto llamé a mi hijo» (Os 11.1). Dudo que los creyentes hubieran captado el cumplimiento de esta promesa si Mateo no hubiera escrito estas palabras.

Sin embargo, podemos demostrar desde los textos bíblicos que en el final de los tiempos, tal y como lo conocemos, un cielo nuevo y una tierra nueva reemplazarán nuestros cielo y tierra existentes. También podemos decir que el cielo —que es la nueva tierra— es un lugar físico donde habitaremos con cuerpos físicos glorificados (ver 1 Co 15.35–58).

La idea de que nos convertiremos en espíritus que flotarán por el cielo y tocarán el arpa no se encuentra en ningún lugar de la Biblia. El cielo que los creyentes experimenten será un lugar nuevo y perfecto preparado por Dios para que podamos ser perfectos y estar completos. Eso significa que la nueva tierra estará libre de pecado, maldad, enfermedad, sufrimiento y muerte.

De nuevo, quizá el mejor modo de pensar en el nuevo cielo es compararlo con una recreación del jardín del Edén, tal y como era antes de la maldición del pecado. Todo era perfecto y no había pecado, ni enfermedad ni muerte. La primera pareja cuidaba del jardín y vivían en paz entre los animales.

¿Quién irá al cielo?

Hay demasiados versículos para citarlos todos, pero Juan 3.16 nos dice que todo el que cree no perecerá, sino que tendrá vida eterna. El mismo capítulo concluye: «Los que creen en el Hijo de Dios tienen vida eterna. Los que no obedecen al Hijo nunca tendrán vida eterna, sino que permanecen bajo la ira del juicio de Dios» (v. 36).

En otro lugar, Jesús dice: «Ya se acerca el tiempo en que todos los que están en las tumbas oirán la voz del Hijo de Dios y resucitarán. Los que hicieron el bien resucitarán para gozar de la vida eterna, y los que continuaron en su maldad resucitarán para sufrir el juicio» (Jn 5.28–29).

Cuando el apóstol Pablo aparece ante el gobernador romano Félix y se defiende de los falsos cargos presentados por los líderes judíos, dice: «Firmemente creo en la ley judía y en todo lo que escribieron los profetas. Tengo la misma esperanza en Dios que la que tienen estos hombres, la esperanza de que él resucitará tanto a los justos como a los injustos» (Hch 24.14–15; ver también Jn 5.24; 6.40; 10.28; Rom 2.6–7; 1 Jn 2.25).

Como cristianos, creemos que el cielo es nuestro destino eterno y que solo los creyentes irán allí. Como dijo alguien una vez: «Si los incrédulos no están interesados en Dios en la tierra, ¿por qué estarían interesados en el cielo después de morir?».

Cuando morimos, ¿vamos inmediatamente al cielo?

Cuando morimos, ¿simplemente dejamos de vivir, con nada más que nuestros recuerdos mortales para indicar nuestros años en la tierra? ¿Nuestra alma invisible se eleva inmediatamente al cielo?

Los cristianos siempre han insistido en que Dios resucitará a todo el mundo, y que todos aquellos que le han amado y obedecido entrarán en una nueva cualidad de vida que no tendrá fin. Eso no es un problema. Sin embargo, los cristianos no están de acuerdo en la respuesta a esta pregunta, y no hay una evidencia sólida e irrefutable para resolver el asunto.

Ningún vivo sabe realmente lo que ocurre después de la muerte. Los cristianos comparten la creencia de la resurrección, pero no están del todo de acuerdo en lo que ocurre *inmediatamente* después de morir. Los cristianos respaldan diferentes teorías o creencias.

Sin embargo, a pesar de nuestra teología, todos podemos afirmar esto: «Morimos, y nuestro siguiente momento *consciente* será en la presencia de Dios». Cuando usamos la palabra «consciente», nos referimos a una de estas dos posibilidades:

1. Inmediatamente pasamos a la presencia de Dios, en cuanto nuestro corazón deja de latir; o
2. Morimos, nuestros cuerpos están en la tumba, y no tenemos conciencia hasta el momento de la resurrección. De este modo ese es nuestro siguiente momento consciente.

(Toma nota de que hay una tercera posibilidad: un estado intermedio de la conciencia entre la tumba y el cielo, que discutiremos más adelante.)

Colleen McDannell y Bernhard Lange escriben lo siguiente acerca de las creencias de los judíos en la época de Jesús:

> En el primer siglo de la era común, cuando el cristianismo apareció por primera vez, prevalecían tres visiones judías del más allá. Además de aquellas tres perspectivas de lo que ocurría después de la muerte, una cuarta, la respuesta cristiana, surgió. Las enseñanzas de los saduceos, fariseos y esenios del primer siglo [...] proporcionaban a los sabios, legos, sectarios y filósofos judíos material para el debate y la especulación [...] Podemos especular sobre las personas a las que apelaron. El cristianismo del Nuevo Testamento deriva en gran medida de la comprensión de la vida eterna de parte de estas disputas sectarias que mantenían una rigurosa vida religiosa en la Palestina regida por los romanos [...]
>
> Los saduceos eran probablemente judíos de clase alta que promovían una estricta adherencia a las Escrituras y expresaban una opinión conservadora sobre cuestiones de ritos y creencias [...] No se han preservado trabajos de los saduceos y apenas tenemos una breve mención de ellos en los escritos del historiador judío Josefo (37–100 E.C.), en el Nuevo Testamento y en sus oponentes filosóficos. Puesto que prácticamente todas las fuentes antiguas sobre los saduceos eran poco favorables a ellos, y no trataban de entender su perspectiva de la muerte, solamente podemos ofrecer una evaluación provisional y en cierto modo especulativa acerca de por qué creían que la vida terminaba en la muerte.
>
> Según Josefo, los saduceos sostenían que «el alma perece junto con el cuerpo». Mientras que otros judíos defendían cierto tipo de supervivencia, los saduceos mantenían que la Escritura no contenía tal promesa. Una posible pista del espíritu mundano y la negación de un más allá de los saduceos puede ser su participación en la rica aristocracia sacerdotal. La tradición atribuye a los saduceos una actitud mundana [...] Según Pablo, encontraban satisfacción en el lema: «Comamos y bebamos, que mañana moriremos». Dado tal

trasfondo, podemos postular que vivían una vida confortable y no esperaban ninguna compensación adicional por la privación en un futuro.[7]

Los autores también señalan: «Ser capaces de estar cerca de Dios mientras vivían en la tierra significaba que no tenían que buscar que la muerte les pusiese en contacto con lo divino [...] [y] presupone que la promesa de una existencia celestial y plena podía ocurrir dentro de la esfera de nuestra propia vida».[8]

Los fariseos trataban de reconstruir el judaísmo «como una cultura cuya identidad estaba conformada por una meticulosa observancia de la ley religiosa». Los autores suponen que los fariseos creían, junto con los profetas del Antiguo Testamento, en el glorioso restablecimiento de un Israel renovado y en la destrucción de sus enemigos. «Según Josefo, daban por supuesta la naturaleza imperecedera del alma con la importante salvedad de que "el alma de alguien bueno pase a otro cuerpo"».[9]

Los autores continúan señalando: «Mientras los saduceos negaban la resurrección de los muertos y los fariseos la defendían, un tercer movimiento judío adoptó una perspectiva más individualista sobre el más allá [...] [Este grupo] sostenía que en la muerte el alma inmortal ascendía al cielo [...] Algunas evidencias indican que los esenios también esperaban la liberación de las restricciones corporales y un descanso final en un reino celestial».[10]

Estas son las creencias principales acerca de cuando los cristianos van al cielo.

La primera creencia es que la muerte y la resurrección son un suceso excepcional. Cuando mueren, los cristianos «inmediatamente experimentan la elevación a la vida eterna a la que señala la esperanza de la resurrección».[11]

Los defensores de esta creencia se refieren a Filipenses 1.23, donde Pablo escribe sobre su dilema de si debería quedarse y bendecir a otros o morir: «Estoy dividido entre dos deseos: quisiera partir y estar con Cristo, lo cual sería mucho mejor para mí». El centro de atención es «estar con Cristo», lo que implica un traslado inmediato al cielo.

Una seria objeción es que tales experiencias constituyen una resurrección personal e individual; esto es: cada *persona* experimenta la vida eterna y la muerte. Esto destruye el aspecto colectivo de que todos los creyentes experimentarán la resurrección al mismo tiempo.

Otra objeción a que los creyentes vayan inmediatamente al cielo es que estarían cómodamente instalados allí antes de ser juzgados y recompensados por Jesucristo. Como Pablo escribe: «Pues todos tendremos que estar delante de Cristo para ser juzgados. Cada uno de nosotros recibirá lo que merezca por lo bueno o lo malo que haya hecho mientras estaba en este cuerpo terrenal» (2 Co 5.10).

Esta cuestión de la recompensa inmediata puede que no les parezca una objeción seria a algunos, ¿pero qué hay de la contraparte? ¿Qué hay de aquellos que no van al cielo? La lógica dice que aquellos que son mandados al infierno están siendo castigados antes de ser juzgados culpables.

Una segunda creencia que algunos sostienen se llama popularmente el sueño del alma. El papa Juan XXII (que ejerció desde 1316 a 1334) afirmó que el alma humana no disfrutaba de la vida eterna hasta el juicio. Él creía que el alma dormía después de la muerte. Su sucesor, el papa Benedicto XII (1334–1342) decretó en 1336 que el alma de los justos disfrutaría la contemplación cara a cara de la divina esencia en el momento de la muerte. El alma de los impíos, al contrario, descendería al infierno, aunque darán cuenta de sus hechos en el día del juicio.[12]

Martín Lutero escribió: «Porque así como un hombre que cae dormido y duerme profundamente hasta la mañana no sabe lo que le ha pasado cuando despierta, así de repente nos levantaremos en el Último Día; y no sabremos cómo ha sido la muerte ni cómo la hemos pasado». En otra parte ofrece una imagen similar de su propio estatus mientras espera la resurrección: «Hemos de dormir hasta que él llegue y golpee la tumba y diga: "Doctor Martín, levántese". Entonces me levantaré en un momento y seré eternamente feliz con él».[13]

Aquellos que mantienen esta creencia se refieren a 1 Tesalonicenses 4.16, donde Pablo escribe acerca del regreso de Cristo: «Primero, los cristianos que hayan muerto [literalmente "muerto en Cristo"] se levantarán de sus tumbas». (Los escritores bíblicos usan «dormir» para referirse a la muerte.) He aquí los versículos en los que descansa esta posición teológica:

> Y del polvo de la tierra se levantarán las multitudes de los que duermen, algunos de ellos para vivir por siempre, pero otros para quedar en la vergüenza y en la confusión perpetuas. (Dn 12.2, NVI)

> Y ahora, amados hermanos, queremos que sepan lo que sucederá con los creyentes que han muerto, para que no se entristezcan como los que no tienen esperanza. Pues, ya que creemos que Jesús murió y resucitó, también creemos que cuando Jesús vuelva, Dios traerá junto con él a los creyentes que hayan muerto. Les decimos lo siguiente de parte del Señor: nosotros, los que todavía estemos vivos cuando el Señor regrese, no nos encontraremos con él antes de los que ya hayan muerto. Pues el Señor mismo descenderá del cielo con un grito de mando, con voz de arcángel y con el llamado de trompeta de Dios. Primero, los cristianos que hayan muerto se levantarán de sus tumbas. Luego, junto con ellos, nosotros los que aún sigamos vivos sobre la tierra, seremos arrebatados en las nubes para encontrarnos con el Señor en el aire. Entonces estaremos con el Señor para siempre. (1 Ts 4.13–17)

Esto nos lleva a la tercera posición, que es la que sostienen los católicos romanos: aquellos que mueren permanecen en un «estado intermedio» (hay una existencia continua del alma sin una resurrección inmediata). En otras palabras, hay una existencia consciente, personal y desencarnada para el alma entre la muerte y la entrada al estado eterno.

Esta existencia personal continuada en la forma de un estado desencarnado resuelve el problema de la continuidad de los humanos entre la muerte y la resurrección. Esta posición conduce a la siguiente pregunta: cómo debe ser el estado desencarnado.

La respuesta más obvia es que debe haber un lugar de dicha y otro de tormento. La doctrina católico romana se refiere a ello como «purgatorio». Para ellos, a la muerte los cristianos entran en un lugar de «sufrimiento purificador, donde son adecuados para el cielo por la expiación de la culpa remanente».[14]

«Purgatorio», del latín *purgare*, significa limpiar o purificar. Se refiere a la condición o lugar de castigo temporal para aquellos que han muerto pero que no son completamente libres de pecados veniales, o que no tienen totalmente pagada la liquidación debido a sus transgresiones. («Pecados veniales» son transgresiones menores que mantendrían a alguien fuera del cielo.) La idea detrás de este castigo temporal es que Dios ha perdonado sus pecados, pero también requiere un pago, y los castigará por sus fallos a hacer penitencia en esta vida. De este modo no serán apartados eternamente de Dios.[15]

Aquellos que mantienen esta visión a menudo se refieren a la historia del rico y Lázaro. Jesús cuenta la historia, y aunque muchos la consideran una parábola, otros insisten en que como Él le llama Lázaro (y ningún otro nombre propio aparece en las parábolas de Jesús), debe ser un relato verdadero.

En esta parábola narrada en Lucas 16.19–31, un hombre vive en el lujo mientras un mendigo llamado Lázaro ruega por las sobras de la mesa del hombre. Ambos mueren, y su situación da la vuelta. «Con el tiempo, el hombre pobre murió, y los ángeles lo llevaron a estar con Abraham [literalmente, «en el seno de Abraham»]. El hombre rico también murió y fue enterrado, y su alma fue al lugar de los muertos [en griego, *hades*]. Allí, en medio del tormento, vio a Abraham a lo lejos con Lázaro junto a él» (vv. 22–23).

El que una vez fue rico está en tormento y ruega a Abraham que envíe a Lázaro para darle un poco de agua. «Estoy en angustia en estas llamas» (v. 24). Abraham le recuerda al hombre que él una vez lo tuvo todo y Lázaro no tuvo nada. «Ahora él está aquí recibiendo consuelo y tú estás en angustia. Además, hay un gran abismo que nos separa. Ninguno de nosotros puede cruzar hasta allí, y ninguno de ustedes puede cruzar hasta aquí» (vv. 25–26).

Para algunos, esta es una imagen literal del purgatorio.

Muchos sabios protestantes rechazan la idea del purgatorio —incluso aunque tenga «cierta apariencia teológica»[16]— puesto que ni la palabra ni el concepto se enseñan en la Biblia. Sin embargo, para algunos esto responde la pregunta del estado intermedio después de la muerte física en la tierra.

En resumen, a pesar de la falta de información, a aquellos que somos creyentes se nos asegura que desde el momento en que morimos, nuestro siguiente momento de conocimiento —nuestro siguiente momento de *consciencia*— será en la presencia de Dios.

¿Qué les ocurre a los impíos?

El infierno es, probablemente, la más impopular de todas las creencias cristianas. Ciertamente es aquella en la que la mayoría de nosotros no queremos pensar.

Por lo poco que leemos en la Biblia acerca del destino de los condenados, parece que habrá niveles de castigo, que es igual a su pecado en contra de su conocimiento y comprensión.

Muchos cristianos creen que el castigo será eterno por los versículos que siguen:

- «Por lo tanto, si tu mano o tu pie te hace pecar, córtatelo y tíralo. Es preferible entrar en la vida eterna con una sola mano o un solo pie que ser arrojado al fuego eterno con las dos manos y los dos pies» (Mt 18.8).
- «[Jesús] vendrá con sus ángeles poderosos, en llamas de fuego, y traerá juicio sobre los que no conocen a Dios y sobre los que se niegan a obedecer la Buena Noticia de nuestro Señor Jesús. Serán castigados con destrucción eterna, separados para siempre del Señor y de su glorioso poder» (2 Ts 1.7–9).
- «Ellos serán atormentados con fuego y azufre ardiente en presencia de los ángeles santos y del Cordero. El humo de su tormento subirá por siempre jamás, y no tendrán alivio ni de día ni de noche» (Ap 14.10–11).

No todos los cristianos están de acuerdo en que el castigo sea fuego literal, argumentando que no afectaría a los espíritus como Satanás y los demonios. Sin embargo, la Biblia es clara en que el castigo para los incrédulos no tendrá fin.

Aquellos que argumentan contra el castigo eterno señalan a la palabra traducida como «eterno». En el original griego la palabra denota una era o un largo periodo de tiempo, porque el griego no tenía palabras para algo como eternidad.

Las razones para sostener el castigo eterno están en Mateo 25.46, donde la misma palabra griega (*kolasin*) describe la duración de los creyentes y el castigo de los malvados. Si una es sin fin, la otra también debe serlo. En otro lugar Jesús usa términos como «el fuego nunca se apaga» (Mc 9.43, NVI) y «los gusanos nunca mueren» (Mc 9.48).

Louis Berkhof dice que hay tres cosas que tenemos que considerar cuando discutimos sobre el estado final de los condenados. La primera es dónde «son consignados los impíos. En la teología actual hay una evidente tendencia en algunos círculos a descartar el castigo eterno». Añade: «En la moderna teología liberal, la palabra "infierno" normalmente se considera una designación metafórica de una condición puramente subjetiva, en la que [la gente] se encuentra mientras está en la tierra y que se convertirá en permanente en el futuro [...] Pero puede haber dudas razonables como el hecho de que la Biblia enseña la existencia continuada de los condenados».[17] Berkhof cita Mateo 24.5, 25.30, 46 y Lucas 16.19–31 para apoyar su argumento.

Siempre debemos recordar que la Biblia fue escrita por personas para explicar palabras y conceptos *en su propia cultura*. Por eso es que el lugar del tormento es llamado *gehena*, que viene de la palabra hebrea para «valle» o «tierra».

El Nuevo Testamento también utiliza *hinnon*, que es un valle al suroeste de Jerusalén donde los idólatras sacrificaban a sus hijos al dios Molok. Era una región despreciada, donde el fuego ardía constantemente para consumir la basura de Jerusalén. Así, se convirtió en el símbolo del lugar de tormento eterno (ver Mt 10.28; 23.33; Lc 12.5).

Mateo 18.9 se refiere al *geennan tou puros* (la gehena de fuego), y hay un lago de fuego enumerado en Apocalipsis 20.14–15. (El lago de fuego es un contraste al mar de vidrio que era como cristal, en referencia a Apocalipsis 4.6.) Otros términos para este lugar se traducen como:

- Prisión (ver 1 P 3.19);
- Abismo (ver Lc 8.31);
- Hades, el mundo invisible, el lugar de los muertos, la muerte y la tumba (ver Mt 11.23; Lc 10.15; Hch 2.27; Ap 1.18).

La oscuridad —la ausencia de luz— es otra descripción del infierno.

La Biblia también habla de aquellos que no irán al cielo como los que están *fuera* (ver 2 Ts 1.9) o que son *arrojados al infierno* (ver Lc 12.5). En verdad, ningún humano sabe con exactitud lo que constituye el castigo eterno de los condenados. Estas son las posibilidades:

- Total ausencia del favor de Dios;
- Angustia vital sin fin, puesto que las vidas de las personas han estado dominadas por el pecado;
- Dolor y sufrimiento en cuerpo y alma;
- Algún castigo subjetivo, como punzadas de consciencia, angustia, desesperación, lloro y crujir de dientes (ver Mt 8.12; 13.50; Mc 9.43–44, 47–48; Lc 16.23, 28; Ap 14.10; 21.28).

Jesús advierte: «¡No se sorprendan tanto! Ciertamente, ya se acerca el tiempo en que todos los que están en las tumbas oirán la voz del Hijo de Dios y resucitarán. Los que hicieron el bien resucitarán para gozar de la vida eterna, y los que continuaron en su maldad resucitarán para sufrir el juicio» (Jn 5.28–29).

Mateo escribe: «Pero muchos israelitas —para quienes se preparó el reino— serán arrojados a la oscuridad de afuera, donde habrá llanto y rechinar de dientes» (8.12).

Pablo escribe: «Pero derramará su ira y enojo sobre los que viven para sí mismos, los que se niegan a obedecer la verdad y, en cambio, viven entregados a la maldad» (Ro 2.8).

Hay dos visiones del *castigo limitado* que aparecen en el cristianismo moderno. Algunas denominaciones, como los adventistas del séptimo día, sostienen que después de un periodo de castigo, Dios aniquilará a los impíos. Esto a veces se denomina como «inmortalidad condicional». Cuando se usa este término, los defensores dicen que los humanos son mortales y que Dios les da el don de la vida eterna a los creyentes. Cuando mueren, los malvados dejan de existir de todas las formas.

La otra visión es el universalismo, que ha sido una actitud creciente entre cristianos durante la última década. Rob Bell expresó popularmente esta idea en *Love Wins* [El amor gana].

Aunque una gran parte de cristianos todavía rechazan la idea de que el castigo estará limitado en duración, la posición universalista es que Dios al final reconciliará todas las cosas consigo mismo. Morton Kelsey defiende: «Decir que el hombre y la mujer después de la muerte serán capaces de resistir el amor de Dios para siempre es sugerir que el alma humana es más fuerte que Dios».[18] Otros insisten en que Dios al final tendrá éxito en su propósito de ganarse a todos para sí mismo.

Cristianos más serios no creen que el infierno sea un lugar donde Dios torture activamente y con desprecio a los malvados para siempre jamás. La posición es que, de acuerdo con la Biblia, la gente ha tomado su decisión de separarse de Dios; y por eso su tormento significa el destierro del cielo y de toda la belleza y perfección que hay allí. Los impíos vivirán con angustia física y mental.

Habermas y Moreland citan a Leon Morris, experto en el Nuevo Testamento, que habla de la posición de la gran parte de evangélicos hoy:

> Pedro le dijo [a Cornelio] que Dios no hace acepción de personas, pero «en cada nación, él acepta a los que lo temen y hacen lo correcto» (Hch 10.35). Esto seguramente significa que la gente es juzgada según la luz que tiene, no según la luz que no tiene. Recordamos, también, que Pablo dice: «Y den

> según lo que tienen, no según lo que no tienen» (2 Co 8.12). Hace mucho tiempo Abraham preguntó: «¿Acaso el Juez de toda la tierra no haría lo que es correcto?» (Gn 18.25) y debemos dejarlo ahí. No sabemos cuál será el destino de aquellos que no han escuchado el evangelio. Pero conocemos a Dios, y sabemos que él hará lo que es correcto.[19]

Hay quien habla de una segunda oportunidad después de la muerte. Hebreos 9.27–28 afirma: «Y así como cada persona está destinada a morir una sola vez y después vendrá el juicio, así también Cristo murió en sacrificio una sola vez y para siempre, a fin de quitar los pecados de muchas personas». Sin embargo, en ningún lugar de la Biblia hay ninguna justificación para una segunda oportunidad después de que se haya acabado esta vida.

¿Qué es el infierno?

Al hablar sobre el infierno, los cristianos tienden a sostener cuatro puntos de vista principales, como muestra William Crockett en su libro *Four Views on Hell* [Cuatro visiones del infierno].[20]

La primera es la visión *ortodoxa*. Esta es la creencia de que el castigo para los impíos es eterno y punitivo, no redentor. Como la Biblia revela que Dios es un Dios de amor y gracia, se ha desarrollado una tensión entre los conceptos de un Dios amante y un Dios justo que demanda justicia absoluta para los malvados. La ortodoxia estricta proporciona un castigo eterno para los malvados.

La segunda visión del infierno es la *metafórica*; en otras palabras, es algo no literal y menos específico que la visión ortodoxa. Normalmente, aquellos que mantienen esta visión reconocen que los impíos nunca serán redimidos y restaurados a un lugar de bendición en la eternidad, pero los relatos escriturales de su sufrimiento y juicio divino se toman de un modo un poco menos literal.

Una tercera visión —la de la Iglesia Católica Romana— ve el infierno como un *purgatorio*. Como ya dijimos antes, en esta visión el infierno tiene una antecámara llamada purgatorio, un lugar de limpieza divina de donde algunos, al menos, saldrán finalmente como redimidos y estarán entre los bendecidos de Dios. Por norma general, esta visión requiere que todos deban pasar por un periodo de purga en el que sean juzgados sus pecados inconfesados y les sea infligido un castigo. Aunque sea extensivo y continúe durante un periodo de tiempo, al final muchos serán restaurados a un lugar de gracia y dicha, mientras que otros serán condenados eternamente.

La cuarta visión del infierno es la que lo ve como una situación *condicional* o temporal para los malvados. Esta visión la han defendido muchos que encuentran contradicción entre las doctrinas de un castigo eterno y un Dios de amor y gracia. Ellos explican que el infierno o bien es temporal, en el sentido de que la inmortalidad es condicional y solo los justos serán levantados, o que es redentor, en el sentido de que cualquier sufrimiento que pueda haber después de esta vida a causa del pecado terminará con los impíos siendo redimidos y restaurados a un lugar de bendición. La inmortalidad o aniquilación condicional reduce la severidad y la extensión del castigo eterno, mientras que en el universalismo al final todos son salvados.

Crockett afirma que él podría proporcionar citas «casi sin fin» desde los primeros escritores cristianos hasta el presente que tienen diferentes visiones del infierno. Algunos creían en el castigo eterno, y otros no. Él continúa diciendo que el único valor de citarlos sería demostrar que «siempre ha habido diversidad de opiniones».[21]

La importancia de las afirmaciones anteriores es señalar que los cristianos serios, desde los primeros días, han estado en desacuerdo con respecto al infierno. Durante los últimos dos mil años, la gente piadosa ha sostenido visiones tan dispares *y* ha insistido en que la Biblia refleja su punto de vista.

¿Existirá el tiempo en el cielo?

La Biblia a menudo habla del tiempo, pero no está claro que esos versículos *prueben* que habrá tiempo en el cielo.

Por ejemplo, algunos se refieren a Apocalipsis 6.10–11, donde las almas martirizadas claman y preguntan a Dios: «¿Cuánto tiempo hasta que juzgues a la gente de este mundo?». En este pasaje, «cuánto tiempo» tiene una referencia temporal; pero apenas es una prueba. De nuevo, tenemos que recordar que el libro de Apocalipsis está escrito para dar ánimos a los santos perseguidos del primer siglo. Ellos harían esas preguntas naturalmente.

Apocalipsis 7.15 habla de que aquellos que han muerto y que «están delante del trono de Dios y le sirven día y noche en su templo». También está la referencia a que el árbol de la vida «produce doce cosechas de fruto, y una cosecha nueva cada mes» (Ap 22.2).

El argumento en contra, de nuevo, es que Dios habla a los humanos con un lenguaje temporal porque estamos en la tierra y necesitamos palabras y símbolos que podamos entender. Cuando los muertos hacen preguntas como «¿cuánto tiempo?» o «¿cuándo?» es un modo de que Dios comunique a su pueblo perseguido y atormentado que Él no los ha abandonado ni los ha olvidado.

En la tierra necesitamos horas, días, meses y estaciones para que nuestro mundo cotidiano tenga sentido. La metáfora de Pablo lo explica bien: «Cuando yo era niño, hablaba, pensaba y razonaba como un niño; pero cuando crecí, dejé atrás las cosas de niño. Ahora vemos todo de manera imperfecta, como reflejos desconcertantes, pero luego veremos todo con perfecta claridad. Todo lo que ahora conozco es parcial e incompleto, pero luego conoceré todo por completo, tal como Dios ya me conoce a mí completamente» (1 Co 13.11–12).

Pablo hace una importante declaración acerca de nuestro estado incompleto y nos compara con niños. ¿Es posible que el *tiempo* sea parte del lenguaje que Dios usa para hablarnos en nuestro estado de conocimiento «parcial e incompleto»? Además, ¿por qué *necesitaríamos* el tiempo en la nueva Jerusalén?

Muchos de nosotros reconocemos de buena gana que el tiempo de Dios no se parece al nuestro. Dios trabaja en una dimensión diferente: más allá de cualquier cosa que podamos comprender o anticipar. Por consiguiente, las palabras de la Biblia están dirigidas a nuestra limitada comprensión.

Otro modo de ver la cuestión es darse cuenta de que no hay pasado o futuro con Dios. Dios ve solamente el ahora: y el *ahora* divino toma nuestro pasado, presente y futuro.

También tenemos testigos humanos. Don Piper, después de sus noventa minutos en el cielo, a menudo ha dicho que el tiempo no existe allí. No es una voz solitaria. Una afirmación común entre la gente que ha tenido experiencias cercanas a la muerte es que no solo había ausencia de tiempo, sino también que «su vida entera pasaba volando delante de ellos». ¿No implica eso que vieron la totalidad de sus vidas en unos pocos instantes humanos? Aunque esto no es posible aquí en la tierra, ¿por qué tendría el cielo limitaciones así?

Si Dios sabe (no *supo*) el futuro antes de la creación del mundo, ¿por qué debería el tiempo ser un problema?

He aquí un versículo que aclara esa afirmación. Pablo escribe: «Incluso antes de haber hecho el mundo, Dios nos amó y nos eligió en Cristo para que seamos santos e intachables a sus ojos. Dios decidió de antemano adoptarnos como miembros de su familia al acercarnos a sí mismo por medio de Jesucristo» (Ef 1.4–5).

Muchos de nosotros tenemos la imagen de un ojo que todo lo ve, como el que se representa en el reverso del billete del dólar. Yo lo veo de este modo:

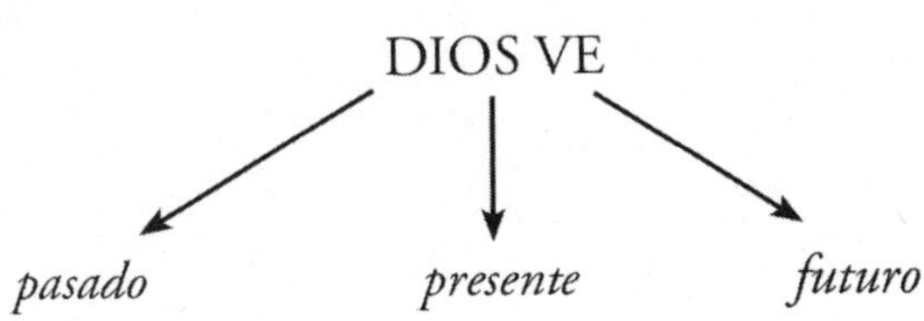

Mientras nosotros vivimos en el tiempo del pasado que avanza hacia el presente y continúa hacia el futuro, Dios ya lo ha visto todo de un modo que va más allá de nuestra comprensión.

Este es otro modo de mirar el tiempo: si la transición desde la muerte a la resurrección significa un pasaje desde el tiempo humano al divino, cuando morimos entramos en el *ahora* eterno de Dios. La eternidad no son billones y trillones de años que podemos contar (o que querríamos contar). ¿No anula eso el tiempo en el pasado y en el futuro? Cuando morimos, entramos en el ahora de Dios.

¿Pueden vernos ahora nuestros seres queridos que han muerto?

A pesar del hecho de que muchos encuentran consuelo en la creencia de que sus seres queridos los observan desde arriba, no hay afirmación bíblica de que lo hagan.

Tampoco hay referencias bíblicas que digan que no lo hacen.

La Biblia no dice específicamente si la gente en el cielo puede ver a aquellos de nosotros que todavía estamos en la tierra. Aunque es poco probable que puedan, la respuesta común a favor de que nos vean viene de aquellos que quieren sentir el consuelo de un ser amado fallecido cuidándoles. No es una cuestión teológica, sino una que involucra la pérdida de los seres queridos y el anhelo de sentirse conectados con ellos.

Unos cuantos se refieren a Hebreos 12.1, que sigue al famoso capítulo de la fe de los héroes: «Por lo tanto, ya que estamos rodeados por una enorme multitud de testigos de la vida de fe, quitémonos todo peso que nos impida correr, especialmente el pecado que tan fácilmente nos hace tropezar. Y corramos con perseverancia la carrera que Dios nos ha puesto por delante».

Sin embargo, lo obvio del versículo *no* es que haya un gran grupo de gente en el cielo mirando lo que hacemos, sino que tenemos *ejemplos* de las vidas (y las muertes) de los creyentes desde Abel hasta aquellos en el primer siglo que confiaban en Dios.

Ellos marcaron el estándar para nosotros, pero eso no quiere decir que estén mirando. A causa de la fe y la diligencia de los cristianos que fueron antes de nosotros, podemos inspirarnos para seguir su ejemplo.

Si nuestros seres queridos están conscientes en el cielo y nos observan, ¿no verían cosas que les causarían dolor y angustia? Si no hay infelicidad en el cielo, ¿cómo pueden ver y no sentirse afectados? Si miran desde el cielo y ven el dolor y el sufrimiento de sus seres queridos, ¿seguiría siendo el cielo?

Además, sea lo que sea que estén haciendo en el cielo, ¿no están retirados de las preocupaciones y las angustias de la tierra? ¿No arruinaría la capacidad de ver la actividad de abajo esa perfección del cielo? Si son libres del pecado y experimentan la presencia de Dios en el cielo, seguramente eso es más que suficiente para captar su atención.

¿Podremos ser felices en el cielo si nuestros seres queridos están en el infierno?

Si el cielo es un lugar de perfección y de gozo completo, debe haber algún modo de que el horror del infierno no empañe la gloria que experimentamos en el cielo. Nuestras limitaciones presentes hacen imposible que comprendamos cómo eso puede ser cierto.

Cuando hablamos del gozo del cielo y pensamos en nuestros seres queridos siendo posiblemente castigados por la eternidad en el infierno, muchos se preguntan cómo puede ser el cielo para esos individuos (y probablemente todos nosotros). Esa preocupación ha desafiado a muchas personas.

La Biblia no ofrece una respuesta específica, pero hay pasajes que contienen fragmentos de información que suplen una respuesta significativamente sustancial al problema percibido.

Tenemos que reconocer que cierta cantidad de cosas acerca del orden eterno van más allá de nuestra capacidad de comprensión. Suponemos que es por eso que los escritores bíblicos usan un lenguaje metafórico o simbólico. Por ejemplo, Apocalipsis 21.4 promete que Dios «secará toda lágrima de los ojos, y no habrá más muerte ni tristeza ni llanto ni dolor. Todas esas cosas ya no existirán más». No creemos que Dios seque literalmente toda lágrima de cada persona, pero ciertamente comprendemos el significado (y eso nos anima). En verdad los creyentes perseguidos de la época de Juan se habrían regocijado al leer esas palabras.

De esas pocas palabras comprendemos el simbolismo de que Dios eliminará la tristeza: toda. Si fuera el caso de que la pena sobre la pérdida de nuestros seres queridos destruyese la dicha del cielo, entonces no había cielo para muchos de los redimidos, porque el pueblo del Señor ha tenido miembros de su familia —ya sean miembros de la cercana o la extendida, o los amigos— que han muerto fuera de la esfera de la salvación.

Si confiamos en un Dios amante y benevolente que nos lleva a un lugar de perfecta felicidad, ¿no lo haría Dios totalmente feliz? Dios es un ser de amor supremo, lo que es intrínseco a Su misma naturaleza (ver, por ejemplo, 1 Juan 4.7–8, que declara: «El amor viene de Dios [...] porque Dios es amor»). Nuestra comprensión del amor divino no puede empezar a alcanzar la profundidad del corazón y el plan divinos.

Sin embargo, aunque leemos de este amor que va más allá de la comprensión humana, también necesitamos recordarnos a nosotros mismos el lenguaje usado para aquellos que rechazan a nuestro Salvador. Jesús dijo: «Pero muchos israelitas —para quienes se preparó el reino— serán arrojados a la oscuridad de afuera, donde habrá llanto y rechinar de dientes» (Mt 8.12). Esta misma expresión también aparece en Mateo 22.13, 24.51, 25.30 y Lucas 13.28.

Podemos sentirnos repelidos por el lenguaje, pero debemos descansar con el conocimiento de que el amor y la justicia de Dios están funcionando. No podemos comprender cómo los santos en el cielo pueden vivir en perfección mientras los pecadores en el infierno sufren condenación eterna. (Incluso aquellos que creen en cierta clase de universalismo o aniquilación de los impíos a menudo reconocen un periodo de castigo por sus pecados antes de la aniquilación total.)

Ya sea temporal o eterna, no resuelve la cuestión acerca de los que están en el cielo y la separación de sus seres queridos. Seguramente el Dios del cielo hará lo justo y adecuado para todos los afectados. Puede que nuestras mentes no sean capaces de entender cómo puede hacerse, pero eso no quiere decir que Dios no pueda o no vaya a hacerlo.

Dios juzgará justamente, y todos los ángeles, santos y mártires le alabarán por ello. Parece ineludible que junto con ellos aprobemos el juicio de aquellos que han rechazado la gracia de Dios. En el cielo veremos con una nueva perspectiva, muchísimo mejor. En 2 Corintios 1.3 se nos recuerda que: «Dios es nuestro Padre misericordioso y la fuente de todo consuelo».

¿Acaso eso no es suficientemente reconfortante?

¿Tendremos un cuerpo diferente en el cielo?

Los cristianos modernos no son los primeros en preguntarse a qué se parecerán nuestros cuerpos después de la resurrección.

A los treinta años de la ascensión de Jesús, el apóstol Pablo recibió aquella pregunta y respondió: «Lo cierto es que Cristo sí resucitó de los muertos. Él es el primer fruto de una gran cosecha, el primero de todos los que murieron» (1 Co 15.20). Traducciones más antiguas se refieren a Jesús como «las primicias», que tiene un importante énfasis teológico. Cuando Moisés le dio la ley a la gente, uno de los requerimientos implicaba dar las primicias —la primera producción de sus campos y huertos— a Dios. Eran entregadas a los sacerdotes, que eran los representantes de Dios.

El fruto inicial de la cosecha siempre se entendía como una dedicación a Dios. Moisés escribe: «También te doy las ofrendas de la cosecha que el pueblo presenta al Señor: lo mejor del aceite de oliva y del vino nuevo y del grano. Todas las primeras cosechas de la tierra que el pueblo presente al Señor te pertenecen» (Nm 18.12–13).

Deuteronomio 26.2–3 ordena: «Coloca una parte de las primicias de cada cosecha en una canasta y llévala al lugar de adoración designado [...] Preséntate al sacerdote que esté a cargo en ese momento y dile: "Con esta ofrenda reconozco ante el Señor su Dios que he entrado en la tierra que él juró a nuestros antepasados que nos daría"».

Levítico 23.9–11 señala que la primera oleada de manojos de la primera cosecha de grano delante del Señor servía para consagrar la cosecha completa que seguía. De forma similar, la resurrección de Cristo es mencionada como las primicias de aquellos que han muerto y se convertirá en la garantía de que todos aquellos que confían en Él serán resucitados. Como las primicias —el comienzo del cumplimiento de la resurrección para todos nosotros—, Él es entregado a Dios. Eso implica que habrá una generosa cosecha después.

La respuesta de Pablo en 1 Corintios 15.20 es un modo de decirnos: «Tal como Jesús fue, así seremos nosotros». En 1 Juan 3.2 leemos: «Queridos amigos, ya somos hijos de Dios, pero él todavía no nos ha mostrado lo que seremos cuando Cristo venga; pero sí sabemos que seremos como él». Así pues, para comprender a qué se parecerán nuestros cuerpos en el cielo, tenemos que examinar los relatos en la Biblia donde Jesús se aparece a sus seguidores después de su resurrección.

Después de la resurrección de Jesús, tenemos dos relatos distintos donde Jesús se aparece a sus seguidores y ellos no le reconocen inmediatamente. El primero tiene lugar el domingo por la mañana, el día de la resurrección. María Magdalena descubrió que la tumba de Jesús estaba vacía y se echó a llorar: «Dio la vuelta para irse [de la tumba] y vio a alguien que estaba de pie allí. Era Jesús, pero ella no lo reconoció [...] Ella pensó que era el jardinero» (Jn 20.14–15). Después de que Jesús la llamase por su nombre, ella lo reconoció.

Es de destacar que ella lo reconociera *solo después de que Él la llamase por su nombre*. La suposición es que la apariencia de Jesús era diferente.

Lucas 24.13–34 cuenta la otra historia, donde Jesús está andando junto a dos discípulos que viajaban al puedo de Emaús. No lo reconocieron hasta que se sentaron a comer y Él bendijo el pan. La Biblia dice: «De pronto, se les abrieron los ojos y lo reconocieron» (v. 31).

Más adelante, «los dos de Emaús les contaron cómo Jesús se les había aparecido mientras iban por el camino y cómo lo habían reconocido cuando partió el pan» (v. 35).

Cuando Dios levantó a Jesús de los muertos, demostró poder suficiente para resucitar también nuestros cuerpos. En su cuerpo resucitado, Jesús habló con sus discípulos y comió comida con ellos (ver Jn 21.1–14).

Estos relatos nos dicen que Jesús podía encajar dentro de las dimensiones terrenales pero que también podía sobrepasarlas. Antes de su muerte Jesús prometió que no dejaría huérfanos a sus discípulos, sino que vendría a ellos (ver Jn 14.18).

De estos relatos podemos conjeturar que nuestros cuerpos resucitados conservarán nuestras identidades y que los demás nos reconocerán, aunque poseeremos capacidades mayores que las que tenemos en nuestros presentes cuerpos terrenales.

En 1 Corintios 15, el apóstol dedica una sección a nuestros cuerpos resucitados. Comenzando con el versículo 35, responde a la pregunta de a qué se parecerán nuestros cuerpos. Dice que es una cuestión ridícula y señala el hecho de que en la naturaleza las semillas van a la tierra, mueren y producen una planta. «Luego Dios le da el cuerpo nuevo que él quiere que tenga» (v. 38).

Pablo continúa diciendo: «La gloria de los cuerpos celestiales es diferente de la gloria de los cuerpos terrenales» (v. 40). Pinta nuestros cuerpos como débiles y quebradizos, pero «serán resucitados en fuerza. Son enterrados como cuerpos humanos naturales, pero serán resucitados como cuerpos espirituales» (vv. 43–44).

Pablo compara al primer Adán con su cuerpo natural con «el último Adán» (Cristo). «Los que son terrenales son como el hombre terrenal, y los que son celestiales son como el hombre celestial. Al igual que ahora somos como el hombre terrenal, algún día seremos como el hombre celestial» (vv. 48–49).

Podemos afirmar con claridad que tendremos cuerpos, pero no los terrenales. Como Pablo concluye: «Lo que les digo, amados hermanos, es que nuestros cuerpos físicos no pueden heredar el reino de Dios. Estos cuerpos que mueren no pueden heredar lo que durará para siempre» (v. 50).

¿Reconoceremos a los demás en el cielo?

¿Nos conoceremos en el cielo? Esa es una pregunta común. La respuesta parece obvia. ¿Cómo podría ser el cielo si deambulamos por la eternidad sin reconocer a aquellos que hemos amado en esta vida? Seremos los mismos, aunque maravillosamente diferentes, porque seremos transformados por la gracia de Dios y las consecuencias del pecado ya no echarán a perder nuestras vidas.

Nada en la Biblia implica que no reconoceremos a los demás. De hecho, tenemos señales de que *nos reconocemos.* En esta vida estamos bloqueados por las limitaciones humanas; pero en el cielo las imperfecciones de la edad, la enfermedad y la debilidad serán eliminadas. La marca y la proclividad hacia el pecado desaparecerán. El resultado será que aquellos que estén en el cielo, aunque mantengan su personalidad, estarán despojados de cualquier marca de debilidad humana.

No tenemos indicación de que en el cielo se suprima la personalidad humana. En aquel día, lo que se supone es que nos conoceremos unos a otros completamente, más allá de nuestro conocimiento limitado en esta vida. La edad y el paso del tiempo no importarán.

Algunos preguntan a veces por nuestra edad en el cielo, pero esa pregunta no tiene respuesta. Si el tiempo no tiene consecuencias, nuestra edad no importa. Además, no tenemos idea de cómo serán nuestros cuerpos celestiales. Seguramente no mostrarán los estragos debidos al envejecimiento humano. Tenemos que suponer que nuestra falta de información se debe a nuestra incapacidad de comprender la respuesta.

El cielo, por definición, es una esfera diferente del mundo en el que vivimos. Dios podría decirnos todo lo que queremos saber, pero las respuestas no siempre tendrían sentido para nosotros. Un modo de saberlo es pensar en Jesús y sus primeros seguidores. Durante tres años les repitió a sus doce seguidores íntimos que Él era el Cristo, pero no pudieron comprenderlo. Solo *después de la resurrección* al final captaron lo que quería decir.

¿Cómo es posible que entendamos el cielo o lo que nos espera? Tenemos la seguridad de que será mejor que la mejor de nuestras experiencias en la tierra. Eso debería quitarnos las preocupaciones.

Alguien ha dicho bien: «Para los hijos de Dios el cielo será la reunión familiar definitiva, un lugar donde no tendremos dificultad para reconocer a nuestros seres queridos que se fueron antes de nosotros».

Sabemos por las enseñanzas implícitas que todo cambiará «en un abrir y cerrar de ojos» (1 Co 15.52) y que tendremos cuerpos adaptados a nuestra vida que no tendrá fin.

¿Los bebés que mueren van al cielo?

Nadie sabe la respuesta a esa pregunta.

Gran parte de lo que escuchamos es un argumento emocional más que uno bíblico. No hay absolutamente ninguna afirmación en la Biblia que se refiera a los niños que mueren. A menudo hemos oído hablar del término «limbo», que es una doctrina de la Iglesia Católica Romana para dar cuenta de los muertos que no pueden ser asignados claramente al cielo o al infierno.

La idea es controvertida entre los católicos, y muchos protestantes no aceptan el limbo. De hecho, a lo largo de la historia de la Iglesia Católica Romana, la idea del limbo ha sido discutida y debatida hasta la saciedad por los teólogos. Piensa en ello como un lugar intermedio entre el cielo y el infierno, fuera de la presencia de Dios pero libre del tormento asociado al infierno.

Limbo es una palabra latina que literalmente significa «borde» o «límite». Los católicos usan la palabra en dos sentidos. El primero es para describir un lugar temporal o el estado de aquellos que eran creyentes pero fueron incapaces de ir al cielo hasta que Cristo murió, fue resucitado y llegó al cielo. El segundo modo de explicar el limbo es que solo aquellos que aceptan el regalo de la salvación *y son bautizados* pueden entrar en el cielo.[22]

El segundo uso, que le resulta familiar a muchas personas, es que el limbo se refiere al lugar o estado permanente de los niños *no bautizados* o de otros que hayan creído pero no hayan sido bautizados antes de la muerte.

El problema implica la cuestión de lo que llamamos «pecado original». Esto es, que todos los humanos nacen con la mácula o la marca del pecado. No nos convertimos en pecadores cuando hacemos algo mal; *llegamos* a este mundo como pecadores: y esto queda claramente respaldado en muchos pasajes bíblicos. Pablo cita varios versículos de los salmos que prueban que todos son pecadores. Por ejemplo: «No hay ni un solo justo, ni siquiera uno» (Ro 3.10). Él continúa el argumento en el resto del capítulo.

Los cristianos siempre han sostenido que debemos abandonar el pecado y confiar en Jesucristo para entrar en el cielo, que es lo que hace esta cuestión de los niños tan problemática.

Hay dos respuestas sólidas que abordan este tema de lo que ocurre a los que mueren en la infancia. La primera (y probablemente la más popular) es si un niño muere antes de alcanzar «la edad de responsabilidad», Dios lo considera inocente. Nadie ha definido nunca con claridad esa «edad de responsabilidad», y eso también toma en cuenta a los deficientes mentales o a los que son incapaces de distinguir entre el bien y el mal. Así pues, no solo es una cuestión de edad.

Esto tampoco se aborda en la Biblia. De hecho, aquellos que no están de acuerdo señalan que no existe la edad de la inocencia, solo una edad de comprensión del propio pecado.

La segunda posición, que fue enseñada por muchos de los reformadores y líderes puritanos, es que la promesa de la salvación para los niños *solo* es para los hijos de los cristianos. El apoyo bíblico para este punto de vista viene de 1 Corintios 7.14: «Porque el esposo no creyente ha sido santificado por la unión con su esposa, y la esposa no creyente ha sido santificada por la unión con su esposo creyente. *Si así no fuera, sus hijos serían impuros, mientras que, de hecho, son santos*» (NVI, énfasis añadido).

La primera visión realmente no responde a la pregunta y, para muchos, la segunda parece severa.

Yo (Cecil Murphey) me he formado teológicamente y he sido profesor a tiempo parcial en una escuela bíblica durante dieciocho años. Fui pastor y misionero en Kenia. Apunto a este pasado para afirmar que me han hecho esta pregunta muchas veces durante mi carrera profesional. Aunque no conozco la respuesta, creo que la gracia y benevolencia de Dios es mucho, mucho más grande de lo que nosotros los humanos podemos imaginar, y esa es una de las cosas que Dios ha elegido no revelarnos.

Mi respuesta no será suficiente para todos, pero yo encuentro consuelo en estas palabras: «El SEÑOR nuestro Dios tiene secretos que nadie conoce. No se nos pedirá cuenta de ellos. Sin embargo, nosotros y nuestros hijos somos responsables por siempre de todo lo que se nos ha revelado, a fin de que obedezcamos todas las condiciones de estas instrucciones» (Dt 29.29).

El versículo significa que Dios nos hace responsables de lo que sabemos, y el resto descansas en Sus manos. Mi fe me permite confiar en Dios sin conocer la respuesta.

¿Habrá animales en el cielo?

La Biblia tampoco ofrece una clara respuesta a esta cuestión.

Tenemos que recordarnos que tener mascotas domésticas no era parte de la cultura hebrea antigua ni de la cristiana. Los gatos no se mencionan en la Biblia. Los perros eran carroñeros, y una imagen bíblica de ellos muestra ese concepto. De hecho, las referencias a los perros son casi siempre negativas y burlonas:

- Dios les dice a los israelitas: «Ustedes tienen que ser mi pueblo santo. Por eso, no coman ningún animal que haya sido muerto y despedazado por animales salvajes. Échenselo a los perros» (Ex 22.31).
- Cuando David se enfrenta a Goliat, el gigante es insultado y dice con desprecio: «¿Soy acaso un perro? [...] ¡Ven aquí, y les daré tu carne a las aves y a los animales salvajes!» (1 S 17.43–44).
- El profeta Ahías profetiza contra el rey Jeroboam y dice: «A los miembros de la familia de Jeroboam que mueran en la ciudad, se los comerán los perros y a los que mueran en el campo se los comerán los buitres. Yo, el Señor, he hablado» (1 R 14.11).
- Hay un mensaje similar para el rey Baasa, que repite Jehú (ver 1 R 16.4).
- El Señor le da a Elías un mensaje para el malvado rey Ahab: «¿No te bastó con matar a Nabot? ¿También tienes que robarle? Por lo que has hecho, ¡los perros lamerán tu sangre en el mismo lugar donde lamieron la sangre de Nabot!» (1 R 21.19).

El retrato de los perros no es mejor en el Nuevo Testamento:

- Jesús cuenta una historia acerca de un hombre rico y un mendigo llamado Lázaro. Él dice que los perros vendrían y lamerían sus llagas (ver Lc 16.21).

- Pablo advierte: «Cuídense de esos "perros", de esa gente que hace lo malo, esos mutiladores que les dicen que deben circuncidarse para ser salvos» (Fil 3.2).
- Al describir los nuevos cielos y la nueva tierra, Juan escribe de las bendiciones de aquellos que estarán en la nueva Jerusalén. Entonces dice: «Fuera de la ciudad están los perros: los que practican la brujería, los que cometen inmoralidades sexuales, los asesinos, los que rinden culto a ídolos, y todos los que les encanta vivir una mentira» (Ap 22.15).

La palabra «perros» es claramente un término denigrante para los impíos. Pero también muestra la realidad común durante los tiempos bíblicos: los perros no eran mascotas domésticas. Dicho esto, ¿por qué tendría que haber alguna referencia a los perros en el cielo? Habría sido repugnante para los antiguos creyentes.

Isaías escribe del día en que «el lobo y el cordero vivirán juntos, y el leopardo se echará junto al cabrito. El ternero y el potro estarán seguros junto al león [...] La vaca pastará cerca del oso, el cachorro y el ternero se echarán juntos, y el león comerá heno como las vacas» (11.6–7).

Algunos han visto en esto una promesa de tener mascotas en el cielo. Quizá sea así; sin embargo, el pasaje entero está escrito en lenguaje poético en términos que una cultura primitiva pudiera entender. Los enemigos naturales vivirían en armonía. Aunque puede que algunos se tomen esto literalmente, es más probable que sea una metáfora o una imagen de *cómo* será la vida en el cielo.

Muchos se sienten emocionalmente unidos a sus mascotas en la tierra, así que son incapaces de pensar en puro gozo y felicidad sin sus animales de compañía. Sin embargo, no hay una respuesta definitiva acerca de la presencia o la ausencia de mascotas en la eternidad.

Una respuesta está clara: cuando vivamos en la nueva Jerusalén, nuestras vidas serán perfectas, intachables y llenas de gozo. Si necesitamos a nuestras mascotas para disfrutar y mantener una alegría perfecta, podemos estar seguros de que Dios lo facilitará.

¿Los cristianos creen en la reencarnación?

Para responder a esta pregunta tenemos que definir la palabra «reencarnación». Esta idea, también llamada transmigración de las almas, enseña el retorno cíclico de un alma después de la muerte física para vivir otra vida en un nuevo cuerpo. El alma nace de nuevo una... y otra vez.

En ningún lugar de la teología judía o cristiana existe ninguna indicación o creencia en la reencarnación. La enseñanza de la reencarnación se construye sobre el concepto de la autosuperación: si hacemos el bien en esta vida, regresaremos en un estado superior. Del mismo modo, si hacemos el mal, bajaremos en la escalera.

La clara enseñanza cristiana es que vivimos esta vida, y en el día del juicio final aquellos de nosotros que somos creyentes entraremos en el reino eterno de Dios, la nueva Jerusalén, y seremos recompensados por los actos que hicimos en esta vida.

Y solo entonces.

En el pensamiento tradicional hindú, el alma renacida vuelve en otro estado, o en una forma de vida más elevada (como recompensa) o en una más baja (como castigo). La buena gente continúa avanzando hacia formas de vida superiores hasta que salen del ciclo de la reencarnación. Aquellos que tienen más malos actos que buenos, regresan como formas de vida más bajas, como una serpiente o un sapo. Los occidentales modernos que abrazan la reencarnación parecen ignorar la recompensa o el castigo y aseguran regresar como otro ser humano sin importar su anterior comportamiento.

Los cristianos serios siempre han rechazado la reencarnación.

Grupos como Unity School of Christianity, la Sociedad Teosófica y la Edgar Cayce's Association for Research and Enlightenment defienden el ciclo de las almas. La fallecida Jeanne Dixon (1904–1997) popularizó la versión occidental de la reencarnación por medio del libro de Ruth Montgomery *A Gift of Prophecy* [Un don de profecía].

Más tarde, celebridades como Shirley MacLaine también popularizaron la reencarnación.

Se calcula que al menos un veinticinco por ciento de los estadounidenses creen en alguna clase de reencarnación.

Unos cuantos defensores insisten en que los cristianos creían en la reencarnación hasta el siglo VI, cuando fue suprimida. No hay prueba de tal afirmación.

En un artículo de Joseph P. Gudel, Robert M. Bowman Jr. y Dan R. Schlesinger titulado «Reencarnación: ¿Fue suprimida por la iglesia?»,[23] los autores señalan que padres de la iglesia como Justino Mártir (c. 100–150 D.C.) aclaraban que no creían en ninguna forma de reencarnación. Refutan la acusación de que Clemente de Alejandría (c. 155–220 D.C.) enseñara la reencarnación.

Orígenes (c. 185–254 D.C.) es el padre de la iglesia más frecuentemente citado por los reencarnacionistas por enseñar su doctrina; sin embargo, los tres autores proporcionan extensas pruebas de que en realidad *se oponía* a ella. Lo mismo es cierto con Jerónimo (c. 345–419 D.C.), que ocasionalmente es citado como favorable a la transmigración de las almas.

Los autores afirman: «No solo ninguno de los padres de la iglesia aceptan la reencarnación [...] sino que explícitamente rechazan la noción por ser totalmente contraria a la fe cristiana». De ahí enumeran cierto número de padres de la iglesia que sostienen ideas contrarias a la reencarnación. Concluyen: «Ninguno de los padres de la iglesia comúnmente reconocidos como ortodoxos durante los primeros cinco siglos de la iglesia sostienen la reencarnación. La reencarnación en verdad no fue suprimida por la iglesia ni el siglo VI ni en ningún otro momento. Ha sido rechazada explícitamente por los líderes de la iglesia desde mediados del siglo II y nunca se ha tomado seriamente como una creencia que debía ser adoptada por los cristianos».[24]

Aquellos que sostienen la reencarnación intentan probar su posición citando la Biblia. Un texto que usan a menudo es Juan 3.3. Este es el lugar significativo donde los evangélicos señalan que Dios dijo: «A menos que nazcas de nuevo, no puedes ver el reino de Dios». Toman «nacer de nuevo» para apoyar la reencarnación; sin embargo, el término literalmente significa «nacer de arriba» (también repetido en el v. 7). Los griegos no apoyan su visión.

¿Pero no era Juan el Bautista la reencarnación de Elías? Ahí es donde gran parte de los creyentes en la reencarnación basan sus argumentos. Después de todo, Mateo 17.10–13 dice: «Luego sus discípulos le preguntaron [a Jesús]: "¿Por qué los maestros de la ley religiosa insisten en que Elías debe regresar antes de que venga el Mesías?". Jesús contestó: "Es cierto que Elías viene primero a fin de dejar todo preparado. Pero les digo, Elías ya vino, pero no fue reconocido y ellos prefirieron maltratarlo. De la misma manera, también harán sufrir al Hijo del Hombre". Entonces los discípulos se dieron cuenta de que hablaba de Juan el Bautista».

Jesús se refiere a las palabras finales del profeta Malaquías, cuando habla de un tiempo de gran juicio: «Miren, les envío al profeta Elías antes de que llegue el gran y terrible día del Señor» (Mal 4.5). Elías prepararía el camino para el Mesías.

Lucas 1.17 aclara que Juan vino «con el espíritu y el poder de Elías», pero no era la reencarnación de Elías. El Antiguo Testamento es claro en que Elías cumplía el papel de aquel que señalaba el camino hacia Dios, igual que Juan hizo con Jesús.

Otro pasaje útil está en Lucas 9.7–8. Herodes ha matado a Juan el Bautista, y «cuando Herodes [...] oyó hablar de todo lo que Jesús hacía, quedó perplejo. Algunos decían que Juan el Bautista había resucitado de los muertos. Otros pensaban que Jesús era Elías o algún otro profeta, levantado de los muertos».

Si hubiese habido cualquier idea de reencarnación, ¿no habría señales? Por lo tanto, la gente creía en la resurrección, pero no en la reencarnación.

Además, si Juan el Bautista hubiera sido la reencarnación de Elías, ¿no lo habría sabido el propio Juan? Sin embargo, lo tenemos bien claro en el primer capítulo del evangelio de Juan. Juan declara que él no era el Mesías, pero también dice que no era Elías.

«"Bien. Entonces, ¿quién eres?", preguntaron. "¿Eres Elías?". "No", contestó» (Jn 1.21). Cuando le presionan, Juan dice: «Soy una voz que clama en el desierto: "¡Abran camino para la llegada del Señor!"» (v. 23). Cualquier judío habría entendido que se estaba refiriendo a la profecía de Isaías: «¡Escuchen! Es la voz de alguien que clama: "¡Abran camino a través del desierto para el Señor! ¡Hagan una carretera derecha a través de la tierra baldía para nuestro Dios!"» (Is 40.3).

La cita final de Juan aclara que la gente lo veía como una versión contemporánea de Elías, no como el profeta reencarnado.

En Lucas 1.17 la respuesta es evidente. El ángel Gabriel se aparece a Zacarías para hablarle del hijo que va a nacer, Juan (que será conocido como Juan el Bautista). «Será un hombre con el espíritu y el poder de Elías; preparará a la gente para la venida del Señor». Juan vendrá con el mismo celo que el profeta, pero no será la reencarnación de Elías.

Otro importante pasaje al que señalan los defensores de la reencarnación es Juan 9.1–3. Esta es la historia del hombre que había nacido ciego. Lo discípulos preguntan: «¿Por qué nació ciego este hombre? ¿Fue por sus propios pecados o por los de sus padres?» (v. 2).

Algunos teólogos judíos de la época de Jesús creían que era posible pecar mientras se estaba en el vientre de la madre. Citaban Génesis 4.7, donde Dios le dice a Caín: «El pecado está a la puerta». Este es uno de esos versículos que nadie parece capaz de explicar satisfactoriamente. ¿Qué nos dice esto del pecado en el vientre de la madre? ¿Es la barriga de la madre «la puerta del útero»? Caín era adulto en ese momento.

Algunos judíos estaban influidos por Platón y los griegos, que creían en la reencarnación. También pensaban que la aflicción de una persona —aunque esa persona hubiera nacido de ese modo— podía venir del pecado que había sido cometido antes de que naciera.

Jesús zanjó la cuestión diciendo: «No fue por sus pecados ni tampoco por los de sus padres» (Jn 9.3).

Sobre esta tema, la posición de los cristianos es que no hay absolutamente ninguna evidencia en la Biblia de la transmigración de las almas.

También es momento de citar Hebreos 9.27–28 de nuevo: «Y así como *cada persona está destinada a morir una sola vez* y después vendrá el juicio, así también Cristo murió en sacrificio una sola vez y para siempre, a fin de quitar los pecados de muchas personas» (énfasis añadido).

¿Seremos seres sexuales en el cielo?

Esta pregunta se ha hecho de muchos modos, como «¿Habrá relaciones románticas? ¿Seguiremos juntos mi esposo y yo?».

La pregunta parece animar a muchos a afirmar que las relaciones sexuales serán parte del cielo. Un hombre que había estado casado casi cuarenta años antes de que su esposa muriese insistía en que si no había sexo en el cielo él se sentiría enormemente decepcionado. Su afirmación muestra un concepto del cielo inadecuado. Sea cual sea la respuesta, Dios hará del cielo algo mucho mejor y maravilloso que cualquier cosa que podamos esperar. Si eso es verdad, ¿cómo podría cualquiera de nosotros sentirse decepcionado con el cielo?

Un hombre que había enterrado dos esposas preguntó: «Si hay sexo en el cielo, ¿a qué esposa pertenecería yo?».

Esta, de nuevo, es una de las cuestiones que la gente responde en términos emocionales y humanos de la vida presente. Dios creó seres humanos con una naturaleza sexual. ¿Pero y si el cielo es completamente diferente?

¿Nos atreveremos a imponer nuestro pensamiento y nuestros sentimientos sobre la vida terrenal para expresar lo que la vida será con Jesucristo en los nuevos cielos y la nueva tierra? ¿No es mejor permanecer en silencio donde la Biblia está en silencio? La mejor respuesta a la pregunta es: «No lo sabemos».

Aun así, Lucas 20.27 contiene una interesante enseñanza de Jesús cuando fue confrontado por los saduceos en un intento obvio de ponerle en evidencia: «Después se acercaron a Jesús algunos saduceos, líderes religiosos que dicen que no hay resurrección de los muertos». Su enrevesada pregunta fue así:

> Maestro, Moisés nos dio una ley que dice que si un hombre muere y deja a una esposa sin haber tenido hijos, su hermano

> debe casarse con la viuda y darle un hijo para que el nombre del hermano continúe. Ahora bien, supongamos que había siete hermanos. El mayor se casó y murió sin dejar hijos. Entonces el segundo hermano se casó con la viuda, pero él también murió. Luego el tercer hermano se casó con ella. Lo mismo sucedió con los siete, quienes murieron sin dejar hijos. Por último, la mujer también murió. Entonces dinos, ¿de quién será esposa en la resurrección? ¡Pues los siete estuvieron casados con ella! (vv. 28–33)

Parece que la pregunta de los saduceos tenía la intención de hacer que la creencia en la resurrección pareciera ridícula. Pero Jesús les dijo que no pensasen en el cielo en los términos de esta tierra, porque será bastante diferente. Les dijo: «El matrimonio es para las personas aquí en la tierra; pero en el mundo que vendrá, los que sean dignos de ser levantados de los muertos no se casarán, ni se darán en casamiento, ni volverán a morir. En este sentido, serán como ángeles. Ellos son hijos de Dios e hijos de la resurrección» (vv. 34–36).

Por medio de las palabras de Jesús, la respuesta parece ser que las relaciones sexuales no serán parte del cielo. Y si es el cielo de verdad, no será algo que echemos de menos, porque nos han asegurado que la vida será perfecta en todos los sentidos.

¿No son satisfactorias las palabras de Jesús?

¿Qué son las experiencias cercanas a la muerte?

Como mencionamos en la primera parte, el término «experiencia cercana a la muerte» fue acuñado por el doctor Raymond Moody y popularizado en su libro *Vida después de la vida*, publicado por primera vez en 1975. Habermas y Moreland afirman: «La evidencia de las experiencias cercanas a la muerte incluye informes corroborados y algunos medios científicos limitados de probarlas y sistematizarlas [...] por la enumeración de cuatros tipos diferentes de evidencias».[25]

La primera clase de evidencia viene de individuos que estuvieron *casi muertos*. Sabemos de muchas ocasiones en las que los moribundos «eran capaces de ver individuos, sucesos o circunstancias a su alrededor, o incluso en otros lugares, con una asombrosa precisión después de estar cerca de morir o de ser declarados clínicamente muertos».[26]

Algunos de los sucesos que la gente describió tenían lugar mientras estaban en coma. Ocurrieron cosas que el individuo cercano a la muerte no podía haber sabido, aunque hubiera estado consciente.

Habermas y Moreland presentan varios casos notificados. Uno era el de una joven llamada Katie que casi se ahoga en una piscina. Fue resucitada y le dieron un diez por ciento de oportunidades de sobrevivir. Tres días después se recuperó y contó sucesos maravillosos que tuvieron lugar «aunque ella estuvo "en un coma profundo", con los ojos cerrados todo el tiempo».[27]

Katie dijo que se encontró con Jesús y «siguió» a su familia. Les dijo que su madre había preparado la cena, cómo había reaccionado su padre y los chicos con los que habían jugado su hermano y su hermana: todo cosas que ella no podía haber sabido. Su familia confirmó cada detalle.

La segunda clase de evidencia viene de aquellos que informan de una experiencia cercana a la muerte *después de que su corazón se pare.* Habermas y Moreland citan fuentes que afirman que seis minutos es la duración máxima de muerte clínica en la que el córtex cerebral se puede recuperar completamente.[28]

Hablan de un chico, de once años, que sufrió un paro cardiaco en el hospital y no tuvo pulso durante veinte minutos. Como muchos otros que pasan por experiencias cercanas a la muerte, describió fielmente los procedimientos médicos, la localización y el color de los instrumentos e incluso el género del personal médico y sus conversaciones.[29]

Un tercer tipo de evidencia viene de individuos que informan de experiencias cercanas a la muerte *después de que el cerebro se pare.* Estos son pacientes que han registrado una *ausencia total* de ondas cerebrales. Habermas y Moreland informan del cardiólogo Fred Schoonmaker, que durante dieciocho años estudió 1400 casos de personas que informaron de experiencias cercanas a la muerte. Más de cincuenta tuvieron lugar con lecturas planas de electroencefalograma, con periodos que se extendían entre treinta minutos y tres horas. Los autores señalan: «Muchos de los pacientes informaron de incidentes que también fueron corroborados por otros».[30]

Un cuarto tipo de evidencias vienen de individuos que informaron de que *vieron amigos y seres queridos que no sabían que habían muerto.* Los individuos informan haber visto o haber sido visitados por seres queridos que ellos sabían que estaban muertos, aunque nadie se lo hubiese dicho. En cierto número de casos, nadie presente había escuchado todavía de la muerte de esos individuos. Fue después que descubrieron que sus seres queridos habían muerto, a veces a la misma hora en la que la persona les había visto en una experiencia cercana a la muerte.

Un ejemplo es el de un niño llamado Cory que le dijo a su madre que su novio del instituto había quedado herido en un accidente de coche y había muerto. Su madre no sabía si era verdad, así que hizo algunas llamadas telefónicas y descubrió que su antiguo pretendiente había muerto el mismo día que Cory lo había visto.

Estos individuos también informan de haberse encontrado a gente fallecida que nunca habían conocido. Un relato es el de un hombre que tuvo varias experiencias cercanas a la muerte y que «dijo haber ido al infierno varias veces». Se convirtió, y «en una de sus siguientes experiencias, este hombre se encontró en un desfiladero lleno de hermosos colores, vegetación exuberante y luz».[31] Se encontró con su madrastra y con su madre. Su madre biológica había muerto cuando él tenía quince meses, y nunca había visto una fotografía suya.

La tía del hombre le visitó más adelante y le llevó una fotografía de su madre de pie entre varias personas. «El hombre no tuvo ninguna dificultad para identificar a su madre, lo que asombró a su padre».[32]

Según la encuesta Gallup de 1992, cerca del cinco por ciento de estadounidenses han tenido una experiencia cercana a la muerte (entre 13 y 15 millones de personas). Una página web calcula que cada día 774 estadounidenses tienen una experiencia cercana a la muerte.[33] El número seguramente es mayor, porque mucha gente no habla de ellas, especialmente aquellos que tienen experiencias donde sintieron que iban al infierno antes de ser resucitados.

¿Qué causa las experiencias cercanas a la muerte?

La respuesta fácil y corta es que no lo sabemos. Aquí están las ocho teorías más populares de lo que puede causar una experiencia cercana a la muerte.

1. La teoría del cerebro moribundo

Esta teoría la popularizó la doctora Susan Blackmore en su libro *Dying to Live* [Morir para vivir].[34]

Aquellos que han tenido experiencias cercanas a la muerte parecen seguir el mismo sendero hacia la luz y tener estados similares en el camino, lo que parece un argumento para pensar que toda la experiencia sea un profundo viaje espiritual hacia un más allá donde cualquiera, de todas las edades y culturas, es bienvenido. Sin embargo, esa misma evidencia, dice Blackmore, también es parte fundamental del argumento de que no son experiencias reales sino una función del cerebro moribundo.

Los escépticos aseguran que todos los cerebros mueren del mismo modo, lo que explica por qué la gente que ha tenido experiencias cercanas a la muerte habla de elementos similares. Los escépticos dicen que no es que la persona moribunda esté viajando hacia un hermoso más allá, sino que los neurotransmisores cerebrales se están apagando y están creando las mismas ilusiones para todos aquellos que están cerca de morir.

¿Pero por qué? ¿Por qué tendría que hacer eso un cerebro moribundo si solo es una masa de tejido altamente sofisticada? ¿Somos individuos con personalidades y mentes que son exclusivas a nosotros? ¿O somos simples cuerpos controlados por cerebros

inteligentes, cada uno de los cuales funciona de una manera ligeramente diferente del resto, haciéndonos así distintos a todos aunque haya muchas más similitudes que diferencias entre nuestros cerebros?

Los científicos y los investigadores están divididos. Algunos reducen los informes de experiencias cercanas a la muerte a nada más que una serie de reacciones cerebrales. Pocos hoy en día niegan la realidad de esas experiencias, pero disputan la causa y su significado. Dentro de la comunidad científica hay dos grandes líneas de investigación: una toma el enfoque psicológico y busca razones para que los seres humanos se comporten como lo hacen, o piensen, o posiblemente alucinen; y la otra es el sencillo enfoque fisiológico, que investiga la parte del cerebro que funciona mal y causa que estos episodios ocurran.

El argumento despersonalizado —que las experiencias cercanas a la muerte son el resultado del cerebro empezando a morir— no es aceptado por muchos investigadores porque dicen, en esencia, que reduce una experiencia profunda y transformadora a nada más que un conjunto de neurotransmisores que comienzan a fallar. Un serio contraargumento —y no solo de cristianos— es que si no hay vida después de la muerte y las experiencias cercanas a la muerte son evidencias de un cerebro moribundo, ¿por qué preocupan?

Si todo, incluyendo el alma y la personalidad, se convertirá en polvo y cenizas, ¿por qué el cerebro pone en marcha este último y maravilloso espectáculo para la gente que está cercana a la muerte, o que se enfrenta a una muerte real, quienes se relajan llenos de paz y describen fabulosas visiones? Si las experiencias cercanas a la muerte son una alucinación, ¿por qué tanta gente reporta haber escuchado palabras como «Tienes que volver; tu trabajo no ha finalizado aún», o «No es tu hora de morir»? Si son meras alucinaciones, ¿cómo es posible que tanta gente haya recibido alucinaciones similares?

2. La teoría de Charles Darwin

Esta teoría asegura que las experiencias cercanas a la muerte son un truco deliberado de la raza humana para ayudar a aquellos que quedan atrás a adaptarse al inevitable fin de la vida. La simple teoría de Darwin de la supervivencia del más preparado sostiene que todas las especies luchan por incrementar su presencia en esta tierra y garantizar la supervivencia de sus descendientes. Su teoría, sin embargo, no explica por qué esas experiencias son erráticas, o por qué nos desviamos durante años por un sendero evolutivo haciendo algo de lo que gente es reacia a hablar. Después de todo, en términos darwinianos, los humanos son los dueños completos de la tierra.

3. La teoría de la alucinación

Esta teoría viene de aquellos que creen (pero que no pueden probar) que cuando muere, el cuerpo humano segrega endorfinas y hormonas que actúan sobre el sistema nervioso central para suprimir el dolor. Esto se conoce popularmente por la «euforia del corredor», que ocurre cuando los corredores de larga distancia atraviesan la barrera del dolor y entran en un estado de euforia. Sin embargo, las endorfinas no son alucinógenas, y no recrean un estado similar al de aquellos que reportan tener experiencias cercanas a la muerte.

Los investigadores que estudian los receptores neurotransmisores dicen que existe un poderoso anestésico llamado ketamina que puede producir algunas de las características de una experiencia cercana a la muerte, particularmente la sensación de estar fuera del cuerpo. El doctor Ronald Siegel, de la UCLA, asegura haber reproducido esa clase de experiencias en su laboratorio suministrando LSD a sus voluntarios.

Pero otros investigadores dicen que aunque las alucinaciones inducidas por las drogas pueden tener *alguna semejanza* con las experiencias cercanas a la muerte, no son lo mismo. Por un lado, las alucinaciones inducidas por las drogas a menudo evocan experiencias terroríficas y paranoicas, que no es el caso general en las experiencias cercanas a la muerte. Las alucinaciones inducidas también distorsionan la realidad, mientras que aquellos que han tenido experiencias cercanas a la muerte las describen como «hiperrealidad».

La cuestión de si las drogas o la medicación pueden causar experiencias cercanas a la muerte no es nueva, y los analistas han realizado una gran cantidad de investigaciones al respecto. Habermas y Moreland citan los resultados de Osis y Haraldsson, como informan en su libro *At the Hour of Death* [A la hora de la muerte], en donde dicen: «Solo en un pequeño porcentaje de casos las drogas han sido relevantes. De los 425 pacientes con datos médicos, el 61% no recibió drogas, mientras que otro 19% al que se le suministraron drogas no sufrió efectos sobre su conciencia [...] Así pues, el 80% [...] no se vio afectado por las drogas. Esto significa que solo una quinta parte se consideró que hubiesen sido influidos por la medicación».[35]

4. La teoría del lóbulo temporal

Esta teoría afirma que *algunas* características de las experiencias cercanas a la muerte ocurren en una clase de epilepsia asociada con daño en el lóbulo temporal del cerebro. Al estimular eléctricamente ese lóbulo, los investigadores pueden imitar algunos elementos de las experiencias, como el de una persona dejando su cuerpo atrás y ver los recuerdos de la vida pasando por delante. Estos investigadores sugieren que el estrés de estar cerca de la muerte puede causar la estimulación de ese lóbulo.

Algunas evidencias que apoyan su teoría se encuentran en personas que han sufrido infartos que han afectado a esa parte del cerebro o que tenían tumores en esa área. Sin embargo, las emociones características de la estimulación de este lóbulo temporal fueron miedo, tristeza y soledad: prácticamente lo opuesto a la calma y a la paz.

Además, aunque un mecanismo químico esté presente en el cerebro, eso no significa que las experiencias cercanas a la muerte sean en sí mismas reacciones químicas.

5. La teoría de la falta de oxígeno

Esta teoría sostiene que la falta de oxígeno en el cerebro o demasiado dióxido de carbono causa experiencias cercanas a la muerte. Sin embargo, esto no explica por qué algunos pacientes ofrecen informes completos y precisos de cosas que ocurrían a su alrededor durante sus experiencias.

Las comparaciones entre aquellos que reportan experiencias cercanas a la muerte y los que tienen alucinaciones producidas por un cerebro privado de oxígeno muestran que las últimas son caóticas y más parecidas a las alucinaciones psicóticas. Confusión, desorientación y miedo son los resultados típicos, comparado con la tranquilidad, la calma y la sensación de orden de la que hablan las personas que tienen experiencias cercanas a la muerte.

Las dos pueden tener características similares, como el sentimiento de bienestar de la persona. Aquellos que han experimentado ambas en diferentes momentos dicen que hay una diferencia inconfundible. Las alucinaciones, ya sean inducidas deliberadamente por las drogas o por una falta de oxígeno, casi siempre tienen lugar mientras se está consciente, mientras que las experiencias cercanas a la muerte ocurren durante la inconsciencia: a veces cuando se está tan cerca de la muerte que no hay registro de actividad cerebral en un electroencefalograma (la máquina que monitoriza las ondas cerebrales).

Además, aquellos cuyas condiciones médicas los llevan al borde de la muerte y tienen experiencias cercanas a la muerte no llegan ahí por haber sido privados de oxígeno, o por medio de cualquier medicación. Eso es particularmente cierto para las víctimas de accidente.

6. La teoría de la despersonalización

Esta teoría, introducida alrededor de 1930, defiende que aquellos que enfrentan una realidad desagradable de muerte y enfermedad intentan reemplazarla con fantasías placenteras para protegerse. Despersonalizan la experiencia alejándose de sus cuerpos y flotando.

Aunque la teoría todavía sale de vez en cuando, se ha puesto en entredicho ampliamente porque una característica típica de aquellos que tienen una experiencia cercana a la muerte es que es extremadamente personal, con unos sentimientos espirituales fuertes y con un estado de alerta y de conciencia mayores.

7. La teoría del recuerdo del nacimiento

Esta teoría niega que las experiencias cercanas a la muerte tengan cualquier conexión con la muerte e insiste en que son recuerdos del propio nacimiento de la persona. Un bebé que nace deja el útero y viaja por un túnel hacia la luz. La luz al final normalmente es amor y calor. Lo que ocurre en el momento de la muerte, afirman ellos, solo es un recuerdo guardado de lo que sucedió cuando comenzó la vida.

Hay problemas con esa teoría. Los bebés que nacen *no flotan a altas velocidades* por un túnel, sino que son empujados por él *con dificultad* por las contracciones de sus madres.

Además, la teoría no tiene explicación para el encuentro de la persona con amigos y familiares que han muerto. El «Ser de Luz» se supone que es el médico (o la comadrona) en la sala de partos, aunque muchos bebés nacen sin la presencia de ningún profesional.

Otro punto en contra de la teoría es que los sistemas nerviosos de los niños no están suficientemente desarrollados para asimilar y almacenar recuerdos del proceso del parto. Aquellos que defienden esta teoría dicen que los sentimientos de paz y de dicha son el recuerdo de la paz en el útero que la persona sentía cuando la madre suplía todas sus necesidades físicas y no había estrés o presiones.

Y aun así, nacer no siempre es una experiencia placentera para los bebés; les deja llorando como si estuvieran en agonía. En contraste, las experiencias cercanas a la muerte normalmente son la experiencia más placentera que un individuo pueda tener.

8. La teoría del más allá

Esta teoría dice que es difícil (si no imposible) explicar las experiencias cercanas a la muerte en términos de funcionamiento del cerebro físico. Muchos investigadores ya no sienten la necesidad de probar que esas experiencias suceden, sino que son los escépticos los que tienen que probar que no lo hacen.

Esta es la posición que tomamos en este libro. Lo vemos como la evidencia no solo de vida más allá de la muerte, sino también de la vida eterna tras nuestra estancia en la tierra. Además, decimos que aquellos que han afirmado haber muerto (o que creen que sus espíritus o almas dejaron sus cuerpos) y han regresado a sus cuerpos han estado «cercanos a la muerte». Es decir, no han sufrido la muerte duradera y final que es inevitable para todos los humanos.

¿Qué es lo que suele ocurrir en las experiencias cercanas a la muerte?

«El cielo es real. ¿No sería maravilloso saberlo? ¿Puede imaginarse cómo se sentiría con la certeza de saber que hay vida después de la muerte?».

Estas son las primeras palabras del libro de Mally Cox-Chapman *The Case for Heaven* [En defensa del cielo].[36] Ella habla de un grupo de miembros de iglesia que escucharon una charla sobre el cielo.

Una oficial de policía, Dorothy Young, insistía en que el cielo existe por que ella había estado allí. Explicaba que después de haber perdido a su cuarto hijo estaba en el hospital cuando «sintió una corriente fría y oscura pasando por encima de ella» y «una luz brillante y acogedora la envolvió [...] Se sintió más feliz que nunca [...] Escuchó el sonido de un bebé llorando en lo profundo de la Luz. Se le hizo entender que su hija no nacida iba a estar en la Luz y que estaría bien».[37]

Después de terminar su historia la gente se sentó en silencio, porque Dorothy no era una extraña, sino alguien a quien conocían bien. Cox-Chapman dice que Dorothy era la despachadora de la comisaría de policía, la persona a la que todo el mundo llamaba cuando había una crisis.

La autora también señala que todos los oyentes «tuvieron que decidir si su historia era fidedigna. Todos tuvieron que preguntarse qué significaba». Como el propio pastor de Dorothy dijo después: «Nunca le había prestado mucha atención a las experiencias cercanas a la muerte [...] y ahora Dorothy está contando la suya y pienso: *Esto es realmente importante*».[38]

Este sencillo comienzo ilustra las actitudes y experiencias que muchos comparten.

Como relatan las historias de la primera parte, durante casi cuarenta años se han difundido historias de gente muriendo en la mesa de operaciones y teniendo una extraña experiencia, especialmente la de escuchar al equipo médico decir algo como «Lo hemos perdido». Solo minutos después la persona «regresa» a su cuerpo y sobrevive.

Durante mucho tiempo mucha gente ha sido escéptica respecto a tales relatos, y algunos incluso lo son hoy. Muchos permanecen escépticos hasta que alguien que conocen bien les cuenta una experiencia así. Entonces, como los miembros de la congregación de Dorothy, tienen que decidir si creen el relato.

En el pasado, a menudo pensamos en algo llamado «el momento de la muerte». La investigación y la experiencia aclaran que es una transición o un pasaje, y no el estricto paso de un momento de vida al siguiente momento de muerte.

Para complicar el concepto de la muerte y de casi muerte, estos relatos vienen de aquellos que han tenido experiencias cercanas a la muerte. Como son personales, sus experiencias no pueden ser verificadas objetivamente, y no se puede probar si dejaron sus cuerpos y fueron al cielo. Además, algunos individuos han informado de experiencias cercanas a la muerte similares pero sin la sensación de estar muertos.

Los escépticos despachan estas experiencias insistiendo en que las drogas, la falta de oxígeno o la disociación las causan. Citan las teorías discutidas en la pregunta anterior: estimulación del lóbulo temporal, subida de endorfinas, anestesia e incluso recuerdos del nacimiento como las razones para tales experiencias. También dicen que hay varios *detonantes* para las experiencias cercanas a la muerte.

Puesto que empezamos con la predisposición a favor de que las experiencias cercanas a la muerte sean genuinas y un anticipo de la eternidad, aquí hay algunos argumentos que usamos contra los que dudan:

- La anestesia durante una cirugía a menudo reduce las probabilidades que los pacientes recuerden una experiencia cercana a la muerte. Medicamentos como el Valium a menudo se añaden a la anestesia para crear amnesia durante la operación.
- Un detonante no es la experiencia en sí. (Los terapeutas usan la palabra «detonante» para referirse a un estímulo que causa o genera una respuesta en particular.)

A pesar de las críticas mencionadas antes, investigadores de todos los continentes han llegado a la conclusión de que tales experiencias son auténticas, aunque pueden discrepar en cuanto a cómo interpretarlas.

Mucha gente que ha tenido experiencias cercanas a la muerte han introducido sus nombres en la base de datos de la International Association of Near-Death Studies (IANDS).[39] Como mostramos antes, estos individuos informan de características comunes, como la sensación de salir de sus cuerpos, atravesar un oscuro túnel y entrar en la luz.

No todos aquellos que informan haber tenido estas experiencias aseguran que fueran positivas.

¿Qué hay de aquellos que dicen haber ido al infierno?

No solo son cristianos lo que informan de haber tenido experiencias cercanas a la muerte; aquellos que pertenecen a varios grupos religiosos y seculares en todo el mundo también lo reportan. Muchos de estos reportes vienen de individuos que hablan de la dicha y felicidad que experimentaron mientras estaban fuera del cuerpo.

Pero esto no es verdad en todos los casos. Algunos informan de haber ido al infierno. Es imposible dar un número preciso de cuánta gente ha tenido esta clase de experiencias, porque no suelen hablar de lo que les ha ocurrido.

Don Piper dice que en las firmas de su libro sobre el cielo, posteriores a cuando habla en iglesias o grupos cívicos, no es raro que personas le pidan hablar con él en privado para contarle sus experiencias. Puesto que él es abierto acerca de lo que le pasó, muchos hablan de su terror y admiten que rara vez se sienten cómodos hablando con los demás.

Varios expertos en experiencias cercanas a la muerte dicen que aquellos que no son religiosos son cambiados, y muchos se vuelven creyentes solo por la dichosa experiencia.

Nuestra suposición es que muchos de los que dicen haber experimentado el infierno lo ven como una advertencia. Muchos se hacen creyentes como resultado de tales experiencias poderosas y aterradoras.

¿No habla la Biblia de «morir una sola vez»?

Hebreos 9.27 crea problemas a muchos cristianos cuando escuchan historias como la de Don Piper, que murió y fue al cielo. En lo personal, yo (Cecil Murphey), fui el escritor de apoyo de *90 minutos en el cielo,* y en verdad esa es una de las muchas preguntas a las que me enfrenté antes de acceder a escribir su libro.

He aquí el pasaje problemático: «Y así como cada persona está destinada a morir una sola vez y después vendrá el juicio, así también Cristo murió en sacrificio una sola vez y para siempre, a fin de quitar los pecados de muchas personas» (Heb 9.27–28).

Antes de contestar a esta pregunta, debemos preguntarnos qué es lo que Hebreos 9.27 quiere decir en realidad. La cuestión del énfasis en este pasaje es que los humanos *definitivamente morimos una vez* y después de eso enfrentamos el juicio; Jesús murió una vez como sacrificio por el pecado.

El contexto habla de que los sumos sacerdotes judíos tenían que ofrecer sacrificios por el pecado año tras año porque los sacrificios de animales no podían cubrir el pecado humano. El escritor de Hebreos señala que debido a la eficaz muerte de Jesús, ya no hacen falta más sacrificios.

La intención del pasaje no es hablar contra aquellos que han muerto y han regresado. Realmente no está estableciendo una declaración doctrinal acerca de la muerte humana tanto como afirmando un simple hecho: al final los humanos morimos una sola vez igual que Jesús murió una sola vez. Los humanos morimos una muerte natural, mientras que Jesús murió una muerte especial que nos benefició a todos.

Miremos también la Biblia en su totalidad. Si Hebreos 9.27 fuera una afirmación de que la gente muere una vez y que las experiencias cercanas a la muerte no pueden ser reales, una regla básica de la hermenéutica (la interpretación de la Biblia) dice que necesitamos una afirmación clara para establecer cualquier doctrina. Podemos encontrar varias afirmaciones acerca de la eficacia de la muerte de Jesús, o de que Dios nos ama a todos, pero Hebreos 9.27, por sí solo, no pasa esa prueba.

También hay evidencias de lo contrario.

1. El relato de Enoc

Muchos expertos aseguran que Enoc no tuvo una muerte humana. He aquí el pasaje:

> Cuando Enoc tenía sesenta y cinco años, fue padre de Matusalén. Después del nacimiento de Matusalén, Enoc vivió en íntima comunión con Dios trescientos años más y tuvo otros hijos e hijas. Enoc vivió trescientos sesenta y cinco años andando en íntima comunión con Dios. Y un día desapareció, porque Dios se lo llevó. (Gn 5.21–24)

La Nueva Versión Internacional traduce el versículo 24 así: «Y como anduvo fielmente con Dios, un día desapareció porque Dios se lo llevó».

En los versículos anteriores y posteriores a la historia de Enoc, el escritor se refiere a gente que muere, así que «Dios se lo llevó» no era un eufemismo para la muerte. Por ejemplo, en el versículo justo anterior a la mención de Enoc (v. 20), se habla de que Jared murió. Inmediatamente después de Enoc, leemos de los 969 años de Matusalén «y después murió».

2. El relato de Elías

Tampoco podemos pasar por alto el relato de Elías. En una historia que cuenta la Biblia, Elías y su protegido, Eliseo, estaban caminando juntos. Elías le dice a su seguidor: «Dime qué puedo hacer por ti antes de ser llevado» (2 R 2.9). El joven le pide una doble porción del espíritu de Elías y convertirse en su sucesor. He aquí el resto del relato:

> Mientras iban caminando y conversando, de pronto apareció un carro de fuego, tirado por caballos de fuego. Pasó entre los dos hombres y los separó, y Elías fue llevado al cielo por un torbellino. Eliseo lo vio y exclamó: «¡Padre mío! ¡Padre mío! ¡Veo los carros de Israel con sus conductores!». Mientras desaparecían de su vista, rasgó su ropa en señal de angustia. (vv. 11–12)

Unos cuantos versículos después, Eliseo se encuentra con un «grupo de profetas de Jericó [que] vio desde lejos lo que había sucedido» y fueron a buscar al profeta perdido. Eliseo les dijo que no, pero ellos «insistieron tanto que él, avergonzado, finalmente aceptó [...] Así que cincuenta hombres buscaron a Elías durante tres días, pero no lo encontraron. Eliseo aún estaba en Jericó cuando los hombres regresaron. "¿Acaso no les dije que no fueran?", preguntó» (vv. 15–18).

A pesar de los días de búsqueda, no encontraron un cuerpo, por lo que los creyentes a lo largo de los siglos han aceptado que Elías se fue al cielo sin morir.

3. El hijo de la mujer sunamita

En esta historia, contada en 2 Reyes 4.20–36, un niño muere y su madre pide ayuda a Eliseo. Por el contexto, es obvio que el niño había estado muerto bastante tiempo. La Biblia afirma que después de que Eliseo y su sirviente Giezi llegaran a la casa, «el niño estaba muerto, acostado en la cama del profeta» (v. 32). Elías se tendió sobre el cuerpo del niño, respiró en su boca, y «¡el cuerpo del niño comenzó a entrar en calor!» (v. 34). El niño estornudó siete veces y abrió los ojos (v. 35).

4. Pablo fue al tercer cielo/paraíso

En 2 Corintios 12.1–7, Pablo relata que fue llevado «hasta el tercer cielo». Esto seguramente no quiere decir que pasara por dos cielos más bajos, sino que es un modo de expresar el definitivo, como decir el cielo más alto y supremo. Es bastante posible que Pablo hubiese tenido una experiencia cercana a la muerte, aunque su relato contiene detalles y un rico lenguaje que normalmente no se asocia con ellas.

En consecuencia, las autoridades a lo largo de los siglos han reconocido que Pablo murió, fue al cielo más alto y vio y experimentó muchas cosas más allá de las palabras humanas. Dios lo mandó de vuelta con una «espina en la carne». Nadie conoce el significado de la espina, pero muchos expertos suponen que era un achaque físico.

La implicación del pasaje es que sea lo que sea que le pasó a Pablo, fue algo más que una experiencia cercana a la muerte.

5. El hijo de la viuda de Naín

También está la historia del hijo de la viuda de Naín. El evangelio de Lucas registra que Jesús y sus discípulos fueron a la aldea de Naín:

> Cuando Jesús llegó a la entrada de la aldea, salía una procesión fúnebre. El joven que había muerto era el único hijo de una viuda, y una gran multitud de la aldea la acompañaba. Cuando el Señor la vio, su corazón rebosó de compasión. «No llores», le dijo. Luego se acercó al ataúd y lo tocó y los que cargaban el ataúd se detuvieron. «Joven—dijo Jesús—, te digo, levántate». Entonces *el joven muerto* se incorporó ¡y comenzó a hablar! Y Jesús lo regresó a su madre. Un gran temor se apoderó de la multitud, y alababan a Dios diciendo: «Un profeta poderoso se ha levantado entre nosotros» y «Dios ha visitado hoy a su pueblo». (Lc 7.12–16, énfasis añadido)

Si el joven solo hubiera tenido una experiencia cercana a la muerte, habría durado más que las registradas por la gente de hoy en día.

Justo después de aquel suceso, Juan el Bautista envió a sus seguidores a preguntarle a Jesús si Él era el Mesías. Jesús había realizado muchos milagros en medio de ellos y les dijo que informaran a Juan de lo que habían visto. «Los ciegos ven, los cojos caminan bien, los leprosos son curados, los sordos oyen, *los muertos resucitan*» (Lc 7.22, énfasis añadido).

6. Lázaro estuvo muerto durante cuatro días

Según Juan 11, Lázaro había estado muerto durante dos días antes de que Jesús oyera su situación, y pasaron dos días más antes de que Jesús fuera a la tumba. «Cuando Jesús llegó a Betania, le dijeron que Lázaro ya llevaba cuatro días en la tumba» (v. 17).

Cuando Jesús escuchó por primera vez el triste suceso, él dijo que su amigo Lázaro se había «dormido» y que iba a despertarlo. Sus discípulos tomaron sus palabras como que querían decir que Lázaro estaba bastante enfermo (posiblemente en coma) y que mejoraría. «Ellos pensaron que Jesús había querido decir que Lázaro solo estaba dormido, pero Jesús se refería a que Lázaro había muerto. Por eso les dijo claramente: "Lázaro está muerto"» (Jn 11.13–14).

No creo que una declaración de muerte pueda ser más fuerte.

El relato termina con estas palabras: «Entonces Jesús gritó: "¡Lázaro, sal de ahí!". Y *el muerto* salió de la tumba con las manos y los pies envueltos con vendas de entierro y la cabeza enrollada en un lienzo. Jesús les dijo: "¡Quítenle las vendas y déjenlo ir!"» (11.43–44, énfasis añadido).

7. El relato de Eutico

En esta historia, Pablo se había reunido con los ancianos en un aposento alto en Troas. Sería su última vez con ellos:

> Pablo les estaba predicando y, como iba a viajar el día siguiente, siguió hablando hasta la medianoche. El cuarto de la planta alta, donde nos reuníamos, estaba iluminado con muchas lámparas que titilaban. Como Pablo hablaba y hablaba, a un joven llamado Eutico, que estaba sentado en el borde de la ventana, le dio mucho sueño. Finalmente se quedó profundamente dormido y se cayó desde el tercer piso *y murió*. Pablo bajó, se inclinó sobre él y lo tomó en sus brazos. «No se preocupen —les dijo—, ¡está vivo!» [...] llevaron al joven a su casa ileso y todos sintieron un gran alivio. (Hch 20.7–12, énfasis añadido)

En cada uno de los siete ejemplos anteriores, el significado más natural y obvio es que cuatro de ellos murieron literalmente, y la Biblia lo afirma. (En la historia de Pablo no se dice que el joven muriese, pero los estudiosos generalmente están de acuerdo en que el pasaje así lo hace ver.) Volvieron a la vida. Sin embargo, no hay nada que implique que esas cinco personas no murieran al final como todos los seres humanos; pero dos de ellos, Elías y Enoc, no murieron. Dios se los llevó de este mundo.

Por eso, la respuesta obvia es que Hebreos 9.27 no puede tomarse como doctrina porque hay muchas afirmaciones claras de lo contrario.

Si Hebreos 9.27 establece una doctrina rígida, Dios mismo la rompió con Elías, Enoc, Lázaro, Pablo, el hijo de la viuda y Eutico.

He aquí un versículo más de la Biblia. ¿Qué quiso decir el escritor de Hebreos (que ya había escrito 9.27) en 11.35 cuando escribe acerca de la tortura y la persecución de los creyentes: «Hubo mujeres que recibieron otra vez con vida a sus seres queridos que habían muerto»?

¿Cuáles son los efectos secundarios de las experiencias cercanas a la muerte?

Para aquellos que han tenido una experiencia positiva, los efectos secundarios de una experiencia cercana a la muerte son importantes. Muchos regresan y afirman tales cosas como la seguridad del cielo así como la sensación de amar y ser amados.

Algunos que eran agnósticos o ateos se vuelven creyentes. Un escritor dijo: «No son más santos necesariamente. La diferencia es que ven sus vidas como oportunidades para el crecimiento espiritual».[40]

Según la International Association of Near-Death (IAND), cerca del ochenta por ciento de aquellos que han tenido una experiencia cercana a la muerte aseguran que sus vidas cambiaron para siempre. Salió a la luz un patrón de enormes dimensiones. Estos individuos no regresaron solo con un celo renovado por la vida y con una visión más espiritual; mostraron diferencias psicológicas y fisiológicas específicas en una escala a la que nunca antes se habían enfrentado. Esto es verdad tanto con niños como con adolescentes y adultos.

Estos son algunos de los efectos secundarios tal y como los recogen varios estudios:

- Ya no tenían miedo a la muerte.
- Algunos atravesaron serios periodos de depresión porque no pudieron quedarse en el cielo.
- Se volvieron más generosos y caritativos que antes de su experiencia.

- Más tarde iniciaron y mantuvieron relaciones más satisfactorias.
- Tendieron a resurgir en sus vidas asuntos sin resolver de la infancia.
- Se volvieron menos competitivos, enfrentando menos estrés y disfrutando más de la vida.
- Volvieron convencidos de que sus vidas tenían un propósito.
- Muchos hablaban de amar y aceptar a los demás con más disposición.
- Su cambio de conducta a menudo confundía (o atemorizaba) a miembros de la familia, especialmente cuando un individuo que antes era distante e insensible se volvía amable y atento.
- Los matrimonios a veces fracasaban a causa del radical cambio de personalidad de la persona que había tenido la experiencia.
- Después de una experiencia cercana a la muerte, los individuos tendían a ser más conscientes del momento presente, de vivir el ahora. No estaban dispuestos a hacer planes futuros.
- Usaban el lenguaje del lugar con libertad. Hablaban de «ir allí» y «regresar». A menudo describían la belleza de los árboles, la hierba y las flores. Reseñaban la calidad de la luz y de las fragancias que eran nuevas para ellos.
- Creían que lo que les había ocurrido era real.[41]

Reaccionar a tales efectos secundarios lleva tiempo. Las investigaciones indican que los tres primeros años tienden a ser los más confusos para la gente, casi como si todavía no hubieran regresado del todo.

De acuerdo con la International Association of Near-Death Studies, aquellos que tuvieron experiencias cercanas a la muerte venían de todos los estilos de vida e incluían la experiencia común de haber «muerto» durante una cirugía, así cómo haber sido heridos de gravedad, haberse visto involucrados en un accidente o en un intento de suicidio.[42] Como afirmamos anteriormente, muchos relatan experiencias que son positivas, desde el placer hasta la dicha.

Sin embargo, unos cuantos informan de experiencias negativas y se sienten culpables, con remordimientos, temerosos, confundidos o solos.

Las reacciones inmediatas abarcan desde gente que no considera la experiencia significativa a estar intensamente preocupados con lo que les ha ocurrido. El IAND también informa de que los cambios en sus creencias abarcan desde suaves hasta extremos.

Cuando estos individuos hablan de lo que les ha ocurrido, normalmente «describen su experiencia en su propio contexto cultural. Un camionero dijo que fue disparado por un tubo de escape hacia una brillante luz. Una joven madre llamó a los Seres con los que se encontró «Gente espiritual» cuando relató por primera vez su experiencia; seis meses más tarde se había unido a una iglesia y se refería a ellos como Jesús y los ángeles.[43]

Mally Cox-Chapman recoge la experiencia de Marianne Helms, que vivió en Ginebra, Suiza, durante muchos años. En 1985 tuvo una grave reacción alérgica a una picadura de abeja en Kansas. Contó sentirse elevada desde su cuerpo y enviada hacia una luz brillante. Marianne viajó por encima de árboles como aquellos que se alinean junto a las carreteras de Europa occidental.

Como dijimos anteriormente, las experiencias cercanas a la muerte suceden en personas de cualquier religión, e incluso en aquellos sin ninguna. Los cristianos a menudo se refieren a Jesús, a un ser querido o a una figura bíblica. Los judíos llaman a los seres «ángeles». Otros se refieren a un «ser de luz» o a alguien «lleno de luz». Tales descripciones no implican una figura humana, y los individuos normalmente lo señalan al decirlo.

Incluso los cristianos que ven a Jesús no pueden describirlo ni explicar cómo sabían que era Él. Su respuesta suele ser: «Simplemente lo sabía». Suelen describir a Jesús como un ser perfecto y vestido de blanco. Cuando se les pregunta a algunos individuos si Jesús era judío o caucásico, parecen incapaces de responder. «No lo recuerdo», dice la mayoría.

No pueden describirlo con palabras, pero a menudo hablan de sentirse increíblemente amados. Algunos cuentan que Jesús les decía cosas como «Todavía no es tu hora» o «Tienes que regresar».

Cox-Chapman realiza un interesante comentario. En *La ciudad de Dios*, uno de los grandes textos del misticismo cristiano, San Agustín toma la afirmación original de Jesús que ni un cabello de la cabeza de aquellos que tienen garantizada la vida eterna caerá para concluir que en el momento de la resurrección, el cuerpo aparecerá en su estado ideal. El pensamiento de San Agustín actualmente no está de moda, porque él creía en la resurrección de la carne. Pero es digno de anotar que a través de la literatura de los estudios cercanos a la muerte, los seres queridos fallecidos aparecen sanos y físicamente enteros.[44]

Un estudio entre aquellos que intentaron suicidarse ha mostrado un interesante y sorprendente resultado. Cox-Chapman se refiere al trabajo de Bruce Greyson, editor del *Journal of Near-Death Studies*, que investigó los efectos de estas experiencias en pacientes suicidas. En vez de animarlos a atentar de nuevo sobre sus vidas, el trabajo de Greyson indicó que una experiencia cercana a la muerte tenía el efecto contrario, y los supervivientes llegaban a creer que la vida era preciosa y significativa.[45]

En otro lugar, Cox-Chapman se refiere de nuevo a Greyson, que dijo que la gente puede pasar por años de terapia y hacer algunos cambios, pero aquellos que habían tenido experiencias cercanas a la muerte a veces tenían cambios radiales de personalidad de la noche a la mañana.[46]

¿Cuáles son las características de las experiencias cercanas a la muerte?

Raymond Moody, el pionero de las experiencias cercanas a la muerte, enumera nueve rasgos que son característicos de tales episodios. Otros han identificado hasta trece. La lista de Moody es esta:

1. Sensación de estar muerto
2. Paz y ausencia de dolor
3. Experiencia extracorpórea
4. La experiencia del túnel
5. Gente de luz
6. El ser de vida
7. La revisión de la vida
8. Subida rápida a los cielos
9. Reticencia a regresar[47]

Además, los individuos a menudo dicen que en las experiencias cercanas a la muerte «el tiempo está grandemente comprimido y no tiene nada que ver con el tiempo que tenemos en nuestros relojes». Moody cita a una mujer que dice: «Puedes decir que duró un segundo o que duró diez mil años y no habría ninguna diferencia».[48]

Aunque solo un tercio de aquellos que se acercan a la muerte informan de tales experiencias, Moody y otros destacan que no hay dos experiencias cercanas a la muerte idénticas, aunque existen patrones similares tanto en adultos como en niños.

He aquí una explicación de Moody y otros que trabajan en este campo de los informes comunes de varias fuentes sobre estas experiencias.

1. Tienen la sensación de estar fuera de sus cuerpos

Esta es la experiencia inicial más común, y la gente a menudo habla de planear sobre las cabezas. A veces describen en detalle lo que ven, escuchan o lo que sucede. Algunos que nacieron ciegos son capaces de ver mientras están fuera de su cuerpo. De nuevo, a menudo escuchan al personal médico decir: «Lo hemos perdido», mientras se elevan sobre la escena y observan lo que está pasando debajo de ellos.

Ven sus propios cuerpos en la mesa de operaciones. Aunque están fuera de sus cuerpos físicos, parecen tener la sensación de poseer alguna clase de cuerpo, diferente al físico. Algunos lo han llamado un campo energético.

El doctor Michael Sabom, en su libro *Light and Death* [Luz y muerte], observa que a menudo experimentan estar fuera del cuerpo mientras que al mismo tiempo no creen que eso sea posible. Introducen sus descripciones con frases como: «Sé que parece descabellado, pero...».[49]

Moody también dice que los individuos que tienen experiencias cercanas a la muerte rompen las barreras del espacio: si «quieren ir a algún sitio, simplemente tienen que imaginarse allá». Él menciona que los pacientes resucitados «eran capaces de dejar el quirófano para observar a sus familiares en otras partes del hospital». Se refiere a una mujer que vio a su hijo en la sala de espera llevando una «tela de cuadros escoceses que no combinaba».[50]

Una mujer dijo que había escuchado a su cuñado hablar con sus compañeros de trabajo, que le preguntaban por qué estaba en un hospital. Él les dijo que se suponía que tenía que irse de la ciudad por negocios, pero que esperaba que su cuñada muriese, así que se había quedado para poder portear su féretro.[51] Más tarde él confirmó sus palabras.

2. No tienen dolor y sienten paz

Muchos informan de no sentir dolor y tener sensación de paz. A veces se refieren a sensaciones aumentadas. Algunos expresan una reacción inicial de miedo, pero desaparece y sienten gozo, paz y a menudo están intensamente felices.

Una persona dijo: «Parece mucho más real que cualquier cosa que haya experimentado en mi vida entera».

Otro dijo: «Todo lo que sentía era amor, gozo, alegría y cualquier emoción maravillosa que puedas encontrar, todo a la vez».[52]

3. Se introducen o pasan a través de un túnel

Los individuos informan de que se mueven por un espacio oscuro o un túnel y tienen la sensación de ausencia de tiempo mientras avanzan. Aunque el túnel es lo más común, algunos han hablado de escaleras que suben. Otros hablan de un sonido sibilante o un zumbido. Los reportes varían, pero la gente se mueve rápidamente por medio de un pasaje hacia una intensa luz.

Otros hablan de una experiencia en la que flotan y se elevan rápidamente hacia el cielo. Algunos más tarde hablaron de haber visto la tierra desde el espacio exterior o que eran transportados más allá de las estrellas.

4. Se encuentran con una luz brillante

Se encuentran con una luz brillante. Algunos se refieren a ella como algo blanco, dorado o magnético, y otros destacan que mientras entraban en una luz indescriptible, se sentían amados.

5. Se encuentran con gente de luz

Muchos se encuentran con gente de luz. La gente con la que se encuentran no siempre es gente normal, pero sean quienes sean hacen que la persona se sienta amada. A pesar del brillo de esos seres —que ellos dicen que son algo más brillante que ninguna cosa en la tierra— es interesante señalar que ninguno reporta que le doliesen los ojos o sentirse cegado por la intensidad.

De nuevo, muchos cristianos se refieren a esa persona como Jesús, aunque no pueden expresar qué aspecto tiene. Reportan que ellos lo reconocen intuitivamente sin que nadie se lo diga. Otros no aseguran haber visto a Dios o a Jesús, sino solo a un ser que ellos sentían era santo. Se sentían tan atraídos hacia ese ser de luz que querían quedarse para siempre.

Algunos también informan de haber visto mascotas especiales, o guías, o ángeles.

6. Ven seres queridos que han muerto

A menudo se encuentran con un ser querido o un miembro de la familia que ha muerto. Reconocen a los individuos, pero sus cuerpos están llenos de una luz indescriptible. Algunos dicen estar en una escena pastoral o mirando una hermosa ciudad desde una colina.

Unas cuantas veces han visto a los seres queridos de pie a un lado de un río o arroyo, levantando sus manos hacia ellos y llamándolos por su nombre.

7. Comprenden que no es su hora

Aunque esos individuos quieren quedarse, no se les permite. Pueden escuchar a Jesús o a una figura familiar con la que se encuentren decir: «No es tu hora». Saben que tienen que regresar. Aunque unas pocas fuentes dicen que los individuos están contentos de regresar, casi todos los relatos de experiencias cercanas a la muerte se refieren a su reticencia, tristeza o incluso depresión.

8. Revisan sus vidas

Ven y experimentan de nuevo los sucesos mayores (o a veces triviales) de sus vidas. Algunos aseguran haber visto sus vidas enteras desplegadas en una especia de visión panorámica tridimensional de todo lo que han llegado a hacer.

Aquellos que informan de una revisión total de la vida dicen que ocurre instantáneamente. No todos reportan la revisión de la vida, pero aquellos que lo hacen hablan de ser conscientes de las cosas malas, crueles y egoístas que hicieron a los demás y de sentirse momentáneamente tristes.

También están asombrados por las cosas buenas que han hecho y se sienten eufóricos o en paz. Aquellos que informan de ambas cosas comprenden que el amor es lo más importante en la vida. También tienen la sensación de los cambios vitales que tienen que realizar.

Conocer y comprender suelen venir juntos en ese momento. Saben cómo funciona el universo —puede que no sean capaces de explicarlo o de recordar el *cómo*—, pero después son conscientes de que lo comprendieron en aquel momento.

9. Llegan hasta un límite

Los individuos llegan a un lugar desde donde no pueden seguir avanzando, y deben parar. Pueden estar frente a un río, un acantilado o una enorme verja. A pesar de todo, parecen saber que no pueden ir más allá de ese punto.

10. Algunos tienen elección

Algunos informan de que Jesús o la persona que conocieron les ofrece elegir entre quedarse o regresar. Quieren quedarse, pero sienten que tienen que regresar por sus hijos, sus padres o alguna tarea significativa. A veces experimentan una sensación de tarea no realizada, pero normalmente su reticencia se debe a la paz y el amor supremos que sienten.

Después del suceso, algunos están furiosos por haber tenido que regresar. Muchos informan de que aquellos que han vivido una experiencia cercana a la muerte le dicen a sus doctores: «Si me vuelve a pasar alguna vez, déjeme marchar». Muchos regresan con una espiritualidad renovada y un hambre por Dios.

Raymond Moody hace este importante comentario:

> Hay un elemento común en todas las experiencias cercanas a la muerte: transforman a la gente que las ha tenido. En mis vente años de intensa exposición a estas personas, todavía no he encontrado a uno que no haya tenido una profunda y positiva transformación como resultado de su experiencia. No quiero dar a entender que las ECM conviertan a las personas en puritanos empalagosos [...] Les ayuda a enfrentarse a los aspectos desagradables de la realidad con el pensamiento claro y las emociones frías: un modo que es nuevo para ellos.[53]

Moody dice que consultó con expertos y médicos clínicos que entrevistaron a la gente que hablaba de tales experiencias. Todos llegaban a la conclusión de que todos esos individuos se volvían mejores personas a causa de su experiencia.[54]

¿Qué es la «conciencia cercana a la muerte»?

El término «conciencia cercana a la muerte» es un término bastante nuevo, acuñado por Maggie Callanan, enfermera residente. En su libro *Final Gifts* [Regalos finales], ella escribe acerca de sus experiencias con pacientes moribundos, muchos de los cuales tenían una conciencia de seres espirituales como Jesús o un ángel, así como seres queridos que habían muerto. Algunos veían luces brillantes.

Muchos pacientes moribundos revisaban sus vidas y llegaban a una comprensión más completa del sentido de la vida. El proceso para los enfermos terminales es más gradual que para aquellos que han tenido experiencias cercanas a la muerte. A menudo, días antes de morir, los pacientes de residencias hablan de una luz en la distancia, o hablan con sus seres queridos fallecidos, a veces durante semanas antes de morir, diciendo que no están preparados para marcharse aún.

La conciencia cercana a la muerte es parte del proceso de la muerte. La persona moribunda puede parecer que mira a la distancia y habla con personas que no están presentes físicamente, o puede que incomoden a sus amigos y miembros de su familia al hablar de sus planes para ir de viaje.

Lo que ven difiere de lo que aparece ante los observadores, que a menudo presuponen que la persona está expresando divagaciones confusas, haciendo afirmaciones incoherentes, exhibiendo un comportamiento inusual o haciendo referencias sin contexto personal. Los moribundos suelen usar un lenguaje simbólico para describir una experiencia interior o un suceso que los demás no comprenden.

Estos individuos a menudo dicen que alguien que amaban que ha muerto está viniendo por ellos o está en la habitación. Las afirmaciones, una vez que las entienden los miembros de la familia, muestran las necesidades de la persona para morir en paz. No es inusual que hablen del momento de su muerte o de dejarse ir solo después de que cierto suceso o condición tome lugar.

Según la web de IANDS:

- La conciencia cercana a la muerte puede ocurrir sin un cambio repentino de la condición física como es común en las experiencias cercanas a la muerte.
- Encontrarse con familiares fallecidos es común para aquellos con conciencia cercana a la muerte.
- El propósito de la conciencia cercana a la muerte en enfermos terminales parece ser preparar a la persona para la muerte, mientras que el propósito de una experiencia cercana a la muerte a menudo es enseñar a la persona a vivir mejor.
- El enfermo terminal puede tener experiencias cercanas a la muerte durante un coma o en un estado inconsciente. Sin embargo, la gente experimenta la conciencia cercana a la muerte mientras está plenamente consciente. Suelen dejar de hablar con un familiar fallecido e inmediatamente prestan atención a lo que esté pasando a su alrededor.
- Las visitaciones difieren de las alucinaciones, porque aquellos que experimentan alucinaciones no pueden suspender su realidad alucinatoria para hablar con la gente en la habitación.
- Los familiares o amigos vivos no se aparecen a los moribundos. A veces cuentan que han estado con alguien que la familia cree que está vivo, pero descubren que la persona ha fallecido recientemente. Si el moribundo es reafirmado en que sus experiencias son normales para ese estado de la vida, puede sentir un gran consuelo con esos encuentros.[55]

¿Qué hacen las personas cuando se les acerca la muerte?

Los individuos que se acercan a la muerte a veces revisan conscientemente sus vidas, a menudo con gran detalle. Esto es verdad incluso en personas que previamente han mostrado poco interés en el autoexamen. Estas tareas en principio tienen que ver con relaciones.

Los moribundos a menudo buscan temas en sus vidas, quizá por primera vez. Intentan identificar lo que han aprendido y aquello con lo que han contribuido al mundo en el que viven. A veces se sorprenden por sus conclusiones.

El perdón suele ser la mayor preocupación. Los moribundos a menudo se dan cuenta de la necesidad de perdonar y de ser perdonados para completar sus tareas inacabadas en la vida.

Comienzan a decir adiós a la vida y a dejar marchar las cosas, una a una. También dejan marchar los papeles que han jugado, actividades que una vez fueron importantes y, finalmente, sueltan las relaciones importantes.

Dos días antes de que una amiga mía muriese, me dijo: «Estoy renunciando a la vida, y es un tiempo de mucho gozo».

En la charla de Maggie Callanan en la conferencia anual de 1993 de la International Association of Near-Death Studies, ella contó la historia de Su, una mujer china que aceptó su situación terminal. Su marido había muerto varios años atrás. Ella dijo que podía verlo a los pies de la cama, esperándola.

Un día, estaba inquieta cuando Maggie llegó. Su preguntó a la enfermera por qué su hermana se había unido a su marido a los pies de la cama. Maggie preguntó a Su si su hermana seguía viva.

Su dijo que lo estaba, pero que vivía en China. No la había visto en bastantes años.

Maggie no quiso desacreditar la visión o resolver la inquietud de Su con medicación. En vez de eso, se llevó a un lado a la hija de Su, que estaba con ellas en la habitación, y le preguntó qué podía significar la visión de Su. La hija le dijo que la hermana de Su había muerto hacía una semana, pero la familia quería proteger a Su de la noticia mientras se encontraba tan enferma.

Por el consejo de Maggie, la familia compartió la noticia. La agitación de Su desapareció.

A un grupo de enfermeras de una residencia se les preguntó una vez en su acostumbrada reunión del lunes por la mañana si habían compartido experiencias similares. A las enfermeras se les instó a decir si sentían que Callanan había embellecido o adornado la verdad. Al final resultó que muchas de las enfermeras habían leído el libro de Callanan *Final Gifts*. Cuando comenzaron a escuchar la historia de Su, casi todas las enfermeras sonrieron y asintieron para confirmarlo. Muchas tenían historias similares que contar.

Las enfermeras de residencia descubrieron que la presencia percibida de miembros de la familia fallecidos es una fuente de descanso para los pacientes moribundos. Una enfermera relató el tiempo que una mujer que moría de cáncer de garganta fue visitada a diario durante varias semanas por su hermana gemela, que había muerto de la misma enfermedad dos años atrás.

Cuando la mujer moribunda anunció por primera vez a la mañana siguiente que había estado discutiendo con su hermana, la hija pensó que estaba alucinando y que la medicación le había causado malos efectos secundarios. Se quejó a la enfermera.

Durante las dos semanas que precedieron a la muerte de su madre, sin embargo, la hija llegó a creer que las conversaciones tenían una base en la realidad. Ambas hermanas habían sido pintoras, y su madre decía que ellas discutían sobre pinturas favoritas y modos de reflejar la luz. La hija se dio cuenta de que las conversaciones la ayudaban a entender que su madre se sentía cómoda con el sitio al que fuera a ir.

Otra enfermera describió a una paciente que tenía una severa demencia debido a la enfermedad de Alzheimer y que ya había tenido varios infartos. La paciente pensaba que todavía vivía en el sur y hablaba como si fueran varias décadas atrás. Era incapaz de reconocer a los miembros de la familia que la cuidaban o llamarlos por su nombre.

El día antes de morir, sin embargo, recuperó su capacidad de hablar coherentemente. Llamó a su sobrina para mostrarle la luz que veía y para describir a los miembros de su familia que se habían reunido en lo alto de la habitación. Mencionó a cada miembro de la familia por su nombre y parentesco con ella.[56]

¿Qué debemos considerar cuando nos comuniquemos con los moribundos?

He aquí una breve lista que debemos considerar hacer cuando hablemos con una persona que está muriendo:

- Sé directo y sincero, pero deja que lleve él las riendas.
- Comprende que quiera hablar de irse de viaje o de ir a casa como una metáfora para prepararse para morir.
- Sé sensible con lo cerca de ellos que quieren que te sientes, cuánta compañía quieren y cuánta charla les resulta cómoda. La gente varía mucho en estas lides, y es importante preguntarle a cada uno qué les resulta cómodo.
- Reconoce que la piel de la gente se vuelve más sensible mientras se acercan a la muerte. Incluso una suave caricia puede ser irritante en esas ocasiones. Simplemente sujetar su mano con suavidad puede ser lo más cómodo.
- Comprende que mientras se acercan a la muerte puede que quieran retirarse como parte del proceso de despedirse de esta vida y de todo lo que ha significado. Puede que sean incapaces de centrarse o asimilar lo que pasa a su alrededor o con los miembros de la familia, y puede que no desee visitas de sus seres queridos tanto como quería antes. Es importante que tus sentimientos no se sientan heridos, sino que comprendas que esta puede ser una parte necesaria de su preparación para morir.
- Reconoce que los moribundos a menudo tienen la capacidad de elegir el momento real de la muerte. Por esta razón, no es

inusual que la gente muera cuando sus seres queridos están fuera de la habitación, incluso por un tiempo muy breve, para evitarles. Es como si para algunos que mueren fuera más sencillo dejarse ir cuando están solos. Los miembros de la familia que no lo comprenden a menudo se sienten innecesariamente culpables ante tales circunstancias.

- Recuerda que los enfermos terminales pueden permanecer cerca de la muerte durante largos periodos de tiempo si están esperando que un familiar o un amigo importante llegue para estar junto a su cama. Pueden aguantar con la intención de completar un asunto inacabado con ellos.
- Comprende que a muchos moribundos les gusta tener a alguien con ellos, pero quizá no deseen (o no sean capaces) de interactuar mucho. Tu tranquila presencia puede ser todo lo que quieran.
- Permíteles que hablen de su conciencia cercana a la muerte y de cualquier experiencia cercana a la muerte si les ha ocurrido, pero que sepas que no todos los moribundos comparten esas experiencias. Todavía no hay estudios que expliquen por qué algunas personas las tienen y otras no.
- Muchos moribundos pueden mantenerse bastante cómodos. Si tu ser querido parece estar incómodo, por favor, notifícaselo a su cuidador médico.
- Este estado de la vida a menudo proporciona las interacciones más poderosas que los seres queridos tendrán durante su vida entera.[57]

¿Puede un ser querido fallecido aparecerse realmente a una persona?

Para responder a esta pregunta, primero tenemos que reconocer que la Biblia no hace ninguna referencia a la aparición física de aquellos que han muerto. Jesús, que fue resucitado, es el único caso.

La Biblia condena cualquier intento de interactuar con los muertos. Versículos como Levítico 19.31; Deuteronomio 18.9–12; Isaías 8.19 —y otros— ordenan en contra de esta práctica.[58]

En 1 Samuel 28.3–25 el rey Saúl se disfraza y va a una médium (o a una bruja) que vivía en Endor. Lo hizo a pesar del hecho de que Dios había ordenado a los judíos que nunca buscaran a los nigromantes o médiums. El rey Saúl le aseguró que no sería asesinada por sus artes oscuras y dijo: «Llama a Samuel» (v. 11).

Samuel se aparece y reprocha al rey su «llamada» (ver v. 15). Le dice a Saúl que se ha convertido en un enemigo de Dios y que Dios le quitará el reino y se lo dará a David al día siguiente. También dice: «Y mañana tú y tus hijos estarán aquí conmigo» (v. 19), lo que significaba que morirían. Eso es exactamente lo que pasó.

Un segundo punto a tener en cuenta es que aquellos que trabajan con moribundos dicen que no es inusual que aquellos que están sufriendo *sientan* o *perciban* la presencia de sus seres queridos fallecidos recientemente, que parece que están comprobando cómo están. «Puede que escuchen palabras, vean su imagen, huelan un aroma familiar como una loción de afeitado favorita o simplemente sientan su presencia».[59] (Sin embargo, la Biblia insiste en ordenar no *buscar* a los muertos.)

Algunas personas pueden necesitar alguna clase de cercanía con los seres queridos, aunque no lo pidan. ¿No es posible que un cariñoso Dios de gracia pueda mandar un recordatorio temporal o una conciencia de una persona a la que querían muchísimo?

Últimas palabras de famosos y de infames

«Padre, ¡encomiendo mi espíritu en tus manos!». —Jesucristo (Lucas 23.46)

«Señor Jesús, recibe mi espíritu [...] ¡Señor, no los culpes por este pecado!». —Esteban, primer mártir cristiano (Hechos 7.59–60)

«Yo creo, Señor, y confieso. ¡Ayuda mi incredulidad!». —Pedro el Grande (1672–1725)[60]

«Muero antes de tiempo, y mi cuerpo será devuelto a la tierra para convertirse en pasto de gusanos. Ese es el destino de aquel que ha sido llamado el gran Napoleón. ¡Qué abismo se abre entre mi profunda miseria y el reino eterno de Cristo!». —Napoleón Bonaparte (1769–1821)[61]

«¡Hermoso!». —Elizabeth Barrett Browning (1806–1861)[62]

«Si he de ser salvado, no es como príncipe, sino como pecador». —Eduardo Augusto (1767–1820), padre de la reina Victoria[63]

«Es muy hermoso allá». —Thomas Alva Edison (1847–1931)[64]

El famoso evangelista del siglo XIX Dwight L. Moody (1837–1899) dijo a su familia: «La tierra se aleja. El cielo se abre ante mí [...] Si esto es la muerte, ¡es dulce! No hay ningún valle aquí. Dios me está llamando, y debo ir». El hijo de Moody trató de decirle a su padre que había estado soñando, a lo que Moody respondió: «No estoy soñando [...] He visto la cara de los niños». Unas de sus últimas palabras fueron: «Este es mi triunfo; ¡este es el día de mi coronación! ¡Esto es glorioso!».[65]

John Newton (1725–1807), antiguo traficante de esclavos que escribió «Sublime gracia», dijo: «Todavía estoy en la tierra de los que mueren; pronto estaré en la tierra de los vivientes».[66]

Se cuenta que un chino comunista que había presenciado las últimas palabras de muchos cristianos entregados para su ejecución, le dijo a un pastor: «He visto a muchos de ustedes morir. Los cristianos mueren diferente. ¿Cuál es su secreto?».

Karla Faye Tucker Brown (1959–1998), ejecutada por asesinato, dijo: «Voy a estar cara a cara con Jesús ahora. Les veré cuando lleguen allí. Les esperaré».[67]

El presidente de Estados Unidos Andrew Jackson (1767–1845) dijo: «No lloren: sean buenos hijos y nos encontraremos todos en el cielo».[68]

El arzobispo de Canterbury Thomas à Becket (1118–1170) afirmó: «Estoy preparado para sufrir por mi Señor, que con mi sangre la Iglesia obtenga libertad y paz».[69]

El político y escritor Joseph Addison (1672–1719) dijo: «Miren con cuánta paz puede morir un cristiano».[70]

Jan Hus (conocido como John Hus o John Huss) (1369–1415) fue un reformador antes de la Reforma protestante.

Cuando se le pidió que se retractase para salvar su vida, dijo: «Dios es mi testigo de que nunca prediqué las cosas de las que se me acusa. En la misma verdad del evangelio que he escrito, enseño y predico, recurriendo a los dichos y posiciones de los santos doctores, estoy listo para morir hoy». Hus fue quemado en la hoguera y sus cenizas fueron tiradas al río Rin.[71]

Thomas Cranmer (1489–1556), arzobispo de Canterbury, se convirtió en protestante y desafió al papa. Después de ser torturado, se retractó y debió haber sido liberado. Sin embargo, la reina María, deseando hacer de él un ejemplo, lo condenó a ser quemado en la hoguera. Él se arrepintió de su retractación y fue condenado a morir por el fuego de la hoguera. Levantó su mano derecha (la mano que había firmado su confesión) y la llamó su «indigna mano derecha». Mientras las llamas comenzaban a arder, él gritó: «Señor Jesús, recibe mi espíritu [...] Veo los cielos abiertos y a Jesús de pie a la derecha de Dios».[72]

Hugh Latimer (c. 1487–1555), el obispo de Worcester y último capellán del rey Eduardo VI, fue quemado en la hoguera con Nicholas Ridley. Latimer gritó: «Anímate, Ridley, y compórtate varonilmente. Por la gracia de Dios, vamos hoy a encender tal vela en Inglaterra, que espero que no será jamás apagada».[73]

Policarpo (c. 70–168 D.C.), discípulo del apóstol Juan, dijo a su muerte: «Durante ochenta y seis años he sido su siervo, y no me ha hecho mal alguno. ¿Cómo puedo ahora blasfemar de mi Rey que me ha salvado?». Policarpo fue quemado en la hoguera por negarse a quemar incienso al emperador romano.[74]

NOTAS

Primera parte: Historias y testimonios del cielo

1. «Tamara Laroux Shot Herself, & Went to Hell, Then to Heaven and Back!», entrevista en *700 Club,* 23 febrero 2011. http://www.youtube.com/watch?v=HGQDkCi-OIY; The 700 Club, «Tamara Laroux: Out of This World», http://www.cbn.com/700club/guests/bios/tamara_laroux022111.aspx; y Life Change International, www.lifechangeintl.com. Tamara y su marido son ministros ordenados y miembros de la American Association of Christian Counselors.
2. Rosemary Trible es la autora de *Fear to Freedom: What If You Did Not Have to Be So Afraid?*, y fundadora de Fear 2 Freedom, una organización global sin ánimo de lucro dedicada a redimir y restaurar vidas heridas por el abuso sexual (visita www.fear2freedom.org). Está casada con el ex congresista y senador de Estados Unidos Paul Trible, que actualmente sirve como presidente de la Universidad Christopher Newport en Newport News, Virginia.
3. Rev. J. L. Scott, *Scenes Beyond the Grave: Trance of Marietta Davis* (Dayton, OH: Stephen Duel Publisher, 1859), http://archive.org/stream/scenesbeyondgrav00davi#page/n13/mode/2up.
4. Greg Taylor, *Death Before Life After Life,* http://darklore.dailygrail.com/samples/DL3-GT.pdf.
5. Ibíd., p. 56.
6. Ibíd., p. 52.
7. Ibíd., p. 55.
8. Ibíd., p. 57.
9. Ibíd., p. 59.
10. Ibíd.
11. Ibíd.
12. Human Rights Watch, «Leave None to Tell the Story: Genocide in Rwanda», bajo el capítulo «Numbers», marzo 1999, http://www.hrw.org/reports/1999/rwanda/Geno1-3-04.htm.
13. «Emanuel Tuwagirairmana», NearDeath.com, http://www.near-death.com/forum/nde/000/45.html.
14. Ibíd.
15. Taylor, *Death Before Life After Life*, pp. 59–61.
16. Ibíd., p. 62.
17. Roland Dell, «A Christian Soldiers Near Death Experience», Bible Probe, http://bibleprobe.com/RolandDell.htm; Lightship Ministries, http://LightshipMinistries.org.
18. Ken R. Vincent y John C. Morgan, «An 18th Century Near-Death Experience: The Case of George de Benneville», *Journal of Near-Death Studies* 25, núm. 1 (otoño 2006): pp. 35–48.

19. David Servant, «True Near Death Experiences: The Resurrection of Pastor Daniel Ekechukwu», Bible Probe for Christians and Messianic Jews, http://bibleprobe.com/ekechukwu.htm.
20. C. G. Jung, *Memories, Dreams, Reflections* (Nueva York: Vintage, 1963), p. 289.
21. Ibíd., pp. 290–291.
22. Ibíd., p. 291.
23. Ibíd., p. 293.
24. Ibíd.
25. Clare Dunne, *Carl Jung: Wounded Healer of the Soul* (Londres: Continuum, 2000), p. 200. Carl Gustav Jung (1875–1961), psicoterapeuta y psiquiatra suizo, fundador de la psicología analítica. Sus ideas revolucionarias están comúnmente aceptadas hoy día, como la individualización, los tipos de personalidad extrovertidos e introvertidos, los arquetipos y la inconsciencia colectiva. Su trabajó influyó no solo a la psiquiatría sino al pensamiento religioso.
26. Una versión en video de esta historia está disponible por medio de Dean Braxton Ministries en «Dean Braxton on The 700 Club», 21 julio 2011, http://www.deanbraxton.com/dean-braxton-videos/ y CBNTV, «Routine Surgery Opens Door to Heaven», http://www.cbn.com/tv/1772898068001.
27. P. M. H. Atwater, *Beyond the Light: What Isn't Being Said About Near Death Experience: From Visions of Heaven to Glimpses of Hell* (Nueva York: Birch Lane Press, 1994).
28. «The Vision of Paul the Apostle», *From the Ante-Nicene Fathers*, vol. X (The Gnostic Society Library: Christian Apocrypha and Early Christian Literature), http://www.gnosis.org/library/visionpaul.htm.
29. «Vision of the Blessed Ezra», Ancient Writings, http://www.zyworld.com/cosmiccreeper/OTpseudigigrapha/visionezra.htm.
30. Eileen Gardiner, *Medieval Visions of Heaven and Hell* (Nueva York: Taylor & Francis, 1993), tomado de una carta de San Bonifacio (Winfrid) a la abadesa Eadberga, abadesa de Thanet, pp. 43–44.
31. Ibíd, p. 47.
32. Ibíd, pp. 90–93.
33. «A NDE (Actually Died) Experience of Yensen», Talk Jesus, 30 septiembre 2012, http://www.talkjesus.com/testimonials/43209-nde-actually-died-experience-yensen.html.
34. Dra. Carol Zaleski, *Otherworld Journeys* (Nueva York: Oxford UP, 1987), http://www.near-death.com/medieval.html.
35. Augustine Calmet, *Phantom World* (1850), ed. rev. por D. J. McAdam (2010) disponible en línea en «Instance of a Man named Curma being sent back to this World», http://www.djmcadam.com/curma.html.
36. Carol Zaleski, *The Life of the World to Come: Near-Death Experience and Christian Hope* (Nueva York: Oxford UP, 1996), pp. 30–31.
37. Ibíd., p. 32.
38. A pesar de las afirmaciones de Zaleski, muchos de los relatos modernos de supervivientes cercanos a la muerte hablan acerca del infierno, y del terror que experimentaron.
39. Ibíd., pp. 32–33.

40. Ibíd.
41. «The Incredible Vision of St. Drythelm», tomado de *Ecclesiastical History*, libro 5.12, disponible en Classical Christianity, 29 octubre 2011, http://classicalchristianity.com/?s=The+Incredible+Vision+of+St.+Drythelm. Esto está registrado en muchos lugares, incluyendo The Real Presence, «Saint Bede the Venerable», http://www.therealpresence.org/eucharst/misc/PHP/purg_sb_venerable.pdf.
42. Ibíd.
43. Todos los relatos bajo esta subdivisión de texto se pueden consultar en Augustine Calmet, *Phantom World* (1850), http://www.djmcadam.com/curma.html.
44. «F. F. Bosworth: A Healing Evangelist of Power and Spiritual Integrity», Mel Montgomery Communications International (MMCI), http://www.brothermel.org/audio-video/74.
45. Kenneth E. Hagin, *I Believe in Visions* (Tulsa, OK: Faith Library Publications, 1994), p. 5.
46. Ibíd.
47. Ibíd., p. 6.
48. Ibíd., p. 7.
49. Ibíd.
50. Ibíd., p. 9.
51. Ibíd.
52. Ibíd., p 11.
53. Ibíd.
54. Como se cita en Arthur Ford, *The Life Beyond Death* (Nueva York: G. P. Putnam, 1971), pp. 201–25, como se contó a Jerome Ellison en Morton T. Kelsey, *Afterlife: The Other Side of Death* (Nueva York: Crossroad, 1979), p. 265.
55. Kelsey, *Afterlife*, ibíd.
56. Ibíd., p. 266.
57. Ibíd.
58. Ibíd., p. 267.
59. Ibíd.
60. Ibíd.
61. Ibíd.
62. Rory Fitzgerald, «As I Lay Dying a Voice Said: "Let's Go"», *Catholic Herald*, 9 abril 2012, http://www.catholicherald.co.uk/features/2012/04/09/as-i-lay-dying-a-voice-said-lets-go/.
63. Ibíd.
64. Ibíd.
65. Ibíd.
66. Ibíd.
67. Ver el sitio web de Howard Storm, http://www.howardstorm.com/. Su historia también se cuenta en muchos otros sitios, como Kevin Williams, «Howard Storm's Near-Death Experience», http://www.near-death.com/storm.html.
68. Julie Papievis es oradora y autora de *Go Back and Be Happy* (Oxford: Monarch Books, 2008). También trabaja a tiempo parcial como asesora de relaciones para una gran firma de abogados de Chicago. Visita www.gobackandbehappy.com.

69. Adaptado de «Oprah and Neurosurgeon Eben Alexander: Proof of Heaven», entrevista realizada por Oprah Winfrey, emitida 2 diciembre 2012, http://www.oprah.com/own-supersoul-sunday/Oprah-and-Neurosurgeon-Eben-Alexander-Proof-of-Heaven.
70. Eben Alexander, MD, *Proof of Heaven: A Neurosurgeon's Journey into the Afterlife* (Nueva York: Simon & Schuster, 2012), http://www.lifebeyonddeath.net.
71. Eben Alexander, «Proof of Heaven: A Doctor's Experience With the Afterlife», *Newsweek*, 8 octubre 2012, http://www.newsweek.com/proof-heaven-doctors-experience-afterlife-65327.
72. La historia de Freddy Vest se cuenta en un video en CBNTV, «A Rodeo Cowboy's Fight To Survive», http://www.cbn.com/media/player/index.aspx?s=/mp4/AR99v2_WS.
73. Marvin Besteman con Lorilee Craker, *My Journey to Heaven: What I Saw and How It Changed My Life* (Grand Rapids, MI: Revell/Baker, 2012).
74. Visita Reagan Ministries, www.reaganministries.org y «Dr Maurice Rawlings - NDE - To Hell and Back», subido 13 mayo 2011, http://www.youtube.com/watch?v=vQ8TEGMj-jc.
75. Barbara McVicker Dye y Tom, su marido, trabajan con personas con problemas mentales y discapacitados en su iglesia en Ohio. También están involucrados en el ministerio del autobús. A ella le encanta orar por los demás y está agradecida por los buenos amigos.
76. John Bunyan, *Visiones del cielo y el infierno*, parte 2. Extracto de la versión traducida por Abigail Billups encontrado en http://www.divinerevelations.info/documents/john_bunyan_hell/spanish_visiones_de_el_cielo_y_el_infierno_por_john_bunyan.pdf.
77. Linda Evans Shepherd es autora y oradora, y ha hablado nacional e internacionalmente durante veinte años. Es presidenta de Right to the Heart, un ministerio cristiano, y ministra a mujeres escritoras y oradoras por medio de la Advanced Writers and Speakers Association. Alcanza a gente herida o suicida en el blog de su ministerio, www.ThinkingAboutSuicide.com. Visita también su sitio web, www.sheppro.com.
78. Mary C. Neal, MD, *To Heaven and Back: A Doctor's Extraordinary Account of Her Death, Heaven, Angels and Life Again* (Colorado Springs, CO: Waterbrook, 2012).
79. Todd Burpo con Lynn Vincent, *El cielo es real* (Nashville, TN: Grupo Nelson, 2011).
80. Kevin y Alex Malarkey, *The Boy Who Came Back from Heaven: A Remarkable Account of Miracles, Angels and Life Beyond This World* (Carol Stream, IL: Tyndale, 2010).
81. Don Piper con Cecil Murphey, *90 Minutes in Heaven: A True Story of Death and Life* (Grand Rapids, MI: Revell/Baker, 2004) [*90 minutos en el cielo* (Grand Rapids, MI: Fleming H. Revell, 2006)].

Segunda parte: Preguntas sobre el cielo

1. Jeffrey Burton Russell, *A History of Heaven* (Princeton, NJ: Princeton UP, 1997), pp. 40–41.
2. La traducción griega del Nuevo Testamento, a menudo denominada LXX.

3. Russell, *A History of Heaven*, p. 13.
4. Ibíd.
5. Scofield Reference Notes, Mateo 6, http://www.biblestudytools.com/commentaries/scofield-reference-notes/matthew/matthew-6.html.
6. Gary R. Habermas y J. P. Moreland, *Beyond Death: Exploring the Evidence for Immortality* (Wheaton, IL: Crossway Books, 1998), p. 283.
7. Colleen McDannell y Bernhard Lange, *Heaven: A History* (New Haven, CT: Yale Note Bene, 2001), p. 20.
8. Ibíd., p. 21.
9. Ibíd., p. 20.
10. Ibíd., p. 21.
11. Stanley J. Grenz, *Theology for the Community of God* (Grand Rapids, MI: William B. Eerdmans, 1994), p. 589.
12. Ibíd., p. 589.
13. Ibíd., p. 590.
14. Ibíd., p. 591.
15. Kevin Knight, «Catholic Doctrine», New Advent, 2009, http://www.newadvent.org/cathen/12575a.htm.
16. Ibíd.
17. Louis Berkhof, *Systematic Theology* (Grand Rapids, MI: William B. Eerdmans, 1996), p. 735. [*Teología sistemática* (Grand Rapids, MI: Libros Desafío, 1995)].
18. Morton T. Kelsey, *Afterlife: The Other Side of Dying* (Nueva York: Crossroad, 1985), p. 251.
19. Gary R. Habermas y J. P. Moreland, *Beyond Death: Exploring the Evidence for Immortality* (Wheaton, IL: Crossway Books, 1998), p. 312.
20. William Crockett, editor, *Four Views on Hell* (Grand Rapids, MI: Zondervan Publishing House, 1992), pp. 12-13.
21. Ibíd., p. 14.
22. Kevin Knight, «Limbo», New Advent, http://www.newadvent.org/cathen/09256a.htm.
23. Joseph P. Gudel, Robert M. Bowman Jr. y Dan R. Schlesinger, «Reincarnation—Did the Church Suppress It?», *Christian Research Journal* (verano 1987): pp. 8–12, consultado en http://www.mtio.com/articles/aissar14.htm.
24. Ibíd.
25. Habermas y Moreland, *Beyond Death*, pp. 156-57.
26. Ibíd.
27. Ibíd, p. 159.
28. Ibíd.
29. Ibíd.
30. Ibíd, p. 160.
31. Ibíd., pp. 162–63.
32. Ibid, p. 163.
33. Alan Hippleheuser, «Near-Death Experiences (NDEs) 101: How Many People Have NDEs?», 25 julio 2009, http://www.examiner.com/article/near-death-experiences-ndes-101-how-many-people-have-ndes.
34. Susan J. Blackmore, *Dying to Live: Near-Death Experiences* (Amherst, NY: Prometheus, 1993).

35. Habermas y Moreland, *Beyond Death*, p. 184.
36. Mally Cox-Chapman, *The Case for Heaven: Near-Death Experiences as Evidence of the Afterlife* (Nueva York: G. P. Putnam's Sons, 1997), p. 1.
37. Ibíd., pp. 1–2.
38. Ibíd., p. 2.
39. La International Association for Near-Death Studies (IANDS) se encuentra en http://www.iands.org/home.html.
40. Cox-Chapman, *The Case for Heaven*, p. 10.
41. P. M. H. Atwater, «Aftereffects of Near-Death States», 1998, International Association for Near-Death Studies, http://iands.org/about-ndes/common-aftere-ffects.html#a3.
42. International Association for Near-Death Studies, http://www.iands.org/home.html.
43. Cox-Chapman, *The Case for Heaven*, p. 17.
44. Ibíd., p. 41.
45. Ibíd., p. 119.
46. Ibíd., p. 162.
47. Raymond A. Moody con Paul Perry, *The Light Beyond* (Nueva York: Bantam Books, 1988), pp. 18–19.
48. Ibíd., p. 14.
49. Dr. Michael Sabom, *Light and Death* (Grand Rapids, MI: Zondervan, 1998), p. 202.
50. Moody, *The Light Beyond*, p. 14.
51. Ibíd., p. 15.
52. Jeffrey Long con Paul Perry, *Evidence of the Afterlife* (Nueva York: HarperOne, 2010), p. 8.
53. Moody, *The Light Beyond*, p. 27.
54. Ibíd.
55. Pamela M. Kircher, MD, Maggie Callanan, RN, CRNH y la junta de directores de IANDS, «Near-Death Experiences and Nearing Death Awareness in the Terminally Ill», IANDS, https://iands.org/about-ndes/nde-and-the-terminally-ill.html.
56. Ibíd.
57. Ibíd.
58. La «necromancia» defiende comunicarse con los muertos convocando a sus espíritus como una aparición o corporalmente. El propósito del sortilegio normalmente es predecir sucesos futuros, como en la historia del rey Saúl.
59. Kircher, Callanan y la junta de directores de IANDS, «Near-Death Experiences».
60. Citado en Frederic Rowland Marvin, *The Last Words (Real and Traditional) or Distinguished Men and Women* (Nueva York: Fleming R. Revell, 1902), p. 224.
61. Citado en John Stevens Cabot Abbot, *The History of Napoleon Bonaparte*, vol. 1 (Nueva York: Harper & Bros, 1955), p. 246.
62. Citado en Mary Anne Sanders, *Nearing Death Awareness: A Guide to the Language, Visions, and Dreams of the Dying* (Filadelfia: Jessica Kingsley, 2007), p. 39.
63. Citado en Baptist Missionary Society, *The Baptist Magazine and Literary Review*, vol. 36 (Londres: Houlston and Stoneman), p. 242.
64. Francis Trevelyan Miller, *Thomas A. Edison: Benefactor of Mankind* (Gran Bretaña: John C. Wenston, 1931), p. 284.

65. William R. Moody, *The Life of Dwight L. Moody* (Nueva York: Fleming H. Revell, 1900), pp. 552-53.
66. Citado en eds. Isaac K. Funk y J. M. Sherwood, *The Homiletic Review*, vol. 13, nos. 1-6 (Nueva York: Funk & Wagnalls, 1887), p. 497.
67. Cornelia Grumman, «Karla Tucker Put To Death In Texas», *Chicago Tribune*, 4 febrero 1998, http://articles.chicagotribune.com/1998-02-04/news/9802040061_1_karla-faye-tucker-debate-on-capital-punishment-victims-families.
68. Citado en E. Thurston, «Sermon CCCCV», septiembre 1845, en Austin Dickinson, *The American National Preacher*, ed. W. H. Bidwell (Nueva York, 1845), p. 192.
69. Edwin A. Abbott, *St. Thomas of Canterbury: His Death and Miracles*, vol. 1 (Londres: Adam and Charles Black, 1898), p. 105.
70. Citado en Edward Young, *Conjectures on Original Composition* (Londres: A. Millar, 1759), p. 102.
71. David Schley Schaff, *John Huss: His Life, Teachings and Death, After Five Hundred Years* (Nueva York: Charles Scriber's Sons, 1915), p. 257.
72. Ver John Foxe, «Historia de las persecuciones en Gran Bretaña e Irlanda, antes del reinado de la Reina María I», en *El libro de los mártires* (Barcelona: CLIE, 1991), pp. 229–39.
73. Foxe, *El libro de los mártires*, p. 282.
74. San Ireneo, «Epístola de la iglesia de Esmirna a la de Filomelio» (del 2o siglo), disponible en http://escrituras.tripod.com/Textos/EpEsmirneanos.htm.

AGRADECIMIENTOS

Estamos agradecidos a Stan Jantz y al resto de Regal por pedirnos que escribiésemos este libro. La edición de Mark Weising y la promoción de Jackie Medina merecen una alabanza. Debido al acertado ojo de Wanda Rosenberry en las pruebas, nuestro libro es mejor. Gracias a Deidre Knight, nuestra incansable agente literaria, que siempre mira por nuestros intereses, y a Gail Smith por su ayuda con la investigación.

Un gran número de gente contribuyó con sus historias personales a este libro y apreciamos su ayuda.

Cec Murphey: a pesar de la salud en declive de mi esposa, Shirley me animó con entusiasmo para que escribiera este libro. Nuestra hija, Cecile Hege, se hizo cargo de muchas tareas del hogar en este periodo y me dio más tiempo para trabajar en este libro.

Twila Belk: No ha sido fácil, pero mi marido, Steve, me mantuvo con los pies en la tierra mientras mi mente y mi corazón estaban en el cielo y querían quedarse allí. Estoy agradecida a nuestro maravilloso Señor por la esperanza del cielo. Anhelo el día en que le vea cara a cara.